ADORACIÓN
PARA LA NUEVA
GENERACIÓN

Cómo crear los mejores ambientes y programas para la iglesia de hoy

Dan Kimball

La misión de Editorial Vida es ser la compañía líder en satisfacer las necesidades de las personas con recursos cuyo contenido glorifique al Señor Jesucristo y promueva principios bíblicos.

ADORACIÓN PARA LA NUEVA GENERACIÓN
Edición en español publicada por
Editorial Vida – 2013
Miami, Florida

Este título también está disponible en formato electrónico.

Originally published in the USA under the title:
Emerging Worship
Copyright © 2004 by emergentYS
Published by permission of Zondervan, Grand Rapids, Michigan 49530

Traducción: *Loida Viegas*
Edición: *Madeline Díaz*
Diseño interior: *ThePixelStorm*

ISBN: 978-0-8297-63140

CATEGORÍA: Iglesia cristiana / Crecimiento

IMPRESO EN ESTADOS UNIDOS DE AMERICA
PRINTED IN THE UNITED STATES OF AMERICA

13 14 15 16 ❖ 6 5 4 3 2 1

Contenido

Prólogo de David Crowder

Como suele ser típico cuando se escriben libros, lo que sigue se conoce como prólogo. Tradicionalmente, se trata de una colección de palabras escritas por una o varias personas que poseen conocimientos relacionados con el contenido de la obra en cuestión que quizás ahora tenga en sus manos, pero me siento obligado a compartir lo siguiente con usted:

Prólogo (del gr. πρόλογος).
n.
1. m. En un libro de cualquier clase, escrito antepuesto al cuerpo de la obra. Nota introductoria escrita por una persona distinta al autor.

Fuente: Diccionario de la Real Academia de la Lengua Española.

Como puede ver, en realidad no se necesita una cláusula que exija conocimientos de ningún tipo para escribir un prólogo. Por ello, ahora me encuentro aquí, con usted. Reconozco que he dirigido la adoración en la iglesia de Dan Kimball unas cuantas veces y he sentido sus palabras y observado a su gente. Y es cierto que formo parte del personal de una iglesia compuesta en su mayor parte por miembros en edad universitaria. En ella, mi título oficial es el de pastor de música y arte, algo que suena muy importante y útil cuando uno escribe unas palabras al principio de un libro de esta naturaleza. Sin embargo, debo confesar que no siento demasiada confianza en este momento. No, debo revelar ahora que dirigir a una comunidad de personas con la tarea de conectarlos a la historia de Dios es en verdad algo que me aterroriza. Y aunque también resulta cierto que paso la mayor parte de los días entre semana en algún lugar de los Estados Unidos liderando la adoración corporativa en una sala llena de personas, no por ello me siento menos confuso al ver el ambiente de nuestra actual cultura de iglesia. Quizás, precisamente por eso, siento la necesidad de encontrar nuevas formas de comunicar la historia de Dios con mayor intensidad.

Todo esto es para decir que necesito un libro como este, y parece suficiente razón para que otra persona (tal vez usted que lee estas palabras) sea la que redacte un prólogo en cuanto a su contenido. Sin embargo, aquí quiero mencionarle de nuevo los requisitos según la definición del *Diccionario de la Real Academia de*

Adoración para la nueva generación

la Lengua Española. La única condición es que yo no sea el autor de esta obra. Al parecer, esto tiene especial importancia. Por tanto, a modo de nota introductoria, me gustaría señalar lo siguiente: Este es un buen libro. Es una obra de peso. Agrada tomarlo en las manos o meterlo en un bolso. También luce en su estantería. Cuando otros lo vean allí, pensarán que usted es un estudiante documentado y constante. Las palabras que contiene penetran bien en el alma. Golpean dentro de usted hasta que algo cambia, vuelve a donde pertenece o se establece de nuevo como es debido. Huele bien. Desprende ese aroma a libro bueno. Se reirá. A carcajadas. Y creo que algunos que estén tristes se verán conmovidos hasta las lágrimas y desearán que las cosas sean de otro modo. Usted puede ayudar a que esto ocurra. Este libro contiene historias. ¿Recuerda la sensación del algodón de azúcar de la feria? Querrá más, pero le dolerá el estómago. Debería ser prudente. ¿Se acuerda de las fotografías de la escuela primaria? El fotógrafo siempre me llamaba Judía Verde. (¿Cómo puede ser que no se le olvidara de un año para el otro? Me corté yo mismo el pelo antes de la foto del segundo curso. Me puse una camiseta de los *Pittsburgh Steeler*, el equipo de fútbol, y aun así él volvió a llamarme Judía Verde). Este libro lo ayudará a rememorar. Y evocar le proporcionará gozo y dolor, y verá por qué no fue buena idea cortarse usted mismo el pelo. Le dolerá percibir lo que no está bien, pero contribuirá a mejorarlo. Usted lo hará. Puede hacerlo. Y se reirá. Reirá a carcajadas, porque no hemos acabado aún. En realidad, esto podría ser un comienzo. Este libro sería quizás el punto de partida. O tal vez un cruce de caminos. Es igual, lo hará vibrar de todos modos. Y para aquel que se encuentra al final, en el mismo final de todo, quizás le lleve de nuevo al principio. ¿He dicho ya que tiene un aroma verdaderamente bueno? Entonces, exhale y aproxímese. Con toda suavidad y delicadeza, acérquese y aspírelo tan profundamente como pueda.

David Crowder vive junto a su esposa, Toni, en Waco, Texas, donde sus estanterías están llenas de libros con la esperanza de impresionar a sus amigos. Se cree un estudiante constante. Ayudó en los comienzos de la Iglesia Bautista de la Universidad, donde sigue desempeñando su cargo de pastor de música y arte. Asimismo, constituye una pequeña parte de la fabulosa extravagancia rockera conocida como David Crowder Band con el sello discográfico de Sixsteps/Sparrow Records. (Él ha escrito esta perorata en tercera persona, porque así es como se suele hacer).

Prólogo de Sally Morgenthaler

Cuando se trata de ironía, la adoración de finales del siglo XX se lleva el premio. Así como el mundo reencantó el universo (piense en Deepak Chopra, *Archivos X,* las vigilias con velas y ositos de peluche como expresión de dolor, y los videojuegos *Fantasía Final* y *El señor de los anillos*), el cristianismo de uso fácil practicaba el reduccionismo religioso: encogía lo divino al tamaño de un resumen de tres puntos y cuatro canciones en tono de perpetua felicidad. En los desnudos templos corporativos por todos los Estados Unidos —desde los espacios en pequeños centros comerciales bañados por una misteriosa luz verde fluorescente hasta las enormes naves grises con asientos de teatro— la iglesia «moderna» del cambio de milenio tan solo demuestra estar a la moda en una cultura altamente espiritualizada.

Desencantarse de Dios no ha sido algo accidental. Durante los últimos veinticinco años, la teología de «cualquier cosa que funcione» y «las necesidades percibidas» ha oscurecido al Dios en tres personas y velado en la carne de la Gran Narrativa. Lo que nos queda en el Dios «de la caja gris vacía» es nada menos que un unitarismo bautizado: el Dios genérico salpicado de la cantidad justa de idioma cristiano para justificar la educación seminarista del pastor, la decadente afiliación denominacional de la congregación, o sencillamente la palabra *iglesia* en el rótulo. Cada domingo —de mar a mar brillante y de culto a culto no tan brillante— se dirigen al Dios genérico con una falta de especificidad predecible y monótona mediante cientos de coros de alabanza subculturales. Y lo peor de todo es el mono-Dios convertido en algo funcional… el gran «Lo que sea» que permanece a la espera para transformar su vida en lo que usted quiera que sea. Si la adoración histórica está, en primer lugar, relacionada con Dios, entonces la adoración desencantada tiene que ver con unidades humanas en sus acolchados asientos individuales. Como lo pregona un reciente anuncio de alquileres de autos: «Solo se trata de usted». La adoración del desencanto se toma esta frase muy en serio.

Dada su creciente desconexión de la cultura del entorno, tampoco es accidental que el cristianismo supuestamente de uso fácil esté perdiendo su contingente más joven. Como antiguo pastor de jóvenes y ahora pastor de una iglesia naciente, Dan Kimball ha seguido atentamente la salida de los jóvenes y de los inquietos durante más de una década. En su volumen decisivo (la continuación de *The Emerging Church* [La iglesia emergente]), Dan le da voz a la creciente impaciencia de la nueva generación con la interminable «película de la adoración de los ochenta». Asimismo, le da forma a sus visiones de nuevos encuentros con Dios. ¿Qué significa —a este lado del desencanto— comprometerse con un Dios lleno de misterio y paradoja? Un Dios trascendente a la vez que inminente. ¿Qué sentido tiene elaborar una adoración en colaboración, deshacerse de las jerarquías de arriba hacia abajo, trasladar la predicación desde el punto central a fin de convertirla en una de muchas partes? ¿Cómo sería reeditar las antiguas formas de un modo radical? ¿Y, en cualquier caso, qué es la adoración? ¿Es equivalente a la música? (A título informativo, a Dan le encanta la música de adoración. Sin embargo, no espere encontrar aquí una gran cantidad de debate al respecto. Él está demasiado ocupado explorando todas las vías no utilizadas en la expresión de la adoración). Dan hace también un buen trabajo en la supresión de la fascinación que la iglesia cazadora de tendencias siente por la tecnología en la adoración. ¿Acaso depende la buena adoración de la cantidad de juguetes y trucos que tengamos en casa, o quizás requiere un fundamento que sobrepase el todopoderoso poder del tomacorriente?

A fin de cuentas, *Adoración para la nueva generación* es tanto una crítica sin concesiones de la adoración enlatada (posterior a la década de 1980 y moderna) como una guía de estudio para una adoración más amplia (postmilenial y postmoderna). Usted se quejará: «¡Ah no! ¡Otro pontífice postmoderno!». Sin embargo, no se preocupe. El espíritu auténtico y solidario de Dan Kimball lo descalifica claramente como gurú condescendiente de la iglesia naciente. No hallará aquí arrogancia alguna. Solo preguntas, historias y sueños sinceros de Dios —y adoración— reencantados para el gran grupo de personas ausentes.

Sally Morgenthaler es la autora de Worship Evangelism: Inviting Unbelievers into the Presence of God *[Evangelismo de adoración: Cómo invitar a los incrédulos a la presencia de Dios], un punto de referencia para el ministerio postmoderno guiado por la adoración, y una obrera cuya popularidad sobrepasa las fronteras denominacionales. Fundadora de Sacramentis.com («Reinventando la adoración para el nuevo milenio»), la visión de Sally consiste en llevar la adoración más allá de toda presentación (información, música interpretada y predicación) a fin de convertirla en una experiencia interactiva y sagrada que implique todas las artes. Ella vive en Colorado con sus dos hijos.*

Agradecimientos

Mientras oramos, reconsideramos, volvemos a imaginar y redescubrimos lo que significa ser la iglesia, así como adoradores y seguidores holísticos de Jesucristo, estamos viviendo en una época interesante. No pedimos estar en este período transicional y a veces confuso de la iglesia naciente, pero es donde Jesús parece habernos colocado. Las extraordinarias noticias son que muchos de nosotros estamos juntos en esta aventura, compartiendo ideas, lecciones y pensamientos a lo largo del camino.

Quiero agradecerles a todos los que colaboraron en darle forma a este libro y contribuyeron con sus ideas y experiencias sobre la adoración naciente. En especial, les doy las gracias a Nancy Ortberg y Steve Gillen de la Iglesia de la Comunidad de Willow Creek, Andy Lewis y Rob Patterson de la Iglesia de Twin Lakes, Jason Evans de Matthew's House, Brad Cecil de Axxess Fellowship, Jonny Baker y Steve Collins de la Iglesia de la Gracia, en Londres, y Ken Bauth y Denny Henderson de la Iglesia Bíblica McLean.

En mi propio contexto local, quiero agradecerle a Bonnie Wolf, Dave Gschwend y Peter Wilkes por haber creído en la visión de la Iglesia Vintage Faith y por su ayuda en hacerla realidad a través de la Iglesia Bíblica de Santa Cruz. Un agradecimiento especial a mi esposa Becky, al líder de alabanza Josh Fox y a todos los que forman parte de la comunidad de liderazgo en la Iglesia Vintage Faith mientras perseguimos juntos nuestra nueva misión.

Quiero darle las gracias a David Sanford por todo el trabajo de edición de este libro. Asimismo, mi reconocimiento a Especialidades Juveniles y Mark Oestreicher, así como a la junta de *emergentYS* —Tony Jones, Brian McLaren, Doug Pagitt, Kara Powell, Jay Howwer y Joah Raymond— todos ellos colocados por Dios en un lugar muy estratégico para ayudar a formar la futura iglesia naciente.

INTRODUCCIÓN

La inquietud puede incipiente que no ignorarse

Es posible que la forma en que solíamos expresar
tradicionalmente el cristianismo tenga problemas, pero
el futuro puede deparar nuevas manifestaciones de la fe
cristiana tan eficaces, fieles, llenas de sentido y con potencial
para transformar el mundo como las conocidas hasta ahora.
—Brian McLaren

Crecí en el suburbio neoyorquino de Paramus, Nueva Jersey, la tierra de Bruce Springsteen, Bon Jovi y *The Sopranos*.

En aquel tiempo, el caniche francés era una mascota popular en los suburbios de Nueva York. Su apariencia estaba completa, con sus decorativos pompones de pelo lanoso en las patas y el final del rabo cuidadosamente afeitados, confiriéndole ese aspecto único del caniche. Poseíamos uno de color gris plateado llamado Bel Ami. Ya sé que tienen fama de ser perros quejosos, pequeños, de ladrido agudo y con aspecto femenino. Por lo tanto, antes de contarle la historia, debo decir algo a su favor.

La mayoría de la gente no tiene ni idea de esto, pero en realidad se considera que el caniche es una de las razas más inteligentes. Tampoco caen en la cuenta de que una vez fue un popular perro de caza de gran destreza en Europa, famoso por su habilidad en recuperar aves acuáticas. Puede parecerle que el caniche es un perro bastante cobarde, pero lo cierto es que se trata de un can de cacería masculino y guerrero, dotado de una extremada inteligencia. (Esta es mi apologética del caniche y me siento orgulloso de haber tenido uno).

En cualquier caso, y volviendo a Nueva Jersey, mi abuelo visitaba nuestra casa con frecuencia. El caniche lo quería mucho y le tenía un apego especial. Sin embargo, lo fascinante era que nuestro perro poseía la extraña habilidad de sentir con antelación cuándo vendría.

Recuerdo con nitidez cómo presentía la visita de mi abuelo y se quedaba delante de la puerta principal durante aproximadamente una hora antes de su llegada. Empezaba a sentirse inquieto y se paseaba de un lado a otro. Mientras más se acercaba el momento en que aparecería, su impaciencia iba en aumento. Su creciente decepción y su agitación eran evidentes. Hasta saltaba sobre una silla para otear por la ventana y ver si venía. Algunas veces, soltaba un pequeño ladrido o dos con la esperanza de apresurar sus pasos.

Cuando por fin aparecía mi abuelo y se abría la puerta, nuestro caniche desbordaba de alegría. Saltaba sin cesar para darle la bienvenida y no se apartaba de su lado mientras permanecía en nuestra casa.

La incipiente inquietud en la iglesia

Mi caniche tenía una conciencia instintiva de que alguien iba a venir; se sentía agitado y se paseaba de un lado a otro, esperando su llegada. Del mismo modo, existe una conciencia intuitiva y una agitación creciente entre los líderes de la iglesia naciente y las nuevas generaciones. Ambos esperan que acontezca el cambio en la iglesia. No sabemos con exactitud cuándo sucederá por completo, pero sentimos por instinto que está llegando.

Los nuevos líderes no solo perciben el inminente cambio, sino la necesidad crítica que hay de él. En muchas iglesias esto ya se ha materializado. Sus dirigentes están empezando a reestructurar y reconsiderar la iglesia, y el Espíritu de Dios está haciendo cosas maravillosas. No obstante, sigue habiendo una creciente inquietud en muchos corazones y mentes. La gente va emocionalmente de un lado a otro esperando y anhelando que por fin llegue el cambio a la iglesia.

Esta incansable espera caminando de un lado a otro en el ámbito emocional se debe a la forma en que la mayor parte de nuestras iglesias no se conectan ni se comprometen con nuestra nueva cultura postcristiana. La iglesia está comprometida con una cultura moderna, con aquellos que tienen valores modernos y una cosmovisión judeocristiana. No obstante, la mayoría de las personas (en especial las nuevas generaciones) viven ahora en los tiempos postjudeocristianos.

Muchas iglesias están repletas de gente de treinta y cinco años en adelante. En vista de ello, no podemos suponer que todo marche a pedir de boca.

¿Dónde están los de edades comprendidas entre los dieciocho y los treinta y cinco años?

Las nuevas generaciones nacen, y cada vez se educan más conforme a un conjunto de valores filosóficos, una cosmovisión cambiante y un sistema de creencia que evoluciona, algo que las generaciones precedentes no experimentaron. El impacto es definitivo tanto en los discípulos de Jesús como en quienes no asisten a la iglesia.

Muchas iglesias ven menos y menos generaciones nuevas en sus comunidades a causa de este cambio cultural. Existe un creciente murmullo entre los pastores y líderes: «¿Dónde están todos los de las edades comprendidas entre los dieciocho y los treinta y cinco años?». Esto no se limita a los jóvenes adultos, ya que también existe una corriente evidente de que la juventud se está criando fuera de la iglesia y tampoco asiste a ella. Sí, es verdad que seguimos teniendo jóvenes en la iglesia. Por lo general eso solo se debe a que han crecido en ella o vienen de otra congregación.

Uno se asusta al consultar los porcentajes de adolescentes, en comunidades locales, que no forman parte de ninguna iglesia, y los líderes informados caminan de un lado a otro, emocionalmente hablando. Sin embargo, estos nuevos dirigentes de la iglesia no son los únicos que se sienten inquietos y nerviosos.

Dejo mi iglesia para ser un discípulo de Jesús

Cada vez son más las nuevas generaciones que, habiendo crecido en ella, afirman que la «iglesia» debe ser algo más que lo que han experimentado. Los sistemas utilizados para enseñarles cómo ser discípulos de Jesús no se identifican con ellas como con las generaciones pasadas. Las nuevas se quejan de que, sencillamente, «no se sienten bien» o ya «no encajan». Quieren ser discípulos de Jesús, pero es necesario que nuestros métodos de discipulado se modifiquen a la par de sus valores cambiantes.

Las nuevas generaciones se preguntan si lo que se les ha enseñado sobre «comunidad» —y lo que han visto promocionar en sus iglesias— se ciñe en realidad al texto bíblico.

Se cuestionan si lo que han aprendido acerca de la evangelización es en verdad la forma correcta de pensar sobre —y poner en práctica— la predicación del evangelio de Jesús. Dudan de si ser cristiano y ser «salvo» no será algo más que pronunciar una oración para ir al cielo. Inquieren por qué la iglesia no habla con mayor frecuencia sobre el reino de Dios y cuál es la razón de que la mayoría de los cristianos no se interesan por la justicia social.

Se extrañan de que la predicación haya convertido la hermosa y misteriosa historia de Dios y el hombre en una enseñanza similar a la de Tony Robbins, el gurú de la autoayuda, a la que le añaden unos pocos versículos bíblicos. Se cuestionan por qué su hambre por descubrir y lidiar con las hondas profundidades de las Escrituras se alimenta de versiones cuidadosamente empacadas de mensajes tipo manual de instrucciones y de respuestas fáciles sobre la Biblia.

Están empezando a inquietarse.

Caminan de un lado a otro.

He mantenido numerosas conversaciones con gente joven que me confesó haber dejado su iglesia para ser discípulos de Jesús de un modo que les pareciera lógico. No están abandonando su fe. Muchos escogen formar pequeñas comunidades de creyentes y reunirse entre amigos en los hogares. Están aguardando que la iglesia más organizada y a mayor escala cambie. Esto no significa que estén evadiendo el problema.

Prácticamente, todos los jóvenes adultos con los que he conversado han intentado llevar con sinceridad el cambio a su iglesia, aportándoles sugerencias a los líderes antes de abandonarla. Muchos se han presentado como voluntarios para comenzar algo nuevo. Sin embargo, sus sugerencias cayeron en oídos sordos con una opinión predeterminada de lo que deberían ser las nuevas generaciones con respecto a «la iglesia».

La mente cerrada de sus dirigentes los obligó finalmente a salir de ella.

Retrasmisión de un programa televisivo de los años ochenta

Hablé con una joven madre que me comentó que ella y su esposo acababan de dejar su megaiglesia evangélica, aunque no querían hacerlo. Sentía que, de muchas formas, aquello en lo que se le proponía participar le quedaba «corto». Ni siquiera podía definir exactamente qué buscaba. Comparó la asistencia a los cultos de adoración de su iglesia con ver una y otra vez retrasmisiones de un programa televisivo de los años ochenta. Todo aquello ya no le aportaba nada. No representaba un desafío para ella, porque era demasiado programado, coercitivo y limitador.

Anhelaban expresarle su adoración a Dios cuando iban a la iglesia. No obstante, se sentían restringidos a sentarse pasivamente en sus asientos y adorar como les indicaban. Deseaban una comunidad, pero los programas del grupo pequeño de la iglesia parecían demasiado controlados y superficiales. No sentían que aquella fuera la verdadera comunidad que ellos buscaban. Exploraron lugares donde servir e implicarse, pero la tarea principal era mantener constantemente el mismo programa televisivo de los ochenta. Era una iglesia enorme. Llevaban a cabo muchas actividades, pero con el paso del tiempo esta pareja se sintió cada vez más incómoda.

¡Intentaron con todas sus fuerzas no dejar su iglesia! Una y otra vez la esposa procuró expresarle sus sentimientos con amor y sinceridad al pastor. Le ofreció sugerencias y hasta se presentó como voluntaria para ayudar. Cuando compartió sus ideas con él, recibió una miniconferencia sobre cómo toda la gente joven pasaba por lo mismo que ella. Se le aconsejó dejar de centrarse tanto en sí misma, que no se quejara del culto de adoración, y que recordara que se trataba de las preferencias de Dios y no las suyas.

Este matrimonio se cansó de caminar de un lado a otro y abandonó la iglesia. Ahora forman parte de una pequeña congregación que se reúne en un hogar.

La inquietud naciente con respecto a los cultos de adoración

Esta creciente desconexión de valores y caminar emocional de un lado a otro tiene mucho que ver con los cultos de adoración de la mayoría de las iglesias. Este libro se centra en ellos y ofrece algunas ideas sobre el cambio que se está produciendo en algunas congregaciones para afrontar este problema. Los cultos de adoración del fin de semana se han convertido en un problema definido para las nuevas generaciones. Se preguntan si en verdad reunirse para adorar tan solo consiste en unas pocas canciones y un enfoque central en la predicación. Se sienten cada vez más incómodos con el hecho de que al frente de los cultos de adoración solo haya uno o dos líderes, siempre hombres. Cuestionan por qué no hay apenas (si es que la hay) participación de la congregación.

En cuanto a la música, su malestar es creciente debido a la letra de los himnos populares. A muchos les desconcierta la forma en que los líderes de alabanza dirigen o los músicos tocan. (Cuando analicemos este punto, verá que estos comentarios sobre la música suelen ir mucho más allá de los estilos generacionales o las preferencias personales. Están totalmente relacionados con los valores de lo que representa la alabanza musical y cómo se realiza en una reunión de adoración. Trataremos esta cuestión más adelante).

Se preguntan por qué no tienen más libertad a la hora de adorar y expresarle a Dios su amor y la pasión que sienten por él de formas más acordes con quienes son. Se preguntan cuál es la razón por la que cada vez hay menos gente de su edad. Por consiguiente, se van inquietando.

Se dedican a caminar de un lado al otro, mientras esperan que llegue el cambio o que al menos les den libertad para contribuir a este y abrirle camino en su iglesia.

Cómo abrir la puerta para darle la bienvenida al cambio

Nos encontramos en un punto interesante para muchas de nuestras iglesias. Si está notando estos paseos de un lado a otro y la inquietud, es hora de comenzar a abrir la puerta.

Mi caniche sabía que mi abuelo iba a venir y empezaba a caminar de un lado a otro nervioso. En cualquier momento se abriría aquella puerta y mi abuelo entraría. En el liderazgo de la iglesia, tenemos la oportunidad de comenzar a abrir la puerta para permitir que el cambio penetre.

Es posible que usted no se sienta cómodo con el cambio. Quizás no entienda aún lo que va a hacer. Lo importante es que desee que las nuevas generaciones se conecten de verdad con Dios y lo adoren en sus cultos. Esto ha de hacerse de una manera que les permita relacionarse con él e ir aminorando sus inquietos paseos. Algunas iglesias están haciendo cosas apasionantes para «abrir la puerta». Varias de ellas se describen en este libro, no para decirle lo que debe hacer, sino para inspirarlo a reflexionar en lo que el Espíritu de Dios puede querer hacer o no en su iglesia. Cada una es distinta. No existe una única forma ni un método exclusivo.

Mi esperanza y mi oración personales son que no ignore la inquietud que pueda haber, sino que en cambio:

- Se preocupe lo suficiente al ver que las nuevas generaciones de su iglesia caminan de un lado al otro y están inquietas, que «abra la puerta» y ore por los cambios que su iglesia necesita.
- Se preocupe lo suficiente por la falta de nuevas generaciones en su iglesia, ore, piense y medite en lo que se puede hacer para tratar este problema.
- Por encima de todo, tenga una mente abierta. Que no sea demasiado orgulloso y reconozca que nuestros métodos y formas de llevar a cabo el «hacer iglesia» cambian a lo largo de la historia de la Biblia y la iglesia. Que su mente no se cierre a considerar que lo que está haciendo ahora puede no ser lo que se necesita para conectar con los valores y la cosmovisión de las nuevas generaciones. Que no tenga prejuicios para que pueda explorar las Escrituras y ver lo que dicen sobre la «iglesia», la «adoración» y las reuniones de adoración. Que utilice la Biblia como un marco de referencia y no se base en lo que aprendió de sus pasadas experiencias de iglesia, el seminario… ¡o incluso este libro!

El gran gozo de abrirle la puerta al cambio

Cuando veo las respuestas dentro de las iglesias dispuestas a reflexionar en lo que hacen, sobre todo en sus cultos de adoración, siento gran gozo y esperanza. He oído hermosas historias de iglesias que sienten pasión por las nuevas generaciones. Están siendo pioneras en dar los pasos para permitir que el cambio entre por sus puertas. Son relatos de congregaciones que se replantean lo que es «la iglesia». Debido a su visión están fomentando lo que ocurre en nuestra cultura postcristiana con respuestas sumamente gozosas y grandes resultados. Los cultos de adoración se celebran ahora por todo el país, y las nuevas generaciones se están relacionando con Dios y adorándolo.

Este libro se concentra en las reuniones de adoración en sí. Narra la historia de las iglesias que están creando, o han creado, reuniones que conectan con la nueva cultura. No obstante, antes de entrar en los cultos propiamente dichos, es necesario que consideremos unas cuantas cosas fundamentales.

Unos pocos recordatorios

Al investigar los nuevos cultos de adoración, no podemos hacerlo como quien diseña un mero programa o una obra escolar. Tenemos como objetivo crear una reunión donde se adore al Dios santo, creador del universo y todo lo que hay en él (Filipenses 2:10-11); una asamblea donde los inconversos que se unan a nosotros puedan saber, sin lugar a dudas, que Dios está en medio nuestro (1 Corintios 14:25).

Comencemos por mirar más de cerca lo que significa la adoración naciente, con la esperanza de que esto nos permita saber cómo elaborar unas reuniones de adoración eficaces.

Pensamientos nuevos

1. ¿Se identifica con la descripción de la inquietud creciente entre las nuevas generaciones en cuanto a la iglesia y los cultos de adoración? Si es así, ¿de qué manera?

2. ¿Cuáles son algunos ejemplos específicos de cosas que, en el culto de su iglesia, pueden fomentar un sentimiento de desconexión en las nuevas generaciones?

Debate en curso y ejemplos de la nueva adoración

Visite www.vintagefaith.com para los artículos sobre la iglesia naciente y la nueva adoración. Esta página web también publica ejemplos y fotografías de varias reuniones de adoración naciente.

Peter y Joyce Majendie

CAPÍTULO I

¿Qué es una reunión de adoración?

Vengan, postrémonos reverentes, doblemos la rodilla ante
el Señor nuestro Hacedor.
—Salmo 95:6

La adoración es, en verdad, una palabra popular en estos días. En la actualidad existen varias conferencias importantes de «adoración» cada año. Ahora que resulta más fácil grabar y duplicar los CDs de forma local, muchas iglesias y grupos de jóvenes están produciendo sus propios CDs de alabanzas. Las cadenas de televisión promocionan en un horario nocturno tardío montañas de recopilaciones en CD de «lo mejor de la adoración». Numerosos músicos cristianos conocidos —que por lo general nunca grabaron canciones de alabanza— ahora salen con CDs propios de este tipo. Hasta John Tesh, antiguo copresentador de *Entertainment Tonight*, ha sacado los suyos.

Recientemente, la adoración ha hecho furor. Sin embargo, ¿qué es la «adoración» y qué es una «reunión de adoración»? Estas son preguntas cruciales que se deben formular incluso antes de pensar en crear reuniones con una nueva adoración.

La nueva adoración no consiste solo en cantar

Este libro se titula *Adoración para la nueva generación*. El mismo trata acerca de crear unas reuniones de adoración donde las generaciones nacientes vengan a adorar. No obstante, ¿cómo definimos la «adoración»?

Creo que para la persona promedio, e incluso para la mayoría de los pastores, la música es lo que primero acude a la mente. En realidad, en muchas iglesias son los pastores de alabanza quienes dirigen el tiempo de los cánticos en el culto de adoración. Usted, como yo, habrá oído decir a algunos individuos con gran entusiasmo: «¡Me encanta adorar!». Y en casi todas las ocasiones se están refiriendo a cantar.

Al leer este libro, encontrará que la misma tiene poco que ver con cantar y la música. Como muchos otros, deseo ver un cambio en la adoración y las reuniones de adoración; que dejen de consistir principalmente en cantar y se conviertan en algo mucho más holístico y bíblico.

La nueva adoración no es un culto de adoración

Solemos denominar «culto de adoración» al tiempo del fin de semana en que los miembros de una iglesia se reúnen. Irónicamente, este término solía indicar un tiempo en que todos los santos se juntaban para ofrecerle su servicio a Dios por medio de la adoración, así como también para servir al resto de la iglesia. Sin embargo, con el tiempo el título ha ido invirtiéndose lentamente. El «servicio» de adoración del fin de semana se ha convertido en el momento de la semana en que vamos a un edificio de iglesia, como un coche va a una gasolinera.

La mayoría de las personas ven el culto de adoración como un lugar en el que todos dan un sermón y nos sirven el sustento semanal. En términos automovilísticos, se podría decir que es la ocasión en que llenamos el tanque. Vamos a nuestra estación de servicio para que un líder de alabanza nos sirva, dirigiéndonos en los cánticos. Y todo a fin de que podamos sentirnos bien cuando nos conectamos emocionalmente mediante el canto en masa y estemos seguros de haber «adorado».

Asistimos al culto de adoración del fin de semana y nos deshacemos de nuestros hijos para que ellos también queden servidos con el llenado semanal de sus tanques. Nos sentimos especialmente felices, ya que ahora nuestra estación de servicio ofrece café en el vestíbulo de la iglesia, algo tan oportuno como el minimercado de nuestra gasolinera.

No es una estación de servicio local

Reconozco haber sido un tanto sarcástico con la analogía de la gasolinera. Sin embargo, no bromeo cuando digo que debemos admitir que asistir a un culto de adoración no es algo que se trate de nosotros los adoradores. No consiste en el buen servicio de Dios hacia nosotros, sino estrictamente en que le ofrezcamos nuestro servicio y nuestra adoración a Dios. Es el ofrecimiento de nuestra vida, nuestras oraciones, nuestra alabanza, nuestras confesiones, nuestras finanzas, nuestro servicio a los demás que pertenecen al cuerpo de la iglesia.

En 1 Corintios 14:26-27 se describe la reunión de la iglesia con estas palabras: «¿Qué concluimos, hermanos? Que cuando se reúnan, cada uno puede tener un himno, una enseñanza, una revelación, un mensaje en lenguas, o una interpretación. Todo esto debe hacerse para la edificación de la iglesia».

No era un «reúnanse para sentarse y recibir», como en la gasolinera. Todos se juntaban para ofrecerles sus servicios a Dios y los demás en adoración. La asamblea no trataba en primer lugar de suplir las necesidades del individuo, sino que se centraba en la adoración a Dios y el fortalecimiento de toda la iglesia.

En el Nuevo Testamento, la palabra «servicio» (tal como la traduce la Nueva Versión Internacional) se utiliza en referencia a un acto de dar y no de recibir. Pablo hablaba de su ministerio declarando: «Por tanto, mi servicio a Dios es para mí motivo de orgullo en Cristo Jesús» (Romanos 15:17). Mencionaba con frecuencia su «servicio» a los santos, lo cual significa que los estaba sirviendo.

No obstante, el «servicio de adoración», que supuestamente se centra en nosotros al tributarles nuestros servicios a Dios mediante la adoración, ha cambiado sutilmente para concentrarse más en que seamos nosotros los que recibamos por medio de la asistencia al culto.

Dado el uso incorrecto de la frase «servicio de adoración», he dejado de utilizarla. Procuro emplear siempre la expresión «reunión de adoración». Desde el punto de vista teológico, comunica mejor lo que estamos haciendo. Podemos ser una vez más la iglesia que se reúne para adorar a Dios y presentarle nuestros servicios y ofrendas a él y los demás, no meros individuos que asisten a un culto para recibir algo. Entre ambas formas de considerar lo que hacemos al reunirnos para adorar existe una diferencia sumamente grande en cuanto a las expectativas de la gente.

De modo que mientras mejor comuniquemos los que estamos en el liderazgo que se trata de una reunión de adoración (y no un servicio), más cambiarán las expectativas de la gente con respecto al objetivo de congregarse.

Enfatizar las «reuniones de adoración» resulta vital para la iglesia naciente.

La nueva adoración como estilo de vida

La adoración es «el acto de venerar y alabar a Dios, es decir, atribuirle mérito al Señor como único merecedor de honor y servicio». La palabra más frecuente del Nuevo Testamento griego para adoración es *proskuneo*, que se deriva de *pros* («hacia») y *kuneo* («besar»). Implica un acto de reverencia y devoción que en los tiempos bíblicos solía conllevar postrarse, arrodillarse y permanecer postrado en reverencia ante un Dios grande y santo. La adoración es la forma de expresarle nuestro amor y alabanza a Jesús, que nos amó primero y se entregó a sí mismo por nosotros (Efesios 5:25).

«Jesús nació de una virgen, sufrió bajo Poncio Pilato, murió en la cruz y resucitó de los muertos ¡para convertir a los rebeldes en adoradores!».

En una reunión de este tipo, creamos un lugar donde poder expresarle amor, devoción, adoración y alabanza a Dios. Esto debería moldear nuestra planificación y diseño. Sin embargo, la adoración no es algo que hagamos solo una vez a la semana, el domingo por la mañana o la tarde, sino un estilo de vida que se debe al hecho de estar enamorados de Dios y sentirnos fascinados por él durante los siete días (Romanos 12:1-2). Consiste en ofrecerle nuestro amor, nuestra adoración y nuestra alabanza a lo largo de toda nuestra vida.

Estamos supuestos a adorar al Señor durante toda la semana y no solo en las «reuniones de adoración». Deberíamos ofrecerle todo en adoración: nuestra mente, nuestro corazón, nuestro matrimonio, nuestra familia, nuestro trabajo. Esto incluye lo que pensamos, hacemos, decimos, comemos y en lo que empleamos el tiempo. Todas estas cosas constituyen actos de adoración.

¡Resulta sumamente importante asegurarse de saber que la adoración es un estilo de vida y de que aquellos en nuestra iglesia también lo tengan claro! Es demasiado triste haber instruido a las personas para que piensen que la adoración tiene lugar principalmente cuando van a la iglesia y cantan.

Confío en que la iglesia naciente pondrá especial cuidado en adoptar y enseñar el criterio bíblico de la adoración verdadera.

Cómo reclamar una forma holística de adoración

Este libro trata específicamente de las reuniones con una nueva adoración. Nos centraremos en explorar distintas maneras en que las nuevas generaciones se juntan para adorar, alabar y darle honor a Dios. Lo más refrescante es que —prácticamente en todos los ámbitos— nos estamos apartando de una forma de adoración insulsa y bidimensional en nuestras reuniones. Existe un alejamiento definido de aquellos cultos de adoración que se componen sencillamente de la predicación y unas cuantas canciones. Nos dirigimos ahora a un enfoque más multisensorial, integrado por numerosas dimensiones y expresiones de adoración.

En la actualidad vemos que en la adoración se ha introducido el arte, el uso de elementos visuales y la práctica de antiguas disciplinas; ahora el diseño de la reunión es más participativo y no se asiste como un mero espectador pasivo. En lugar de que el púlpito y el sermón sean el enfoque fundamental de las reuniones de adoración (al menos en la mayoría de las iglesias evangélicas), ahora vemos a Jesús como el centro mediante una variedad de expresiones creativas de adoración. ¡Es cierto que todo predicador afirma que Jesús es el centro de su predicación! Así que lo que deseo decir con esto es que la enseñanza y el aprendizaje en la iglesia naciente ocurren de varias formas; ya no consisten en una persona de pie sobre una tarima que les predica a todos los demás.

> «¡Sólo tú eres el SEÑOR! Tú has hecho los cielos, y los cielos de los cielos con todas sus estrellas. Tú le das vida a todo lo creado: la tierra y el mar con todo lo que hay en ellos. ¡Por eso te adoran los ejércitos del cielo!».
> —Nehemías 9:6

Soy consciente de que la presión arterial de algunos puede empezar a subir tan pronto como mencione el alejarse del modelo de culto de adoración que incluye «la predicación y unas pocas canciones» a fin de pasar a un enfoque multisensorial a la hora de adorar a Dios. En realidad, alguien me dijo que la gente más joven solo necesita una predicación versículo a versículo a través de toda la Biblia. Insistió en que todo lo demás distrae y no sirve de nada. Algunos individuos me han advertido que las iglesias nacientes se están volviendo totalmente experienciales y rechazan la Palabra de Dios. Otros critican que se está cambiando equivocadamente la forma histórica en que la iglesia universal ha adorado.

Cuando oigo este tipo de comentarios pongo en duda que esa persona haya estudiado en verdad la historia de la iglesia. Me pregunto si en alguna ocasión ha buscado en la Biblia las distintas formas en que se celebraban las reuniones de adoración. Sé que de no haber empezado a estudiar la adoración bíblica e histórica a lo largo de los siglos, yo mismo sentiría como ellos.

Cómo adoptar la diversidad histórica de la adoración

Durante mucho tiempo supuse que la única reunión de adoración sana y bíblica era la tradicional que había experimentado en mi iglesia evangélica conservadora: unas cuantas canciones, el sermón, un cántico para terminar y, una vez al mes, se añadía la Santa Cena.

No obstante, a medida que fui estudiando la historia de la iglesia y la adoración, me quedé muy sorprendido. La forma en que yo había experimentado y definido la reunión de adoración no era en modo alguno lo que había tenido lugar a lo largo de la historia de la iglesia y la adoración cristianas.

Resulta fundamental que los líderes de la iglesia naciente se tomen el tiempo para avanzar más allá de nuestro criterio personal o denominacional de lo que se supone deben ser «la iglesia» y «las reuniones de adoración». Cuando lo hagamos y empecemos a abrir nuestros ojos a enfoques denominacionales y globales diferentes en cuanto a la adoración, comprobaremos cuánta belleza existe en la diversidad de formas en que la gente adora a Dios.

Aliento firmemente a los líderes de iglesias a que estudien y exploren la historia de la adoración, y a que se pregunten por qué hacen lo que hacen actualmente en sus reuniones. Les sorprendería descubrir que muchas de las cosas que realizan proceden de la cultura original de su denominación y no de las Escrituras en sí.

¡Será interesante en el cielo, porque lo más probable es que allí la adoración no sea la que acostumbramos practicar en nuestra iglesia local! Creo que es importante entender esto para que no juzguemos a otras iglesias que adoran de manera distinta a la nuestra. Existe más de un modo de adorar a Dios en una reunión de iglesia. ¡Es necesario que lo reconozcamos y lo celebremos! En realidad, a lo largo de la historia bíblica fueron surgiendo muchas formas de adoración.

La nueva adoración no es reciente

Es importante que entendamos que la nueva adoración no es sencillamente «lo moderno» ni tampoco «la nueva forma de adoración en boga». Al leer la grandiosa historia de la Biblia, vemos que la cultura y el tiempo han cambiado la adoración. A lo largo de la historia de Dios y el hombre han surgido varias formas de adorar. Y hasta que Jesús regrese, veremos muchas nuevas expresiones y las formas de adoración cambiarán en las iglesias dentro de las diversas culturas.

La Biblia habla una y otra vez de nuevas formas de adoración. No podemos hablar de «tendencias». Sencillamente, formamos parte de un período de tiempo distinto que pasa por un cambio en la manera en que las nuevas generaciones le atribuyen honor y alabanza a Dios. Este tipo de cambio ha venido ocurriendo una y otra vez a lo largo de la historia.

En Génesis 4, Abel le entregó a Dios los primogénitos de su rebaño con su grasa, y Caín le ofreció algunos de los frutos de la tierra. Aunque la adoración del segundo no era pura, vemos que estos hermanos ya tenían una forma establecida de adoración.

En Génesis 8:20 vemos que Noé adoró mediante la edificación de un altar y la ofrenda de holocaustos. Estas ofrendas eran distintas a los sacrificios de Caín y Abel. Tras el diluvio surgió otra forma de adoración.

En Génesis 13:18, Abraham construyó un altar al Señor como acto de adoración. Creó un espacio sagrado y utilizó puntales a modo de recordatorio como nueva forma de adorar.

En Génesis 28:22 vemos otro modo de adoración naciente. Jacob tomó una piedra y la usó de almohada. Derramó aceite sobre ella y la llamó «casa de Dios».

En distintos períodos a lo largo de la Biblia surgieron todo tipo de espacios sagrados y estructuras para la adoración. El tabernáculo se diseñó como lugar sacrosanto para adorar. Contaba con distintos patios amueblados con utensilios para la adoración, incluidos el arca, la mesa de los panes de la proposición y el candelabro. Asimismo, poseía un altar para los sacrificios de animales. Este lugar de adoración era portátil y viajaba con el pueblo.

El templo de Jerusalén se edificó muchos siglos después. Este introdujo una adoración más avanzada y elaborada. El templo mismo solo reflejaba débilmente la verdadera morada celestial (Hechos 8:5), pero una vez más surgió un nuevo patrón de adoración.

En Malaquías 1:10-11 leemos cómo se llevó a cabo la adoración, no solo en el templo de Jerusalén, sino en todas partes, con incienso y ofrendas puras presentadas a Dios. ¡El paradigma de la adoración volvió a cambiar!

El Nuevo Testamento está lleno de nueva adoración. ¡Jesús lo conmocionó todo! Enseñó que la adoración no se supeditaba a un lugar o espacio, sino que cuando es verdadera se realiza en espíritu y en verdad (Juan 4:23-24). Jesús explicó que Dios no requiere actos ni rituales específicos de adoración. Lo que más le importa es el corazón que está detrás de ella.

Inmediatamente después de la ascensión, nació una nueva forma de adoración cuando el Espíritu vino a morar en los creyentes (Hechos 2). Dejó de estar en el lugar físico sagrado del templo para habitar en los creyentes. Nuestro cuerpo se convirtió en el templo donde moraría (Romanos 12:1-2). ¡No vamos a un cierto lugar, sino adoramos a Dios con todo lo que hacemos!

La práctica de reunirse en el templo para llevar a cabo rituales y complejos sacrificios se trasladó a la sencillez de juntarse en las casas (1 Corintios 16:19; Colosenses 4:15; Filipenses 2). Cada iglesia se congregaba para compartir una comida, cantar, leer las Escrituras y orar. El «culto de adoración» (reunión de adoración) del Nuevo Testamento se convirtió en algo muy simple. No había púlpito ni sermones de cuatro puntos en cuarenta y cinco minutos, ni grupo de música, ni acomodadores, sino que todos estaban preparados para participar. Apartaban un tiempo a fin de cantar, enseñar, debatir y celebrar la Santa Cena (1 Corintios 11:17-34). Asimismo, se saludaban con un beso santo (1 Corintios 16:20).

A media que la iglesia se desarrollaba y crecía, y la cultura del entorno influenció la adoración a lo largo de los siglos posteriores, pasaron de reunirse en las casas a hacerlo en edificios más grandes basados en la arquitectura de la basílica romana (el tribunal de justicia). Se introdujeron los bancos, los púlpitos y los coros. Estos elementos ya eran comunes en las culturas romana y griega y en las religiones paganas de la época.

Después de un tiempo, las reuniones de adoración cristiana tomaron más forma a través de la liturgia. Luego surgieron otras maneras dentro de la antigua iglesia católica, la ortodoxa y varias órdenes monásticas.

Los edificios donde se reunían las diversas iglesias cambiaron para reflejar las nuevas influencias culturales. Las catedrales, los vitrales de colores y los himnarios fueron todos formas de adoración inédita en un momento dado.

En la época reciente, la arquitectura de la iglesia se ha vuelto a modificar. Ahora tenemos unos locales que parecen teatros, edificios multiusos de adoración, pantallas de vídeo y otras muchas innovaciones. ¡Y todavía no hemos visto nada! El libro de Apocalipsis contiene fantásticas imágenes de la adoración que surgirá en el futuro. Escapan a nuestro entendimiento en la actualidad, pero vemos descripciones en las que «el trono de Dios y del Cordero estará en la ciudad» y «sus siervos lo adorarán» (Apocalipsis 22:3). ¡Llegará el día en que, de forma literal, veamos a Jesús y lo adoremos cara a cara!

Por lo tanto, a medida que nuestra cultura actual pasa de un mundo moderno a otro postmoderno, es más que normal que surjan maneras nuevas de adoración. Bíblica e históricamente no debería sorprendernos que las nuevas generaciones tengan una sensación generalizada de descontento por las formas modernas de la adoración cristiana. No deberíamos sentirnos amenazados por ello ni condenar unos modos de adorar con los que no nos sentimos cómodos. Esto no significa que las anteriores maneras ya no sean válidas, sino que están apareciendo nuevas expresiones y seguirán haciéndolo.

Nuevos odres para la nueva adoración

En las iglesias nacientes deseamos nuevos odres para la adoración en nuestro tiempo formal de reunión. No me refiero a la adoración en sí ni al acto de adorar (que es un estilo de vida y por lo tanto atemporal), sino al aspecto y la sensación de nuestras reuniones. Jesús utilizó la metáfora de los nuevos odres para describir los distintos acercamientos a Dios que introdujo.

La iglesia naciente desea nuevos odres para la adoración. Son necesarios para responder a nuestra reciente cultura postmoderna. Ignorarlo sería un terrible error y en cierto modo una arrogancia si seguimos creyendo que nuestra forma actual de adoración es la manera única y exclusiva de adorar a Dios. ¡Después de todo, no estoy hablando de venerar a un Dios distinto, sino de hacerlo de un modo diferente!

Consideremos la adoración en serio

Estoy convencido de que un día tendremos que rendirle cuentas a Jesús por la forma en que pastoreamos a la gente de nuestras iglesias (Hebreos 13:17) y la guiamos en la adoración. Cuando nos encontremos con él e intentemos justificar lo que hicimos en las reuniones de adoración, no creo que le interesen las formas estupendas e ingeniosas que se nos ocurrieron para adorarlo. Más bien querrá saber qué tipo de discípulos produjeron nuestras iglesias, cómo es el corazón de las personas que asistieron a nuestras reuniones de oración, y no lo que hacíamos en ellas. Deberíamos orar y reflexionar en lo más importante de este debate sobre la adoración. Sería mejor formularnos las preguntas correctas.

Cómo formular las preguntas adecuadas al diseñar las reuniones de adoración

El Nuevo Testamento no proporciona demasiada información sobre las reuniones de adoración en la iglesia primitiva. Sin embargo, sabemos lo suficiente —cualquiera sea nuestra forma de adoración— para hacer estas preguntas:

1. ¿Exaltamos el nombre de Jesús como la esencia del motivo de nuestra reunión? (Véase Apocalipsis 5:6,13-14; Colosenses 3:17 y Filipenses 2:9-11).

2. ¿Dedicamos un tiempo a conocer la historia de Dios y el hombre en las Escrituras? ¿Invitamos a todos a formar parte de esta historia hoy en la vida del reino? (Véase 2 Timoteo 3:14—4:4).

3. ¿Oramos y pasamos el tiempo suficiente juntos para sosegar y acallar nuestro corazón con el fin de escuchar la voz de Dios y rendirnos a su Espíritu? (Véase Hechos 1:14; Juan 4:23-24).

4. ¿Experimentamos el gozo, el amor y el estímulo de estar juntos como iglesia? (Véase Hebreos 10:25 y Juan 13:34-35).

5. ¿Celebramos la Santa Cena juntos como iglesia con regularidad? (Véase 1 Corintios 11:20-32).

6. ¿Les recordamos a todos de cierta manera la misión de la iglesia y por qué existimos? (Véase Mateo 28:18-20).

7. ¿Capacitamos a las personas para que contribuyan individualmente en algo como parte del cuerpo de Cristo? (Véase 1 Corintios 12:27 y 14:26).

Me pregunto con cuánta frecuencia nos hacemos estas preguntas los líderes mientras nos preparamos para una reunión de adoración. O será que solemos centrarnos más en preguntas del tipo: «¿Qué canciones deberíamos cantar este domingo?» y «¿Qué anuncios hay que hacer?».

Cuando valoramos nuestras reuniones de adoración a posteriori, ¿nos preguntamos algo de lo que figura en la lista anterior o nos limitamos a «¿Qué tal ha tocado el grupo?» y «¿Cómo ha quedado la transición entre la obra teatral y el sermón?», y nada más? ¡Sé que estas cuestiones son importantes! Sin embargo, en la iglesia naciente debemos considerar nuestras reuniones de adoración, hacernos primero estas preguntas, y después diseñarlas con nuevas prioridades.

Las reuniones de adoración consisten en santos que se juntan para vivir el Salmo 95:6, que exhorta: «Vengan, postrémonos reverentes, doblemos la rodilla ante el Señor nuestro Hacedor». Se trata de un acercamiento multisensorial de postrarse, arrodillarse, escuchar, aprender, mirar, cantar, interesarse, tocar y amar con nuestra mente, nuestro corazón y nuestro cuerpo. Tiene que ver con percibir los resultados de la adoración que producen en nosotros un amor mayor por Dios y las personas (Mateo 22:27-39). Dios nos prohibió que enseñemos a la gente de nuestra iglesia a considerar la nueva adoración como algo inferior a todo esto.

Nuevos pensamientos

1. Medite en la diferencia entre una «reunión» y un «culto» de adoración. En el contexto particular de su iglesia, ¿cuál es la diferencia entre estas dos formas de considerar lo que hacemos cada domingo?

2. Para la gente de su iglesia, ¿por qué razones existe la reunión de adoración?

CAPÍTULO 2

La  paradoja de crear reuniones de adoración alternativa

Dejen a estos hombres en paz. ¡Suéltenlos!
Si lo que se proponen y hacen es de origen humano,
fracasará; pero si es de Dios, no podrán destruirlos,
y ustedes se encontrarán luchando contra Dios.
—Hechos 5:38-39

Uno de mis grupos musicales favoritos son los Ramones. El conjunto se formó, en muchos sentidos, de forma bastante accidental. Cuatro adolescentes inadaptados de Queens, Nueva York, sintieron que no podían identificarse con mucha de la música de mediados de los setenta. El género disco crecía en popularidad, las grandes bandas de rock eran famosas, y también estaba John Denver y el pop suave de Olivia Newton-John. De algún modo ellos tuvieron la intuición de que el mundo de la música necesitaba un cambio y decidieron formar un grupo. Ni siquiera sabían tocar instrumentos. No fue hasta después de formar la banda que el guitarrista compró su primera guitarra.

El propietario del club donde los Ramones tocaron por primera vez les dijo que era una locura intentar esa nueva forma de música. Estaba convencido de que no le gustaría a nadie. Se equivocó. Muy pronto descubrieron que había otras muchas personas que tampoco sintonizaban con el panorama musical de ese tiempo y también sabían que la música necesitaba algo de reinvención. Al principio, fueron pocos. Millones de personas seguían sintiéndose totalmente satisfechas con el pop suave, el disco o los conciertos de rock. Sin embargo, hubo un número creciente de personas que poco a poco llegaron a sentirse inquietas por el estado de la música del momento y empezaron a seguir a los Ramones. Con el tiempo, tuvieron una legión de fanáticos. No obstante, no les resultó fácil ser pioneros de este nuevo género de música. Experimentaron una gran lucha, una crítica tremenda y hasta burlas, pero promovieron algo nuevo. No había una forma predeterminada ni prescrita para diseñar y crear un nuevo tipo de música. No eran famosos por ser grandes músicos o compositores. Sin embargo, no tiraron la toalla en cuanto a aquello en lo que creían.

Tras la muerte de Joey Ramone debido al cáncer en el 2001, Bono, de U2, les entregó un premio especial a los Ramones que quedaban en los Premios MTV. Afirmó que sin ellos U2 no existiría. Reconoció que fue este grupo el que los influenció hasta el punto de inspirar el nacimiento y la vida de U2 como banda. Los Ramones fueron pioneros del cambio, y por eso millones y millones de admiradores de U2 escuchan ahora lo que la mayoría de nosotros consideramos una música fabulosa.

Soy plenamente consciente de que no se puede equiparar a los Ramones y la creación de la música punk con la instauración de las reuniones de adoración. Por cierto, ellos fueron una banda más bien pagana, que en modo alguno se ciñó a la ética ni a la moral. ¡No apoyo su estilo de vida personal ni afirmo que Dios estuviera detrás del nacimiento de su música!

Lo que intento expresar son los principios detrás de una banda que tuvo la suficiente pasión por algo en lo que creía como para asumir riesgos, luchar para hacerse entender e ir contra la corriente. Debemos recordar que no fue fácil para los Ramones. Aquí sentado, mientras escribo este libro sobre experimentar con nuevas formas de adoración y crear nuevos tipos de reuniones de adoración alternativa para las generaciones nacientes, también enfrento una gran lucha.

La mitad de mí desearía exclamar: «¡Es extraordinario! ¡Qué maravilloso ver el compromiso de las iglesias con la nueva cultura y la creación de reuniones que se identifiquen con el corazón de las generaciones postcristianas! ¡Qué manera tan fabulosa de cultivar el cuerpo de Cristo! Debemos hacer algo, porque lo que está en juego son las nuevas generaciones que no han conocido aún a Jesús».

Al mismo tiempo, mi otra mitad quiere gritar: «¡No lo hagan! Es un trabajo tremendamente duro. Si lo llevan a cabo en una iglesia ya existente, lo más probable es que se enfrenten a una tensión increíble con el personal de la misma que no entenderá lo que están intentando. ¡Será un verdadero desastre! Podría hacerles perder el empleo. ¡Deténganse antes de que sea demasiado tarde!».

La agonía y el éxtasis

He experimentado el gozo de ver a personas que venían a conocer a Jesucristo porque se había reinventado la iglesia y creado una reunión de adoración y un ministerio alternativo. He sido testigo de cómo nacía la visión y el sueño de iniciar algo nuevo para llegar a convertirse en cientos y cientos de personas adorando a Jesús con gran gozo. Ellas se arrodillaban e inclinaban el rostro orando y arrepintiéndose. Sus vidas habían cambiado por completo.

He visto iglesias en las que una nueva reunión de adoración alternativa aporta nueva vida e ímpetu, cuando antes morían lentamente. He conversado con muchos pastores que se han mostrado increíblemente entusiasmados por lo que Dios está haciendo en sus iglesias, y todo por haber empezado nuevas reuniones de adoración diseñadas para una cultura postcristiana.

> «Así dice el Señor: "Deja ir a mi pueblo para que me rinda culto"».
> —Éxodo 8:1

He tenido el privilegio de hablar largo y tendido con un pastor juvenil que quería comenzar un tipo alternativo de reunión de adoración y ministerio en su iglesia. Cuatro años después, vi a más de un millar de jóvenes creyentes alabando a Dios juntos en el culto que habían iniciado. ¡Aproximadamente una docena de ellos se bautizó la noche que yo asistí!

También he escuchado historias muy tristes y sabido de grandes luchas.

Me senté a orar con un pastor al que habían despedido de su iglesia por iniciar un culto alternativo. El pastor titular se puso fuera de sí al ver algunas de las cosas que estaban haciendo. Hace poco recibí un triste correo electrónico de otro pastor. En realidad, había llevado a su equipo y al pastor titular a nuestra iglesia, donde nos encontramos y repasamos las ideas. Inauguraron una nueva forma de ministerio y reunión de adoración. En un año, más de cien personas asistían a estos cultos alternativos. Pero entonces, sin previo aviso, el pastor titular decidió acabar con ellas. Quería trasladar a toda aquella gente que acudían a las reuniones al culto principal donde él predicaba, ya que pensó que necesitaban pasar a un culto «real» de iglesia.

Sufro cada vez que oigo las historias dolorosas, hirientes, de sueños truncados, de aquellos que se aventuran a intentar algo diferente en sus iglesias.

Yo también experimenté la frustración, la confusión y la tensión cuando comencé una nueva reunión de adoración y un ministerio innovador en nuestra iglesia. Por ello, lucho al escribir esto. Empezar a comprometerse de verdad y a identificarse con las generaciones postcristianas implica que hay que replantear la adoración. Significa que no se le puede temer a reconsiderar la iglesia. Esto es del todo inevitable cuando uno es un verdadero pionero en algo y no se limita a cambiar las apariencias externas.

Entiendo que para algunos este tipo de reconsideración resulte extremadamente difícil. Cualquiera que esté acostumbrado a hacer ministerio —y a pensar en la iglesia y los cultos de adoración— de una forma moderna, verá lo difícil que resulta entender nuevas formas de comprometerse con la cultura postmoderna.

¡La mayor parte de lo que hacemos en la iglesia naciente no encaja en las viejas categorías! No existe una forma prescrita de realizar las cosas ni modelos predeterminados que seguir. La realidad es que reflexionar sobre nuevos enfoques en el ministerio, comenzar nuevas formas de reuniones de adoración y hacerlas encajar dentro de una iglesia existente puede llevar a luchas de poder y control, así como a desacuerdos, tristeza, dolor y tensión.

¡Sin embargo, no renuncie! Merece la pena.

La compensación por hacerlo en lo bueno, en lo malo y en lo feo

Cada vez que lucho con la paradoja de crear reuniones de adoración alternativa, vuelvo al hecho de tener que asumir riesgos para que dichos cambios ocurran en nuestras iglesias. Hay demasiado en juego como para no intentar iniciar otro tipo de reuniones y ministerios de adoración. De otro modo, ¿cómo vendrán a la fe en Jesucristo las nuevas generaciones postcristianas que han crecido completamente fuera de la iglesia moderna?

El pastor Bill Hybels, en un mensaje de Momentos Definitorios de Willow Creek, comentó sobre la cuestión de si una iglesia debería iniciar un culto innovador de adoración alternativa y un ministerio para las nuevas generaciones. Él afirmó:

Vuelvo una y otra vez al hecho de que la alternativa [de no comenzar un nuevo culto de adoración y un ministerio] es impensable. A cualquiera le parecería desmedido sentarse ociosamente y observar cómo un tercio, o un cuarenta por ciento, de la congregación desaparece [...] No se puede evitar. Cualquier cosa que se intente nos permitirá al menos decir, al comparecer un día delante de Cristo, que hicimos lo que pudimos [...] ¡No llegamos a resolverlo jamás, pero lo procuramos de verdad!

En lo bueno, lo malo y lo feo... lo desconocido, los fracasos y los éxitos... los gozos y las tristezas, ¡merece la pena intentarlo! A medida que nuestra cultura cambia de forma radical, la iglesia también debe hacerlo. Para algunos puede significar inaugurar una reunión de adoración y un ministerio nuevos en una iglesia ya existente. Para otros quizás sea efectuar cambios en los ministerios que ya desempeñan. Y habrá quienes tengan que crear una nueva iglesia.

> NO SE PUEDE EVITAR. CUALQUIER COSA QUE SE INTENTE NOS PERMITIRÁ AL MENOS DECIR, AL COMPARECER UN DÍA DELANTE DE CRISTO, QUE HICIMOS LO QUE PUDIMOS [...] ¡NO LLEGAMOS A RESOLVERLO JAMÁS, PERO LO PROCURAMOS DE VERDAD!
> —BILL HYBELS

Necesitamos con urgencia plantadores de iglesias y gente que tienda puentes dentro de las iglesias existentes, individuos que ayuden a transformar las iglesias modernas en un territorio nuevo. Soy optimista al pensar que muchas iglesias modernas pueden cambiar y contemplaremos el nacimiento de nuevas comunidades de fe y expresiones de adoración en y a través de ellas.

Este libro trata precisamente este asunto. Debatiremos los pros y los contras. Conoceremos historias pioneras y claros ejemplos de iglesias de todo el país que ya han recorrido este camino.

Cómo evitar el cambio superficial

Este libro sigue el mismo formato del anterior que escribí, *La iglesia emergente*. La primera parte consiste en una mirada a la arquitectura y la estructura detrás de las reuniones de adoración y los ministerios nuevos. Analizaremos por qué, o

> «La mayoría de los cristianos están demasiado ocupados para adorar, y muchos cultos de iglesia están tan llenos de avances creados por el hombre, que casi se olvida a Dios. La gente asiste a la iglesia para ser espectadora de un programa religioso y no para participar en la adoración espiritual».
> —Warren W. Wiersbe

por qué no, iniciarlos. Trataremos el asunto a través de pasos específicos que pueda dar al comenzar nuevas reuniones de adoración en su iglesia. Responderemos algunas preguntas cruciales que se deben formular antes de iniciar, o aunque ya haya empezado. Analizaremos cómo crear un equipo de voluntarios que diseñen y creen las reuniones de adoración, incluso con poco o ningún presupuesto.

Primera parte del libro	Segunda parte del libro
Establecer los cimientos: formular las preguntas importantes y reflexionar en las cuestiones críticas antes de crear una reunión de adoración y un ministerio nuevos.	Una mirada a varios métodos de iglesias que han creado reuniones de adoración y ministerio alternativos.
teoría	realidad

En la segunda mitad de este libro consultaremos distintos métodos que algunas iglesias han puesto en práctica a la hora de crear nuevas formas de ministerio para las generaciones nacientes. Aprenderemos de ellas y tomaremos nota de las distintas opciones. Veremos cómo está diseñada la estructura de su liderazgo y cuál es el papel de los pastores y pastores titulares. Le daremos un vistazo a sus reuniones de adoración y ministerios a lo largo de la semana.

Nos enteraremos de las equivocaciones y las lecciones aprendidas de los líderes de dichas iglesias nacientes a medida que exploraban nuevas expresiones de adoración y efectuaban cambios. ¡Hay mucho que aprender de ellos!

La sensación de que nuestra iglesia naciente no puede surgir jamás

En nuestra historia, recuerdo con claridad la época en la que Josh Fox, Rollyn Zoubek y yo pasamos casi todo un día orando juntos cuando pensamos por primera vez en crear los cultos de adoración y ministerio «Graceland» en la Iglesia Bíblica de Santa Cruz. Esta es una gran iglesia evangélica contemporánea. Era maravillosa y próspera. A pesar de ello, todos los que nos hallábamos en el ministerio juvenil sabíamos que algo estaba cambiando entre las nuevas generaciones.

Llegamos al punto de sentir que Dios nos pedía que replanteáramos un poco la iglesia y experimentáramos con expresiones y formas de adoración innovadoras. Nos sentamos en el suelo de mi salón, abrimos las Escrituras, y en unas tarjetas anotamos pasajes que describían cómo podría ser un nuevo tipo de culto de adoración y ministerio.

Al empezar a soñar y escribir cosas, resultó evidente que lo que imaginábamos era radicalmente diferente a lo que se solía hacer en nuestra iglesia. ¿Cambiar la forma de predicar? ¡Pero si la predicación era la pieza central de nuestra iglesia! ¿Cómo podíamos considerar siquiera que una reunión de adoración fuera una experiencia más holística, sin la predicación como plato fuerte?

¡Introducir estaciones de oración, incienso y velas! En nuestra iglesia contemporánea sería como un inmenso paso atrás. ¡Podrían considerar que nos estábamos volviendo católicos en una iglesia evangélica!

¿Prestarle atención a la habitación en la que nos reunimos para diseñar un espacio más sagrado que refleje lo antiguo? Pero si nuestro edificio era totalmente nuevo y contemporáneo. ¿Por qué querríamos esconder aquella flamante arquitectura actual?

¿Situar al grupo de música en la parte trasera de la habitación? ¿Acaso no debe estar siempre en la parte delantera y bajo los focos?

¿El pastor titular no será el predicador en estos nuevos cultos de adoración? ¿Cómo rayos nos van a permitir algo así? ¿Una forma más comunitaria de liderazgo? ¿Acaso las decisiones no se toman de arriba hacia abajo, y los equipos se limitan a implementar la visión y no a crearla? Estábamos sentenciados. Aquella nueva reunión de adoración no tendría lugar jamás, pensamos.

Nuestra red de seguridad confiable

Con cada tarjeta en la que escribíamos cosas parecía más y más evidente que nuestras ideas sobre la iglesia naciente podrían no tener la oportunidad de realizarse. ¡Eran sencillamente demasiado diferentes! Como si debieran seguir siendo meros sueños y pensamientos escritos en unas fichas. Sin embargo, recuerdo con nitidez haber acudido a Hechos 5:38-39, que declara: «Dejen a estos hombres en paz. ¡Suéltenlos! Si lo que se proponen y hacen es de origen humano, fracasará; pero si es de Dios, no podrán destruirlos, y ustedes se encontrarán luchando contra Dios».

En realidad, escribí aquel pasaje en una tarjeta. Al hacerlo, la sensación de angustia —ese sentimiento de que el culto y el ministerio nuevos estuvieran sentenciados incluso antes de presentarlos— desapareció. Me recordó que no era algo de Dan, Josh o Rollyn... ¡sino de Dios! Si él estaba en aquello y quería que una forma innovadora de ministerio naciera en nuestra iglesia, le tocaba hacer que ocurriera. Por supuesto, nosotros tendríamos que cumplir nuestra parte. Si nuestras ideas eran de origen humano, todo fracasaría. No obstante, si procedían de Dios, por locas que pudieran parecer, se materializarían.

En nuestro caso particular, sucedió. No sin lucha, pero ocurrió. Comenzamos Graceland como reunión de adoración los domingos por la noche para «jóvenes adultos». Al final se transformó en una reunión de adoración para todas las edades. Tras varios años acabamos Graceland. Una vez más, nos convertimos en una iglesia totalmente nueva: la Iglesia Vintage Faith (hablaremos más sobre esto en el capítulo 13).

¡No es nuestra iglesia naciente, sino la de Jesús!

En la iglesia naciente debemos recordar que no somos nosotros quienes la hacemos surgir. Estamos hablando de la iglesia de Jesucristo. ¡Él es su cabeza (Efesios 1:21-22), y esto significa que también lo es de la iglesia naciente! Debemos plantear todo esto con sumo cuidado. No podemos tener actitudes arrogantes, pensando que estamos persiguiendo demostrar algo. No debemos intentarlo para estar en la onda y hacer algo distinto a todo lo que esté ocurriendo en la actualidad en nuestra iglesia. En cambio, estamos replanteando cómo sería la iglesia de Jesús en nuestra nueva cultura. No es tarea fácil. Debemos tomarla en serio.

Esta labor de diseñar la iglesia naciente, nuevas reuniones de adoración y ministerios diferentes debe conducirnos a arrodillarnos. Debe hacernos clamar a Dios pidiéndole que nos revele si él está en ello o se trata solo de nuestros propios «orígenes humanos» y nuestros deseos personales. Al hacerlo, nuestra carga desaparece. No somos más que siervos del Rey. Él decidirá si quiere que iniciemos algo nuevo o no.

En lo personal, me refugio mucho en eso. Al experimentar con la creación de las reuniones de adoración es necesario recordar siempre que no se trata de nosotros ni de nuestros sueños… es algo relacionado con Jesús y su iglesia. No tiene nada que ver con ser creativo… es algo relacionado con Jesús y su iglesia. No es un replanteamiento de nuestras iglesias… es algo relacionado con Jesús y su iglesia. ¡Con esto en mente, nuestro corazón y nuestras actitudes deberían reflejar esta verdad, ya sea que las cosas se pongan difíciles o que todo salga bien!

Hay seguridad al saber que si lo que hacemos es de Dios, ocurrirá. Consideremos ahora algunas razones por las que deberíamos, o no, iniciar reuniones de adoración alternativa y nuevas formas de ministerio en nuestras iglesias.

«Ah, hermano o hermana, Dios nos llama a adorar, pero en muchos casos estamos inmersos en el entretenimiento, solo corriendo un miserable segundo a los teatros».
—A. W. Tozer

Nuevos pensamientos

1. ¿Se siente cómodo con el hecho de que las nuevas reuniones de adoración no sean ordenadas, preparadas y empacadas, sino agitadas, promoviendo una nueva base para la mayoría de las iglesias? ¿Está dispuesto a experimentar una posible lucha y confusión al iniciar algo como esto?

2. ¿Qué otras opciones podría perseguir si no iniciara una nueva reunión de adoración? ¿Qué dirá cuando se encuentre cara a cara con Jesús y tenga que rendir cuentas de por qué no lo intentó al menos?

CAPÍTULO 3

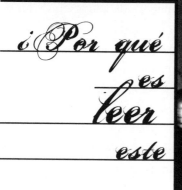

¿Por qué es leer este peligroso libro?

El prudente ve el peligro y lo evita; el inexperto sigue adelante
y sufre las consecuencias.
—Proverbios 22:3

No utilizo la palabra «peligroso» en el título del capítulo con ánimo de ser dramático o sensacionalista. Tampoco empleo el término de una forma positiva, como lo han hecho algunos para sugerir que elevemos «oraciones peligrosas». El uso que le doy al vocablo es el de una seria advertencia al comienzo de este libro.

Esta obra se titula *Adoración para la nueva generación*, y es exactamente de eso que hablaremos. No obstante, si pasamos a la creación de reuniones de adoración sin pensar en cómo encajan de un modo holístico en la iglesia, nos estaremos dirigiendo hacia el peligro. Permítame explicarme.

Mantengo constantes conversaciones con pastores y líderes de iglesia de todo el país que notan la creciente tendencia de la ausencia de nuevas generaciones en sus congregaciones. Es probable que oigan las sutiles (o no tan sutiles) quejas de la gente joven de sus iglesias en cuanto a que los cultos de adoración no se conectan con ellos. Nuestras nuevas generaciones desean hoy una experiencia de adoración de un tipo y una forma distintos a fin de expresarle su veneración a Dios. Estas son cuestiones sumamente reales que afrontamos en la actualidad en nuestra cultura naciente. No podemos limitarnos a borrarlos de un plumazo o ignorarlos.

Cada vez nos preocupa más ese problema y queremos hacer algo al respecto. Este libro trata las formas en que la iglesia naciente responde a tal clamor. Da testimonio de las molestas tendencias que vemos mientras las nuevas generaciones desaparecen de las iglesias a un ritmo alarmante.

Este libro se centra en las reuniones de adoración de fin de semana que muchas iglesias están iniciando.

Sin embargo, su contenido es peligroso si le anima a creer que dicha reunión es lo más importante que hace cada semana.

Los que estamos en el liderazgo de la iglesia tenemos una respuesta natural cuando tomamos conciencia de que ciertos sectores de la población (ya sea debido a la edad o la mentalidad) están ausentes de nuestras congregaciones. Se nos ha condicionado y formado para pensar de inmediato en modificar nuestro culto de adoración del fin de semana o iniciar una nueva reunión.

Una y otra vez escucho que la gente pregunta: «¿Cómo se empieza una nueva reunión de adoración postmoderna?», o anuncia: «Estamos comenzando una nueva reunión de iglesia naciente».

Este es el punto más equivocado para empezar a reflexionar en todo este asunto. Sin embargo, no tenemos la culpa de pensar de este modo, ya que la forma principal en que los líderes ven a las iglesias de hoy es a través de la lente del culto de adoración del fin de semana. Tenemos incrustado en el pensamiento que este es el vehículo y el enfoque primordiales de lo que es la «iglesia». Por lo tanto, cuando intentamos hacer algo para captar a la cultura y las generaciones nuevas, de inmediato pensamos en el culto de adoración.

La mayoría de las personas en nuestras iglesias consideran igualmente que el culto de adoración del fin de semana es su principal punto de enfoque. El mismo constituye su experiencia de lo que significa la «iglesia». Tampoco tienen la culpa de pensar así. ¡Han aprendido de nosotros! En una ocasión me encontraba en un culto de adoración en el que el pastor repitió a lo largo de su sermón que ese culto era la reunión más importante de la semana para todos. De modo que resulta más que natural que los pensamientos —los nuestros como líderes y los de los miembros de nuestras iglesias— salten de inmediato a lo que podemos hacer en una reunión de adoración diseñada para las nuevas generaciones. Este libro trata de este tipo de reuniones. Y aquí es donde puede surgir el peligro.

Mis dedos se mueven con nerviosismo al escribir, porque me preocupa que un libro que se centra en las reuniones de adoración del fin de semana pueda comunicar que la iglesia no es más que eso. Este concepto se aleja de la realidad de las Escrituras con respecto a lo que es la iglesia, a saber, el pueblo de Dios con una misión (1 Corintios 12:27, Hechos 1:8), personas que pasan la mayor parte de su tiempo fuera de la reunión de adoración del fin de semana. Por lo tanto, resulta necesario que deje bien claro que este tipo de reunión no es sino una parte de la experiencia holística de la iglesia.

El individuo promedio pasa unas ciento doce horas despierto a la semana (suponiendo que duerma ocho horas). Si una persona asiste a la reunión de adoración del fin de semana que dura dos horas, el 98,2% de su semana transcurre fuera de allí. Para la mayoría de la gente, la «iglesia» implica tan solo el 1,8% de su tiempo. Supuestamente, el resto no es «iglesia». Esta es una idea bastante desquiciada, porque en realidad usted, yo y los otros cristianos somos la iglesia el 100% del tiempo.

No podemos centrarnos principalmente en qué hacer en la reunión de adoración del fin de semana desde el punto de vista estilístico, metodológico o filosófico. Es necesario que primero nos preguntemos qué es la «iglesia». A continuación tenemos que inquirir cómo encaja esta reunión en la vida de la iglesia y la formación espiritual.

Recuerde la antigua canción infantil que nos enseñaba a utilizar nuestras manos para formar un edificio mientras decíamos: «Esta es la iglesia, este el campanario, abre las puertas y ve a toda la gente». ¡Tal cosa es errónea! Hasta las rimas de nuestra infancia arraigaban en nosotros la idea de que la iglesia es un mero edificio al que se va una vez a la semana, y no *nosotros mismos* todos los días.

La reunión de adoración del fin de semana no es lo más importante en la semana de alguien. Ni siquiera es lo más relevante que hacemos los que estamos en el liderazgo. Si creemos que es así, nos estamos perdiendo lo que la iglesia es en verdad. Habremos estado enseñándole una definición incorrecta a la gente y le habremos proporcionado una falsa experiencia de lo que significa la «iglesia». Es necesario reconocer que la mayor parte del proceso de la formación espiritual y nuestra misión ocurre en el 98,2% de la semana. Haríamos mejor en pensar de verdad en el resto de la semana de la gente y no solo en el 1,8% que pasan en una reunión de adoración del fin de semana.

¿Qué queremos decir cuando usamos la palabra «iglesia»? Nuestra definición establecerá algunos parámetros para las reuniones de adoración del fin de semana en las que se centra este libro.

> «Así que nosotros, que estamos recibiendo un reino inconmovible, seamos agradecidos. Inspirados por esta gratitud, adoremos a Dios como a él le agrada, con temor reverente, porque nuestro "Dios es fuego consumidor"».
> —Hebreos 12:28-29

¿Ve la diferencia?

La iglesia no es:	La iglesia es:
Un «lugar» ni un edificio al que uno va.	Los discípulos de Jesús dondequiera que estén.
La reunión del fin de semana donde se predica un sermón y se cantan algunas canciones.	Los grupos de discípulos que se reúnen en casas y otros entornos más pequeños durante la semana y también pueden congregarse en una reunión más grande para adorar juntos el domingo.
Los cristianos que van a una reunión del fin de semana para conseguir sus bienes y servicios religiosos.	Los adoradores de un cuerpo local en una misión conjunta.
Los cristianos que van a la «iglesia» los fines de semana a fin de obtener inspiración y alimento para la semana.	El pueblo de Dios que depende apasionadamente del Señor en la adoración y la oración durante toda la semana.
Los cristianos que preguntan: «¿Qué me ofrece esta iglesia?».	Los discípulos de Jesús que preguntan: «¿Cómo puedo contribuir y servir a este cuerpo local en su misión?».
Un lugar al que los cristianos van para que los pastores hagan las cosas «espirituales» por ellos.	Una comunidad donde los pastores y líderes preparan a la gente para la misión y el servicio de los unos a los otros.
Un lugar al que llevar a sus hijos y adolescentes para que reciban sus lecciones espirituales mientras usted oye el sermón y canta unas cuantas canciones.	Una comunidad donde los líderes lo ayudan a entrenarse para que les enseñe a sus hijos los caminos de Dios e incorporan a niños y jóvenes a la comunidad de modo que no estén aislados.

Repito, este libro podría ser peligroso si acaba creyendo que la reunión de adoración de una «iglesia» es lo más importante de la semana. ¡Por supuesto que es relevante! No obstante, empecemos a replantearnos aquello en lo que hemos convertido a la «iglesia», tanto en nuestra mente como en la de aquellos que forman parte de ella. Resulta arriesgado elevar las reuniones por encima de la verdadera formación espiritual. Es necesario que primero tengamos un criterio holístico de la formación espiritual y el propósito de la iglesia.

Después podremos ver cómo encaja en ello nuestra reunión de adoración del fin de semana. Solo entonces conoceremos la importancia que tiene o no a la hora de llevar fruto.

Este libro es peligroso si le hace pasar el ochenta por ciento de su tiempo en lo que solo produce el veinte por ciento del crecimiento espiritual personal

Si asiste a bastantes conferencias de crecimiento, acabará oyendo hablar del principio de Pareto. Se suele enseñar en relación con el crecimiento de la iglesia y los principios básicos de la gestión del tiempo. Básicamente, se trata de una regla general que afirma que el ochenta por ciento de los resultados fluyen tan solo del veinte por ciento de nuestros esfuerzos.

Teniendo esto en consideración, los que estamos en el liderazgo de la iglesia admitimos típicamente que el ochenta por ciento del verdadero discipulado y el crecimiento espiritual se producen por el asesoramiento, las reuniones de grupos pequeños, las relaciones, el servicio, etc. Me atrevo a decir (siendo brutalmente sincero) que tal vez solo el veinte por ciento del discipulado es en verdad el resultado de nuestras reuniones del fin de semana. Por lo tanto, resulta bastante irónico que en la mayoría de las iglesias invirtamos el ochenta por ciento de nuestra energía y recursos en algo que solo produce el veinte por ciento del crecimiento espiritual a largo plazo.

Hace poco entré en un acalorado debate con alguien que disiente de mí en este punto. Esta persona afirmaba que los cultos de adoración son lo más importante en la vida de un cristiano. Esto se debe a que el sermón es crucial para «alimentar al rebaño» y «pastorear» a las personas. ¡Admito que el sermón puede ser una parte relevante en la formación espiritual de uno, pero no exageremos su importancia! Las predicaciones le proporcionan a la gente una motivación a corto plazo y pueden inspirar un deseo de mayor crecimiento espiritual en los individuos. Es posible que dirijan a las personas en una dirección concreta y ayuden a que los individuos decidan perseguir algo. Sin embargo, rara vez hablamos con alguien que afirma que su vida haya cambiado por un sermón. Las personas pueden decir: «¡Fue un gran sermón!» o «¡Lo he disfrutado!» al acabar un culto del fin de semana. Y podemos sentirnos seguros de nosotros mismos por haber logrado algo. No obstante, ¿qué me dice de la semana siguiente? ¿De dos semanas después? Un sermón los conmovió, aprendieron puntos esenciales y hasta se sintieron inspirados; sin embargo, la mayoría de la gente ni siquiera puede recordar el sermón que escucharon tres semanas atrás. (¡Incluso resulta más curioso que muchos pastores no se acuerden de lo que predicaron tres semanas antes!).

Lo que la gente sí afirma es que su vida cambió por una persona que los amó, los ayudó a atravesar un problema, les habló de la vida cristiana y les explicó cómo transforma el Espíritu de Dios a los seres humanos. Lo que recuerdan es haberse reunido en una casa donde se enfocaron en las Escrituras y participaron en un debate sobre la Biblia en comunidad. Los tiempos de silencio con Dios en los que «se alimentaron» de las Escrituras. Los momentos concretos en los que el Espíritu se movió en su vida mientras leían y meditaban en la Palabra de Dios.

Lo desafío a preguntarles a los miembros de su iglesia qué sermón se predicó hace dos semanas. No solo sobre el tema, sino acerca del pasaje bíblico, los principios y los puntos de aplicación. ¡Se puede sorprender con lo que oiga! Espero que reflexione en el peso que le atribuye a su sermón y las reuniones de adoración del fin de semana.

¡Le ruego encarecidamente que no crea que estoy restándole importancia a la enseñanza de la Biblia! Sigo predicando en las reuniones de adoración del fin de semana. Soy un gran entusiasta y amante de la Biblia. Sé que las Escrituras están vivas y activas (Hebreos 4:12) y son inspiradas por Dios. Comprendo que es fundamental que la gente las conozca y las mismas saturen nuestro corazón y nuestra mente. Por esta razón me apasiona tanto asegurarme de que la Biblia se enseñe y se aprenda de las maneras *más eficaces* posibles, a fin de que se produzca una verdadera formación espiritual. Y precisamente por ello opino que es necesario volver a considerar el impacto que tienen nuestras reuniones de adoración del fin de semana a largo plazo. Tenemos que revisar a dónde estamos dirigiendo la mayor parte de nuestros esfuerzos, así como horas y horas cada semana, y reflexionar sobre ello. Creo que si somos serios en cuanto a la formación espiritual y la enseñanza de la Biblia en la iglesia naciente, tenemos que replantearnos si lo que estamos poniendo en práctica es la forma más eficaz de enseñar para un verdadero cambio de vida. ¿Dónde nos enteramos que hay más cambios de vida? Hacia ahí es que necesitamos dirigir el ochenta por ciento de nuestro enfoque.

Si Jesús mirara cómo empleamos nuestro tiempo durante la semana y cuánto pensamos, nos preocupamos y planeamos con relación al servicio de adoración semanal, ¿qué nos diría? ¿Cuánto tiempo pasaría él sentado en una oficina, diseñando una reunión de adoración? ¿Y ocupándose de otros aspectos de la formación espiritual y la misión de hacer discípulos? Creo que estas son las preguntas que tenemos que formularnos en la iglesia naciente si nos tomamos en serio la tarea de hacer discípulos.

> «Las guerras de adoración pueden en realidad tratarse acerca de ella; la gente tiene preocupaciones legítimas sobre la forma en que adoran a su Dios. Sin embargo, con frecuencia estas escaramuzas reflejan una lucha más generalizada por el poder. Debido a que las formas y prácticas de adoración ocupan el centro simbólico de nuestra vida eclesiástica, el lugar de la adoración es donde se identifican y se mantienen el poder y el control con mayor claridad».
> —Timothy Carson

Este libro es peligroso si le hace edificar los cimientos de su iglesia sobre la reunión de adoración del fin de semana

Sé que no construimos el ministerio y la iglesia sobre nada que no sea Jesús. Él es la cabeza de la iglesia (Colosenses 1:18), como mencioné en el último capítulo. «Dios sometió todas las cosas al dominio de Cristo, y lo dio como cabeza de todo a la iglesia. Ésta, que es su cuerpo, es la plenitud de aquel que lo llena todo por completo» (Efesios 1:22-23).

Jesús nos encomendó la misión de ser su iglesia y sobre esto debemos edificar, es decir, sobre la misión y no sobre el culto de adoración. Sin embargo, estoy absolutamente convencido de que la mayoría de las iglesias construyen sobre el culto a pesar de tener una declaración de misión. Explico gráficamente lo que quiero decir.

Una iglesia edificada sobre el fundamento del culto de adoración del fin de semana

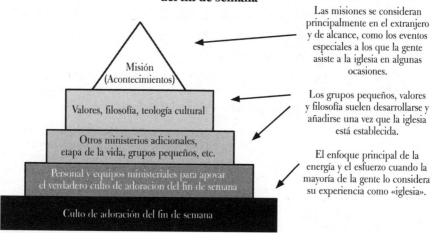

Misión (Acontecimientos)

Valores, filosofía, teología cultural

Otros ministerios adicionales, etapa de la vida, grupos pequeños, etc.

Personal y equipos ministeriales para apoyar el verdadero culto de adoración del fin de semana

Culto de adoración del fin de semana

Las misiones se consideran principalmente en el extranjero y de alcance, como los eventos especiales a los que la gente asiste a la iglesia en algunas ocasiones.

Los grupos pequeños, valores y filosofía suelen desarrollarse y añadirse una vez que la iglesia está establecida.

El enfoque principal de la energía y el esfuerzo cuando la mayoría de la gente lo considera su experiencia como «iglesia».

Esto enseña que la «iglesia» = al culto de adoración del fin de semana. Por esta razón le oímos decir a la gente: «Voy a la iglesia».

La mayoría de las iglesias comienzan organizando un equipo para inaugurar un culto de adoración del fin de semana, ya sea que su objetivo consista en plantar una nueva iglesia o comenzar una nueva reunión de adoración para las generaciones nacientes. Sí, formamos equipos y tenemos grupos pequeños, pero en realidad lo que nos dirige —y a la iglesia— es desarrollarnos a partir del culto general del fin de semana. Todo lo demás se considera secundario. Podemos hacer un borrador con nuestros diez valores centrales o incorporar la declaración doctrinal de nuestra denominación. Sin embargo, la verdad es que todo se edifica sobre el fundamento de mantener en funcionamiento el culto de adoración del fin de semana.

Por lo general, este culto está diseñado alrededor de la predicación y la enseñanza del pastor titular. (Si se trata de un ministerio juvenil, la reunión semanal se centra en la enseñanza del pastor de jóvenes). El líder principal de la iglesia centra la mayor parte de su tiempo en el «culto de adoración». A partir de ahí, se añaden otros líderes que dirigen ministerios secundarios, los cuales apoyan el ministerio primordial: el culto de adoración del fin de semana. Todos estos ministerios de apoyo están pensados para llevar a la gente a los cultos principales de adoración.

Cualquiera que sea la visión o la declaración de misión de nuestra iglesia, el hecho es que empleamos el grueso de nuestro personal para reforzar el acontecimiento del fin de semana. En él gastamos la mayoría del presupuesto. Para nosotros, una iglesia de éxito implica una actividad creciente del fin de semana.

Cuestiono toda esta línea tradicional de pensamiento. Esto puede acabar produciendo una forma de cristianismo consumista, y le enseña a la gente de nuestras iglesias a centrar su experiencia cristiana alrededor del culto de adoración dominical.

¿Les hemos enseñado a pensar que no han experimentado la «iglesia» esta semana si no han asistido al culto de adoración?

Creo que es necesario que consideremos más a la iglesia de este modo:

Una iglesia edificada sobre el fundamento de la misión

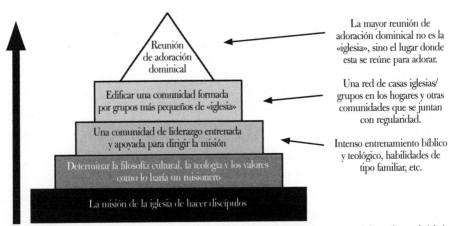

La mayor reunión de adoración dominical no es la «iglesia», sino el lugar donde esta se reúne para adorar.

Reunión de adoración dominical

Edificar una comunidad formada por grupos más pequeños de «iglesia»

Una red de casas iglesias/ grupos en los hogares y otras comunidades que se juntan con regularidad.

Una comunidad de liderazgo entrenada y apoyada para dirigir la misión

Intenso entrenamiento bíblico y teológico, habilidades de tipo familiar, etc.

Determinar la filosofía cultural, la teología y los valores como lo haría un misionero

La misión de la iglesia de hacer discípulos

Crea la ética de una misión común y le enseña al pueblo de Dios que misión = la iglesia. La gente dice: «Somos la iglesia durante la semana, y nos reunimos el fin de semana para adorar». Los individuos preguntan: «¿Cómo puedo contribuir a la misión de la comunidad de esta iglesia?», en lugar de: «¿Qué programas y servicios esta iglesia me ofrece?».

Esta forma de edificar comienza con la misión que Jesús nos encomendó (Mateo 28:19; Hechos 1:8). Todo tiene que empezar definiendo la misión. No se trata de iniciar un culto de adoración, sino de hacer discípulos.

A continuación, nos movemos a partir de este fundamento para determinar qué filosofía, valores y enfoques a la teología y la enseñanza se aplicarán a la cultura en la que servimos como misioneros. Por ello, es importante estudiar y entender la cultura postcristiana en la que estamos inmersos.

Luego podemos desarrollar comunidades de personal y liderazgo que compartan la misión de la iglesia y ayuden a darle forma a sus valores. Por último, necesitamos crear comunidades más pequeñas para que la gente experimente de verdad la «iglesia». Pueden ser casas iglesias, grupos pequeños, reuniones en el lugar de trabajo donde Jesús sea el centro, etc. La iglesia está en cualquier lugar donde la gente se reúna en su nombre. Es preciso que lo reconozcamos y lo entendamos. No depende de que la gente venga a nuestro edificio y se siente en nuestra reunión. Cuando reflexionemos en los demás ladrillos de la construcción, empezaremos a diseñar una reunión de adoración. Hacerlo al revés es peligroso y acabará produciendo cristianos consumistas que «van a la iglesia» (un culto de adoración) y no se comprometen con la misión ni se consideran la iglesia.

Usted puede decir: «Sabemos que nuestra misión no consiste en empezar un culto de adoración». Es necesario que demuestre y se pregunte si de verdad es consciente de ello. ¿Qué viene a su mente cuando imagina el «éxito»? ¿Acaso ver a la gente reunida en un culto de adoración que usted ha creado? ¿O quizás una comunidad de adoradores que son misioneros en el mundo, forman parte de una comunidad en entornos más pequeños, y después se juntan para una reunión de adoración? ¡Existe una enorme diferencia entre ambas cosas! Probablemente, lo que acude primero a su mente y su corazón es aquello sobre lo que está edificando.

Este libro es peligroso si acaba centrando su enfoque en el culto de adoración en lugar de hacerlo en todo lo funcional que sucede por debajo de él.

Este libro es peligroso si hace que se desvíe hacia un enfoque a la adoración tipo ídolo estadounidense

En un famoso programa de televisión, un jurado criticaba a varios cantantes que competían por el título del próximo ídolo estadounidense. Me pregunto si en el liderazgo de la iglesia no nos habremos desviado hasta intentar convertirnos en el próximo ídolo estadounidense de la iglesia (o megaiglesia).

Podemos dejarnos atrapar fácilmente probando nuevos trucos de adoración y fantásticas innovaciones en nuestras reuniones de adoración. No es difícil desear tener la mejor tecnología, los mejores sistemas de sonido y los mejores vídeos. Podemos intentar impresionar y agradar a quienes se sientan y observan lo que hacemos. Este enfoque tipo ídolo estadounidense de la «iglesia» nos reduce a actores, y a los asistentes a la iglesia a meros jueces.

En la iglesia naciente existe un gran peligro si el enfoque de nuestras reuniones de adoración deriva sutilmente hacia nuestros antecedentes de vídeos, estaciones de oración, credos antiguos, velas, trabajo artístico, etc. Si esto ocurre, empezaremos a enseñarle a la gente (sin decirlo) que el culto de adoración es un servicio que proporcionamos para las personas. Asimismo, les enseñaremos a venir y juzgarnos como hace el jurado en el programa del ídolo estadounidense. Podríamos tener a una amable Paula Abduls que nos diga que todo ha sido extraordinario, aunque no haya resultado así. Podríamos contar con algún Simons que ataque con insolencia el trabajo artístico porque no le parezca bueno o por no tener estaciones de oración esta semana. Nos convertiremos en víctimas de nuestro propio hacer si no empezamos manteniendo un énfasis misional y haciendo que todos lo sepan.

¿Qué comentarios escuchan sobre su culto de adoración? ¿La gente dice: «Lo he disfrutado», «Ha sido divertido» o «Muy buen trabajo hoy»? ¿Quizás comentan: «Hoy me he encontrado con Dios aquí», «Agradezco que esta gente haya orado por mí» o «He sentido la presencia de Jesús en este lugar»? Existe una gran —no, inmensa— diferencia entre ambas posibilidades.

Hace poco leí comentarios escritos por una persona que había asistido a una reunión de adoración en una gran iglesia evangélica contemporánea. Resultaba sorprendente leer lo que escribió sobre el pastor que había predicado: «(1) buen discurso; (2) extraordinarios gestos (que no nos hacen distraer); (3) bien organizado: la doxología debería estar presente en todos los cultos». ¡Hemos convertido nuestras reuniones de adoración y predicación en una interpretación! Entiendo que, en los grandes entornos sobre todo, la comunicación necesita desarrollar un cierto conjunto de habilidades, pero los comentarios reseñados no mencionaban nada sobre el corazón, las Escrituras mismas o las respuestas de la gente. Eran meras observaciones basadas en la actuación. ¡Hemos hecho un buen trabajo entrenando a las personas para que contemplen su reunión de adoración como si fuera un espectáculo que debieran criticar!

Es necesario que evitemos crear este tipo de consumismo.

¡Me gustan las reuniones de adoración más numerosas!

Le puede parecer inusual que un libro sobre crear nuevas reuniones de adoración empiece mencionando cosas negativas sobre los cultos de adoración. Sin embargo, resulta sencillamente necesario, ya que han sido la razón primordial de que haya tantos consumidores cristianos. ¡A pesar de ello, no tiene por qué ser así!

Las reuniones más numerosas de adoración pueden ser hermosas expresiones de una comunidad que adora a Dios. En lo personal, he formado parte de una comunidad de iglesia que las ha celebrado durante muchos años. Deseo pertenecer a una iglesia donde tengamos una verdadera comunidad en entornos más pequeños, pero en la que también nos reunamos en cultos de mayor asistencia.

Estos últimos son los que describo principalmente en este libro. Creo que el Espíritu Santo utiliza las reuniones más numerosas de adoración como parte importante de nuestra formación espiritual.

¡Me gustan las reuniones de oración más concurridas, de lo contrario, no estaría escribiendo un libro sobre ellas!

Es cierto que me preocupan las cosas mencionadas en este capítulo. Mi oración es que al hablar de ellas todos recordemos que nuestra misión no consiste en crear un culto de adoración, sino en hacer discípulos.

Debemos acordarnos de que la iglesia no se trata del culto de adoración, la predicación o la música. Tampoco consiste en ninguna de las expresiones multisensoriales de adoración que creemos. La iglesia es el pueblo de Dios con una misión conjunta dondequiera que esté, y no solo cuando se halla en las reuniones que diseñamos.

Tenemos una santa responsabilidad de moldear la visión que la gente tiene de la experiencia cristiana. ¡Si lo hacemos sobre un fundamento equivocado, pobres de nosotros!

¡Ojalá que todos les prestemos atención a estos peligros!

Nuevos pensamientos

1. ¿Cómo valoraría su culto de adoración dominical con relación al porcentaje de impacto que tiene sobre la formación espiritual de la gente? ¿Qué proporción de tiempo invierte en ese culto tanto en pensamiento como en energía real?

2. ¿Dónde se situaría su iglesia en el recuadro «La iglesia no es/La iglesia es»?

«Al no ser verdaderos adoradores, pasamos mucho tiempo haciendo girar nuestras ruedas en las iglesias, quemando gasolina, haciendo ruido, sin llegar a ninguna parte». —A. W. Tozer

3. ¿Está usted de acuerdo en que las formas de predicación en un sentido único tienen un impacto limitado en el aprendizaje real y el cambio de vida, o disiente con tal planteamiento?

4. Tras revisar los dos gráficos que muestran las diferentes formas de edificar una iglesia, ¿cómo diría que se construyó su iglesia actual? ¿Sobre el fundamento del culto de adoración dominical o sobre la misión de la iglesia? ¿Qué respondería la gente de su iglesia si se le preguntara?

5. ¿Puede relacionarse con el enfoque del ídolo estadounidense a la iglesia descrito en este capítulo? ¿Cómo aflora este enfoque en su iglesia?

CAPÍTULO 4

Razones para crear una nueva reunión de adoración

«Por esta razón me arrodillo delante del Padre...».
—Efesios 3:14

«¡Oye, Dan! Todos están empezando esos nuevos cultos postmodernos de adoración. No queremos quedarnos atrás. ¿Cómo podemos empezar uno?».

Estas son las palabras de un pastor entusiasta. Él llamó pare pedir alguna sugerencia a fin de añadir una nueva reunión de adoración en su iglesia. En los minutos que conversé con él, dediqué la mayor parte del tiempo a escuchar su explicación sobre la razón de su llamada. Sin embargo, resultaba bastante obvio que esos no eran los verdaderos motivos. Es probable que mi respuesta lo decepcionara. Le expliqué que, basándome en lo que me acaba de contar, lo mejor sería que no introdujera novedad alguna.

Por todo el país, un montón de líderes de iglesias sienten que algo tiene que cambiar. Notan la ausencia de las nuevas generaciones en sus congregaciones. La intuición de estos pastores les indica que el cambio se está produciendo. Comprometidos como están con la cultura y la gente, reconocen las limitaciones de lo que se hace tradicionalmente en sus iglesias. Las nuevas generaciones no se identifican con ello.

«Y al oír que
el Señor había
estado pendiente
de ellos y había
visto su aflicción,
los israelitas
se inclinaron y
adoraron al Señor».
—Éxodo 4:31

Estos pastores lidian con la teología, sobre todo con la eclesiología, y se preguntan cómo hemos llegado hasta donde estamos hoy. ¿Cuánto ha sido moldeado por la Reforma? ¿Cuánto es producto de la modernidad? ¿Cuánto hay realmente bíblico? Ellos son los líderes que deberían estar creando nuevas reuniones de adoración y siendo los pioneros de innovadoras formas de ministerio.

Algunos otros oyen decir que otras iglesias están empezando reuniones de adoración alternativa. Pueden querer asegurarse de que los jóvenes siguen estando contentos en su iglesia. Hasta pueden temer perder a su grupo juvenil a favor de una reunión alternativa en otra iglesia. De modo que quieren comenzar un nuevo «programa» para estar a la par de otras iglesias.

De esto último, básicamente, es de lo que hablaba el pastor antes mencionado. Empezar un nuevo culto para «estar al día» con otros está destinado a no ser más que un ministerio superficial. Significa perder de vista la esencia de por qué debemos crear reuniones de adoración.

¿Por qué deberíamos instituirlas? ¿Cuáles son algunas de las razones para dirigir nuestras oraciones al Padre y pedirle que actúe a través de nuestras esperanzas y sueños?

He aquí cinco razones convincentes por las que deberíamos comenzarlas.

1. Desea ver cómo las nuevas generaciones adoran a Dios

Una motivación primordial para iniciar dichas reuniones es nuestro deseo de ver a las nuevas generaciones adorar a Dios. Esta debería ser nuestra pasión, y no ver a gente nueva en nuestras congregaciones o que la nuestra sea una iglesia a la moda. A partir de este deseo ocurrirán unas cuantas cosas.

Al replantear la adoración más allá de la superficie, descubrirá que los cambios necesarios en la iglesia naciente y la nueva adoración superan con creces la mera modificación de los estilos musicales. Tampoco se trata de añadir velas, sino de replantear la forma de enfocar nuestra teología de iglesia. Esto nos hace reconsiderar nuestra filosofía y nos lleva a recapacitar sobre cómo vemos a nuestra iglesia local y nuestro papel de líderes. A su vez, provoca una reflexión en cuanto a nuestros valores y nuestras estrategias que produce un replanteo de nuestras metodologías, el cual conduce a la reconsideración de la formación espiritual. Tal reconsideración de nuestra formación espiritual suscita una modificación de la adoración, que resulta en el análisis de si se debe o no iniciar una nueva reunión de adoración (o alterar la que ya existe). Finalmente, reflexionamos sobre lo que hacemos en realidad en estos cultos.

«Dios es espíritu, y
quienes lo adoran
deben hacerlo
en espíritu y en
verdad».
—Juan 4:24

Lo importante es que el motivo subyacente debe hallarse en su corazón y su mente. Debe sentir que algo no está del todo bien y que hay que efectuar algún cambio de enfoque con el fin de participar en la adoración holística.

Esto es cierto incluso si usted es una de las personas del liderazgo de la iglesia que en realidad no dirige ni participa en la nueva reunión de adoración. Seguirá necesitando «replantearse» ir más allá de todo esto. No puede sentir temor de hacerlo.

2. Está comenzando una nueva reunión de adoración para ser misionales

Es posible que esté notando que las cosas empiezan a ser un tanto alarmantes en los Estados Unidos postcristianos. Puede notar un porcentaje dramáticamente descendente en la participación de las nuevas generaciones en la comunidad de su iglesia. La ausencia de personas de este sector que conocen y aman a Jesús profundamente inquieta su alma.

Quizás le obsesionen las palabras de Jesús: «Vayan y hagan discípulos de todas las naciones» (Mateo 28:19) o «La cosecha es abundante, pero son pocos los obreros» (Mateo 9:37). O lo último que dijo antes de ascender al cielo: «Pero cuando venga el Espíritu Santo sobre ustedes, recibirán poder y serán mis testigos tanto en Jerusalén como en toda Judea y Samaria, y hasta los confines de la tierra» (Hechos 1:8).

Al leer estas Escrituras, su corazón sufre por aquellos que aún no conocen a Jesús, late a toda prisa al pensar en liderar una comunidad de iglesia que desee ser misional y hacer algo al respecto junta. Y cuando digo «misional» no me refiero tan solo a hablar de forma proposicional sobre cómo ir al cielo. Ser misional significa vivir el evangelio en todo lo que hacemos, servir a los demás y encarnar las Buenas Nuevas como iglesia. (Para más información, véase el capítulo sobre la evangelización en mi anterior libro *La iglesia emergente*).

Acabo de hablar con un amigo que enseña en una escuela secundaria pública local. Él interrogó a su clase sobre la Pascua y lo que les gustaría hacer para celebrarla. Todos empezaron a hablar sobre reuniones familiares y viajes para visitar a sus abuelos. Al observar que ninguno de los estudiantes mencionaba ir a la iglesia, les preguntó si sabían de qué trataba la Pascua. Todos contaron diversas historias sobre los huevos, la primavera y el conejo. Ni uno solo en toda la clase de veinticinco estudiantes de la escuela secundaria mencionó a Jesús o su resurrección. ¡Ni uno! A continuación, preguntó cómo se involucró Jesús en la Pascua, y tampoco supieron contestar.

Puede burlarse de esta historia. Quizás piense que esto no ocurre donde usted vive, pero no subestime lo que sucede a nuestro alrededor. Por lo general, cuando hablo de esta cuestión en mis conferencias, varios pastores, juveniles o no, y líderes me dicen que no notan esto en su comunidad. Entonces les formulo unas cuantas preguntas que casi ninguno de ellos ha considerado:

• ¿Puede decir con sinceridad que ha interrogado de forma profunda a los individuos de su entorno, los miembros de las nuevas generaciones que no asisten a la iglesia, y ha interactuado con ellos? La mayor parte del tiempo, al presionar a estos líderes, admiten que solo comprenden la mentalidad de los jóvenes cristianos que ya están en sus iglesias. No hablan con inconversos ni construyen una relación significativa con ellos. Sus conversaciones son principalmente con cristianos. Esto moldea su impresión de lo que ocurre en sus comunidades, cuando en realidad se trata de una impresión falsa.

• ¿Ha realizado alguna vez una encuesta a nivel nacional o local para ver qué porcentaje de las nuevas generaciones forma realmente parte de las iglesias locales de su zona?

La mayoría tampoco lo ha hecho. De modo que les ruego que (1) contacten con cada instituto, escuela secundaria, facultad o universidad a veinte kilómetros a la redonda de su iglesia para descubrir con exactitud cuántos estudiantes viven en su zona.

Luego les pido que (2) llamen a todas las iglesias para saber (a) cuánta gente y (b) cuántos adolescentes y jóvenes adultos asisten a cada una de ellas.

Asimismo, los insto a que (3) consulten el informe del censo más reciente de los Estados Unidos a fin de comprobar el porcentaje de población en su condado o estado de treinta y cinco años para abajo.

A continuación les solicito que (4) le den un vistazo realista al porcentaje de adolescentes y jóvenes adultos que asisten en verdad a su iglesia. Esto debería compararse a las estadísticas globales del número total de su condado. Por último, pueden sacar el cómputo de todas las iglesias de su zona para ver el porcentaje total de todas ellas combinadas.

Es posible que se muestren reacios a esto diciendo que no deberíamos preocuparnos por los números. No estoy diciendo que nos centremos en las cifras por sí mismas. Si me conocieran, sabrían que es lo último en lo que pensaría en términos de éxito. No intento hacer que la gente se deprima por el tamaño de su iglesia o su ministerio juvenil. ¡Cosas grandes y maravillosas ocurren en las iglesias pequeñas, y con frecuencia de mejor calidad que las que suceden en las grandes! No intento recalcar aquí los números por sí mismos.

Lo que digo es que, en efecto, contar la población de su zona y sus iglesias locales hará sonar gráficamente la alarma. ¡Este tipo de investigación no debería molestarnos! Después de todo, es lo que enseñan en el seminario cuando la gente se forma para el campo misionero. Se le llama «cartografía cultural». Del mismo modo, es necesario considerar con más precisión la realidad de lo que ocurre en nuestras propias comunidades. No se asuste de hacer lo que los misioneros interculturales aprenden a hacer. ¡Considere algunos datos sin procesar!

Cuando los estudiemos, muchos de nosotros reconoceremos con seriedad la necesidad de volver a ser misionales. Esta debería ser la principal razón para desear crear nuevas formas de reuniones de adoración. ¡Estamos en una misión para conseguir nuevos adoradores de Dios!

EL PRECRISTIANO

Alguien educado con una comprensión básica de «Dios» y una cosmovisión judeocristiana. Puede haber tenido alguna experiencia de iglesia durante su crecimiento que haya sido principalmente aburrida o un ritual muerto. Por lo tanto, cuando una iglesia proporciona un culto de adoración contemporáneo y relevante, vuelve a la iglesia y confía en Jesucristo (o vuelve a comprometerse con él). La mayoría de las megaiglesias e iglesias crecientes de hoy están alcanzando a este grupo de personas.

EL POSTCRISTIANO

Alguien nacido y educado fuera de toda influencia de la iglesia que está ahora influenciado por nuestra cultura y valores pluralistas postmodernos. Por lo general, pocos de sus valores o convicciones se basan en una cosmovisión judeocristiana. La «iglesia» no significa nada para él o es algo que le desagrada. Es espiritualmente subjetivo y, en lo individual, suele ser un popurrí ecléctico de las creencias religiosas del mundo. Se opone a la idea de unirse a cualquier religión organizada establecida. Con frecuencia tiene fuertes sentimientos antievangélicos y un montón de estereotipos contra los cristianos en general. A pesar de todo, por lo general es alguien con una mente espiritual.

EL CRISTIANO DESILUSIONADO

Alguien que creció en una iglesia evangélica moderna y la abandonó insatisfecho con la forma actual en que funcionan la mayoría de las iglesias (que recalcan que el gran culto de adoración dominical es la «iglesia»). Un creciente porcentaje de la gente más joven no se siente atraído por la filosofía de la megaiglesia, las estructuras de la iglesia ni los valores en los que fueron criados (incluso en iglesias más pequeñas). Desean experimentar un tipo distinto de iglesia y cristianismo a aquellos con los que crecieron.

3. Entiende que los nuevos modelos son necesarios para abordar el cambio cultural y generacional

No he dicho específicamente que se necesite un nuevo «modelo» en singular. Hasta vacilo a la hora de seguir utilizando la palabra «modelo». Esta indica de inmediato que algo puede envasarse, empaquetarse como un conjunto específico de sistemas y programas, transportándolos para luego imitarlos en cualquier otro lugar. Este no es el caso de las iglesias nacientes. En realidad, es justo lo contrario de lo que ocurre.

Cuando decimos «modelo de iglesia» nos referimos al «modelo de comunidad». No podemos exportar y copiar una comunidad de gente. Cada una es distinta y diferente. Al utilizar a ciegas el «modelo» de otro, solo podemos deshonrar a las personas de una iglesia local y nos arriesgamos a generar una respuesta negativa.

No existe un modelo de iglesia naciente. Me gusta utilizar el término «enfoques» con relación al ministerio en lugar de «modelos». En el futuro, habrá cientos de híbridos de los distintos enfoques. ¿Por qué? Porque cada iglesia local es distinta.

Además, no importa qué enfoques se pongan en práctica hoy, el hecho es que serán necesarios otros nuevos a medida que la cosmovisión de nuestra cultura siga cambiando y surja una nueva generación.

A continuación, presento dos dinámicas de cambio que deberíamos distinguir al considerar diseñar reuniones de adoración:

Cambio de cosmovisión

Nos movemos con rapidez de un mundo moderno a otro postmoderno y de una nación judeocristiana a otra postcristiana. Como resultado, necesitamos desarrollar nuevos enfoques en cuanto a la «iglesia». Esto implica un cambio en nuestra cosmovisión, eclesiología y epistemología.

Las nuevas generaciones están creciendo en un mundo completamente postmoderno. Esto repercute de manera drástica en su modo de pensar; no se trata de un mero cambio de estilo o preferencias. Afecta increíblemente los puntos de vista espirituales de las personas, su comprensión de «Dios» y sus pensamientos sobre el «cristianismo». Influye en las formas de comunicación que utilizan, la manera de tomar decisiones y el modo de relacionarse entre ellos.

Interviene en la forma en que diseñamos los cultos de adoración y en la razón por la que la estética y la creación de un «espacio sagrado» son ahora tan importantes. La predicación debe cambiar, y también la evangelización y la formación espiritual misma. Hasta el liderazgo tiene que ser distinto debido a esta modificación cultural.

Cambio generacional

En los distintos ciclos de la historia estadounidense ha tenido lugar un marcado cambio generacional o lagunas generacionales. La mayoría de nosotros se percató de este cambio cuando empezamos a notar que las cosas ya no funcionaban en nuestras iglesias. Supusimos que era un cambio generacional normal (de estilos musicales, por ejemplo).

Para resolverlo, intentamos adaptar nuestra música y pensamos que se solucionarían nuestros problemas. ¡Las iglesias y los ministerios «Generación X» empezaron a afirmar que eran «el rebaño al que le gusta el rock»!

Este fue un intento por demostrarles a las generaciones más jóvenes que la iglesia puede estar a la moda, ser contemporánea e interpretar una música más reciente. Sin embargo, seguíamos utilizando la misma filosofía del ministerio subyacente que teníamos con las generaciones anteriores.

Ahora que tenemos la Generación Y y la Generación Z, seguimos suponiendo que si nos limitamos a añadir algo de música hip-hop estaremos bien, ya que se trata de un asunto de cambio de estilo generacional que tenemos que tratar. Esto es verdad en parte. No obstante, también estamos experimentando un cambio masivo de cosmovisión cultural que tiene implicaciones mucho más amplias que el mero estilo musical.

En el pasado, cuando los jóvenes dejaban la iglesia, sabíamos que volverían cuando tuvieran hijos, porque allí estaban sus «raíces». Sin embargo, los que crecen fuera de la iglesia hoy ya no tienen raíces cristianas a las que regresar. Limitarse a tratar las cuestiones de estilo generacional no va a funcionar ya en este tiempo. Existe una gran diferencia entre el cambio de cosmovisión y el generacional, iy ahora nos enfrentamos a una combinación de ambos!

4. Desea ser un buen administrador de la economía y los edificios para el reino

Otra razón importante para la creación de una nueva reunión de adoración y ministerios relacionados con ella en una iglesia ya existente es hacer un buen uso de las finanzas que los santos de dicha congregación han ofrendado a lo largo de los años mediante el sacrificio. Con frecuencia, el santuario del edificio de la iglesia y otras habitaciones no se usan durante la mayor parte de la semana.

5. Ve cómo la nueva adoración permite que las relaciones intergeneracionales se desarrollen y evitan que la iglesia se extinga

Es bíblicamente importante que se cultiven las relaciones intergeneracionales entre los creyentes (Salmo 145:4).

En las nuevas iglesias que se fundan, la mayoría de las personas son más jóvenes. Ellos extrañan la belleza de ver a los mayores tutelar a los de menos edad. Sin embargo, si somos creativos, todos los grupos de edades de una iglesia en concreto pueden experimentar la comunidad cuando nacen reuniones de adoración y ministerios nuevos. Esto es cierto incluso cuando las iglesias nacientes se asocian con otras más antiguas.

Si su iglesia es más antigua —y puede llegar el día que se extinga literalmente y cierre sus puertas si usted no hace nada—, resulta hermoso permitir que venga un líder piadoso y cree algo nuevo.

Si su iglesia es muy contemporánea, atractiva para los nacidos a finales de la Segunda Guerra Mundial y próspera, pero no consigue ver que las nuevas generaciones formen parte de su comunidad, adelántese al futuro. Usted también envejecerá y algún día se extinguirá si no piensa proactivamente con antelación. He oído que probablemente los europeos no imaginaron jamás que sus catedrales se convertirían en atracciones turísticas y quedarían vacías los domingos… ipero ha ocurrido! No piense que no pueda suceder lo mismo aquí.

«Por esta razón»

Este capítulo le da una idea de los puntos esenciales que respaldan la creación de una nueva reunión de adoración y los ministerios relacionados con ella.

Muestra por qué es tan importante que considere en oración hacer algo en su iglesia.

Cuando llevamos a cabo nuestras plegarias, deberíamos ser capaces de decirle al Señor: «Por esta razón (o por estas razones) estamos iniciando una nueva reunión de adoración…». ¡Resulta fundamental que aclaremos cuáles son esas razones! Ellas se extienden mucho más allá de las cinco que he mencionado con anterioridad.

Nuevos pensamientos

1. Si tuviera que elaborar una lista de las razones para comenzar una nueva reunión de adoración, ¿qué incluiría en ella?

2. ¿Existen algunas razones descritas en este capítulo con las que concuerde o disienta firmemente? ¿Por qué?

CAPÍTULO 5

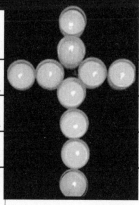

Preguntas que formular antes de comenzar una reunión de fundamentales antes de nueva adoración

«*No confunda nunca el movimiento con la acción*».
—Ernest Hemingway

En una ocasión fui de excursión al Gran Cañón durante seis días. Mi grupo reservó los sitios de acampada con varias semanas de antelación. Antes de partir, leímos varios libros y estudiamos mapas de los caminos. Ninguno de nosotros había hecho esto antes, de modo que teníamos gran cantidad de preguntas que formular y responder al prepararnos para nuestra expedición. Tuvimos que calcular con todo cuidado cuánta agua, comida y otros suministros deberíamos llevar para los seis días que planeábamos pasar en el cañón.

Tras mucha preparación, nos dirigimos al borde del barranco, le dimos un buen vistazo al lugar, y a continuación empezamos a movernos lentamente hacia abajo a su interior con nuestras pesadas mochilas. El sendero era estrecho y sinuoso, de modo que me alegré de usar unas buenas botas de montaña. Hacía mucho calor, por lo que me alegré de haber llevado gran cantidad de agua, la cual, como ya sabíamos, debíamos racionar para que durara todo el viaje.

Cuando íbamos bajando y adentrándonos en el cañón, observé a un pequeño grupo de turistas extranjeros de mediana edad que también practicaba el senderismo. Bromeaban entre ellos mientras no cesaban de tomar fotografías a lo largo del camino. De inmediato noté que no llevaban mochilas, botas de montaña, ni agua; solo sus cámaras.

Imaginé que solo bajarían hasta una parte del camino para tener una buena idea de lo que era el cañón. Después de todo, se veían confiados y parecían saber lo que hacían, aunque no alcanzaba a entender lo que decían, ya que no hablaban inglés.

En cualquier jornada de senderismo, los grupos se dispersan y algunas veces se vuelven a ver más tarde. Unas cuatro horas después volví a ver a los turistas extranjeros. Esta vez parecían muy preocupados. Ya no reían. En realidad, dos de ellos discutían qué debían hacer. Se veían totalmente deshechos y no llevaban agua. Tenían la boca seca y el calor del sol los había achicharrado de mala manera. Incluso una mujer se hallaba tendida en el suelo, agotada por el bochorno.

Al acercarnos a ellos, un hombre corrió hacia nosotros pidiéndonos agua. Le dimos un poco, por supuesto. Chapurreando el idioma inglés nos dijeron que habían pensado que el sendero los llevaría a un restaurante. ¡Sabía que había uno en el cañón, pero se hallaba en otra sección bastante alejada!

Fue una escena triste y bastante angustiosa. Hubo que llamar a la guardia forestal. Tuvieron que enviar a un helicóptero para rescatar a este grupo, ya que se hacía de noche y desde luego no tenían fuerzas para volver a subir y salir del cañón.

Cómo prepararse para el viaje

De muchas maneras, las iglesias que se aventuran a comenzar nuevas reuniones de adoración alternativa se parecen a veces a este grupo de turistas extranjeros. Se entusiasman con la idea de alcanzar a las nuevas generaciones. Comienzan su viaje con los ojos abiertos como platos y grandes sonrisas. Incluso pueden tomar un montón de fotografías. Sin embargo, pronto las cosas no marchan como planearon. ¡O quizás salen mejor de lo previsto! Entonces llega la confusión. ¿Ahora qué hacemos? ¿Quién toma la decisión sobre el próximo paso a dar?

Por lo general, una vez iniciada la nueva reunión de adoración y luego de desarrollarse por completo un ministerio dentro de una iglesia ya existente, surgen las tensiones. Los individuos se disputan el poder y el control. Se hieren los sentimientos. La reunión de adoración se ve dividida entre un bando u otro. Y las veintenas o centenas de individuos que Dios reunió para que formaran parte de la nueva reunión de adoración acaban sufriendo.

No pretendo sonar pesimista si están comenzando algo nuevo en su iglesia ya existente. Así y todo, he visto demasiadas situaciones tristes debido a que los líderes de la iglesia no estaban siendo previsores. Lo que puede haber sido una experiencia maravillosa y gozosa puede llegar a convertirse con facilidad en algo confuso y desagradable si no se reflexiona sobre algunas cuestiones fundamentales desde el principio.

En cualquier movimiento, transición o esfuerzo nuevo, las cosas no se consiguen sin dificultad. ¡De haber existido un capítulo que desearía haber leído antes de comenzar con las reuniones de adoración y el ministerio Graceland en la Iglesia Bíblica de Santa Cruz, sin lugar a dudas sería este! De haberlo hecho, habría evitado mucha frustración personal y dolor para mí mismo y otros miembros del personal, largas e interminables discusiones, mucha angustia, malos entendidos y tensión.

Vamos a revisar —y responder— las preguntas que todo el mundo necesita formular antes de empezar algo nuevo en su iglesia ya existente. ¡Ya sea que esté estableciendo una nueva o transformando la reunión de adoración ya existente, estas preguntas le siguen atañendo!

Aquí tiene diez preguntas fundamentales que hacer antes de empezar:

1. ¿Cuál es el plan holístico para esta nueva reunión de adoración en relación con la totalidad de la iglesia?

Esta es la pregunta más importante que se ha de contestar, la que me hace escuchar más historias de pesadilla cuando no se responde de forma adecuada.

Si está comenzando algo nuevo, es crucial que precise con claridad qué tipo de reunión de adoración quiere crear, a quién va dirigida, y entonces defina su estrategia para hacer encajar este nuevo ministerio dentro de la totalidad de la iglesia.

En la segunda parte de este libro examinamos varios métodos distintos que las iglesias han utilizado para crear nuevas reuniones de adoración o plantar nuevas iglesias. Conocerá ideas específicas para las diversas estructuras y las formas en que las congregaciones lo están haciendo.

La persona que dirige una recién iniciada reunión de adoración puede imaginar que sea un grupo de todas las edades. Sin embargo, el pastor titular (u otro miembro del personal) puede ver que la gente de treinta o cuarenta años está asistiendo y se puede preocupar:

«En vano me adoran; sus enseñanzas no son más que reglas humanas».
—Mateo 15:9

• ¿No se suponía que fuera una reunión para gente de veinte o veintitantos años?

• ¿Por qué acude gente de todas las edades?

• ¿No deberían asistir a los cultos «principales» de adoración al cumplir los treinta?

• ¿Qué siguen haciendo ahí?

• ¿No se suponía que iba a ser un culto de «alcance» diseñado para conseguir que los jóvenes vinieran a la iglesia?

• ¿Acaso el objetivo no era ver que todos pasaran finalmente al culto de adoración principal?

Si no se debaten de manera concienzuda estos asuntos y se llega a un acuerdo con antelación, sus sueños pueden convertirse con facilidad en pesadillas para todos los implicados.

2. ¿Qué ocurre con la formación espiritual y la evangelización más allá de la reunión de adoración?

Si su congregación está replanteando de verdad la iglesia para la cultura postcristiana, tendrá que reconsiderar todo lo que hace y no solo el culto de adoración. Necesita un plan claro para la forma de llevar a cabo la formación espiritual a lo largo de la semana.

¿En qué otras cosas se implica la gente durante la semana?

¿De qué modo se ha desarrollado la verdadera comunidad fuera de la reunión de adoración?

¿Cómo se realiza la evangelización?

Cuando comenzamos con las reuniones de adoración de Graceland los domingos por la noche en la Iglesia Bíblica de Santa Cruz, reunimos a cincuenta personas que sirvieran como líderes. Ellos estaban preparados para servir de varias maneras, según Dios los hubiera destinado.

Estos cincuenta individuos también se unieron a los nuevos grupos en los hogares o lo que podría llamarse casas iglesias. Comprendieron que estas reuniones a mitad de semana eran más importantes para la formación espiritual que la gran asamblea dominical. En estos grupos se comía, se leían las Escrituras y se repasaban los libros de la Biblia todos juntos. En estas pequeñas congregaciones se oraba en comunidad y se compartía la vida. Los líderes mayores guiaban a los más jóvenes. Realizaban proyectos de servicio ayudando a los sin hogar. Les llevaban regalos de Navidad a las familias necesitadas de nuestra zona. Entablaban amistad con los inconversos y los invitaban a unirse a nuestra comunidad de adoradores. Estos grupos en los hogares servían como iglesia todos los días de la semana.

¡La reunión de adoración de los domingos por la noche era importante, claro que sí! Sin embargo, seguíamos comunicando que los grupos en los hogares resultaban en verdad la espina dorsal de todo lo que hacíamos. Tal cosa quedó establecida desde el principio, no fue algo que añadimos más tarde.

3. ¿Cuál es el papel del pastor titular y el consejo de ancianos?

Desde el principio, usted debe reflexionar cuidadosamente en esto.

Existen todo tipo de pastores titulares. Algunos apoyan las reuniones nacientes de adoración con todo el corazón y sin reservas. Confían en los líderes más jóvenes y les dan autoridad para crear algo nuevo. Otros luchan con cuestiones como el temor, el poder o el control. En casi todos los casos que surgen problemas en las incipientes reuniones de adoración, se debe a que el pastor titular decide que quiere o «necesita» más implicación y control de las mismas.

Al principio, esto puede no ser un contratiempo. No obstante, si la nueva reunión de adoración crece en número de forma significativa y se convierte en una parte central de la iglesia, es probable que surjan tensiones si no se ha definido con antelación el asunto del papel del pastor titular, los ancianos o el consejo.

En la Iglesia Bíblica de Santa Cruz, el pastor titular en aquella época, Chip Ingram, venía a Graceland una vez al año o cada año y medio. Él tuvo la suficiente intuición para sentir lo que estaba ocurriendo allí a través de mi relación con él. Además, estaba demasiado ocupado predicando en los demás cultos. Por lo tanto, en general se aparecía rara vez por Graceland. Confiaba en mí y no sentía haber sido llamado ni destinado a este enfoque de una adoración y ministerio nuevos.

Sin embargo, no todos los pastores titulares son como Chip en cuanto a la libertad que nos dio cuando empezamos Graceland. Cuando tal libertad y atribución de poder no se dan, solo es cuestión de tiempo que surjan la tensión y la lucha por los valores. Si no se reflexiona en las preguntas claras ni se responden con antelación, existe una gran probabilidad de problemas posteriores. Algunos pastores titulares deciden predicar en la nueva reunión de adoración una vez al mes, o cada dos o tres meses. Esto se convierte en algo extraño casi en todos los casos. ¿Por qué? Con frecuencia no toman en consideración que las mismas se han diseñado para hablar y relacionarse con un tipo de individuos distinto a los que asisten a los demás cultos (principales) de adoración. ¡Después de todo, de no ser así, no sería necesario comenzar una nueva reunión de adoración!

No debemos olvidarnos de reconsiderar la predicación para las nuevas generaciones y definir con nitidez cómo se debe planificar desde el principio.

Esto mismo se aplica a los ancianos, el consejo o cualquier otra estructura de liderazgo en la iglesia. Tal cosa se pasó por alto en Graceland. Funcionamos como ministerio universitario durante un año. Luego nos convertimos en una reunión de adoración y un ministerio en toda regla para todas las edades. Cuando llevábamos unos tres años en ello, un anciano me preguntó: «Dan, ¿cómo va el grupo universitario?». ¡Vaya! ¡Me di cuenta de que los ancianos no estaban al día en cuanto a lo que ocurría!

Se necesitó una estrecha comunicación para ponerlos al tanto de lo que estábamos llevando a cabo. No fue culpa suya. Sencillamente estaban ocupados en otras cosas y no iban a Graceland. Y yo no les conté todo lo que estaba sucediendo.

Una iglesia que conozco designó sabiamente a tres ancianos para que formaran parte de su nueva reunión de adoración y su comunidad. Ellos se comprometieron a asistir a todas ellas, así como a las actividades del liderazgo. Participaron en los grupos en los hogares y otras tertulias que se fueron desarrollando. ¡Ojalá lo hubiéramos hecho así en Graceland! De ese modo, los ancianos habrían conocido a la gente, colaborando en la comunidad y compartiendo sus valores.

Otra iglesia escogió a individuos de la nueva comunidad para que fueran entrenados por los ancianos y se unieran a ellos en el consejo.

En otra más, el pastor titular consideró la importancia de que el pastor de la nueva reunión formara parte del consejo de ancianos de su iglesia. De este modo, podría asistir a todas las reuniones de los ancianos en representación de su ministerio. Les recomiendo enérgicamente que hagan lo mismo en su iglesia.

En lo concerniente a la estructura de información, ya sea que su iglesia cuente con cien personas o cinco mil, creo que el pastor de la nueva reunión de adoración tiene que informarle directamente al pastor titular, los ancianos o el consejo. No se trata, por ejemplo, de un pastor de escuela secundaria cuyo ministerio va dirigido a una etapa concreta de la vida y puede poner al tanto al pastor ejecutivo. El nuevo pastor y el pastor titular también necesitan pasar algún tiempo juntos con frecuencia para desarrollar una estrecha relación.

Cualquiera sea el enfoque que su iglesia decida adoptar, es necesario que usted considere la forma en que se relacionarán los más altos niveles del liderazgo de su iglesia con la nueva reunión de adoración y la comunidad naciente.

4. ¿Cuáles serán los puntos específicos de integración entre la nueva reunión de adoración y el resto de la iglesia?

Es necesario que haga una lista por escrito de las diferencias de valores y filosofía entre la congregación de la iglesia existente y la nueva reunión de adoración y su comunidad. Recuerde, si no estuviera ocurriendo un cambio cultural, usted no estaría iniciando una nueva asamblea de adoración. De modo que debe hacer todo lo posible por evitar un choque de valores perjudicial cuando ambos grupos hagan cosas en conjunto. Permítame darle un ejemplo.

En la Iglesia Bíblica de Santa Cruz solíamos tener una clase de membresía de cinco horas llamada «101: Cómo pertenecer». Estas clases parecían algo importante para la mayoría de la gente que asistía a nuestra iglesia. Sin embargo, cuando creamos Graceland, tuvimos que luchar con esta clase.

En primer lugar, tener una clase un sábado a las nueve de la mañana no funcionaba con los jóvenes adultos. Si no tenían hijos, lo más probable es que estuvieran durmiendo a esa hora (¡sé que yo lo haría!).

En segundo lugar, para muchos de los que crecían en una cultura postcristiana, llamarle a algo «101» olía a religión organizada. Ellos podrían preguntarse por qué utilizábamos números académicos y sistematizados para hablar sobre Jesús. ¡Por supuesto, no se trata de que sea correcto ni incorrecto, solo son valores diferentes!

Aparte de esto, el entorno en sí creaba un choque de valores. Hablar de formar parte de una comunidad espiritual en una clase parece contradictorio para muchos de las nuevas generaciones. El método «101» de enseñanza utilizaba diapositivas y cuadernos con espacios para rellenar según el formato conferencia, con un debate limitado a pequeños grupos. En lugar de obligar a los miembros de la comunidad Graceland a tomar esta clase «101», nos reunimos en mi casa. Deliberadamente mantuvimos un tamaño de grupo más pequeño para que pudiéramos conocernos mejor. Compartimos una comida. Revisamos el material de enseñanza y cambiamos las palabras que pudieran parecerles ofensivas o tontas a quienes veíamos como parte de nuestra comunidad. No usamos el método de llenar espacios en blancos, sino que entregamos un material que debatía nuestras creencias, explicaba lo que significaba ser miembro, y aclaraba el porqué de la membresía. Todo ello se presentaba en un formato de diálogo y no como exposición. Repasamos también la estructura organizacional de la iglesia para mostrar que Graceland no era una entidad aparte.

Este es un ejemplo de cómo usted debe examinar con cuidado todo lo que hace cuando integra a distintas comunidades en su iglesia. Es necesario que decida lo que pueden —y no pueden— hacer juntas.

He aquí otras preguntas importantes en las que reflexionar:

- ¿Tendrán todas las reuniones de oración en conjunto? Si es así, ¿cómo se diseñarán para atraer a ambos grupos?
- ¿Integrará a ambos grupos para excursiones, retiros, cultos de Navidad o cualquier otra actividad?
- ¿Qué reuniones de personal se harán en conjunto y cuáles por separado?
- ¿Y los viajes misioneros?
- ¿Y las clases educacionales?
- ¿Y el presupuesto?
- ¿Considerará a la nueva comunidad de adoración como una «iglesia plantada» que necesita autofinanciarse en un cierto período de tiempo?

5. ¿De qué forma se alentarán y desarrollarán las relaciones intergeneracionales?

Es fundamental que se desarrollen relaciones intergeneracionales. En Graceland, salvamos las distancias pidiéndole a la gente mayor de nuestra iglesia —sobre todo de entre cuarenta y sesenta, y hasta setenta incluso— que sirvieran como líderes de nuestros grupos en los hogares.

Esta gente de más edad que acogió a los grupos en sus hogares poseía sabiduría y experiencia de vida. Ellos abrieron sus casas para recibir de cinco a veinte personas, principalmente jóvenes de entre veinte y treinta años. Algunos de estos líderes de grupos en los hogares no asistían con regularidad a las reuniones de adoración de Graceland, pero tenían un sentir por la disciplina y pastorearon a las nuevas generaciones.

Además, en muchas ocasiones, llevábamos a personas de entre sesenta y setenta años a las reuniones a fin de que compartieran cómo mantuvieron su matrimonio en funcionamiento durante cincuenta años, o para que participaran de cualquier otro modo. Estos momentos en que los individuos mayores compartían su sabiduría con los más jóvenes siempre fueron bien recibidos.

Piense siempre en la forma de salvar las distancias entre las generaciones, ya sea mediante viajes misioneros, grupos de hombres y mujeres, o sirviendo juntos con los niños u otro ministerio de su iglesia.

6. ¿Cómo impactará a los ministerios de niños, jóvenes, universitarios y solteros en la iglesia existente?

Una iglesia inició una reunión de adoración y un ministerio para las nuevas generaciones que, irónicamente, frustraron al pastor universitario, quien estaba utilizando unos programas bastante modernos para su ministerio. Mucha gente en edad universitaria que asistió a la nueva comunidad de adoración de la iglesia sentía que el ministerio ya existente no estaba en onda con sus valores y su filosofía. Esto también puede ocurrir con el ministerio juvenil y otros.

Replantear la iglesia para las nuevas generaciones significa reconsiderar todo un espectro de ministerios. En Graceland no pensamos en un primer momento en crear un ministerio de niños. Sin embargo, transcurrido algún tiempo, tomamos conciencia de que muchos papás y mamás jóvenes, así como padres solteros, traían a sus hijos. De modo que adaptamos el tiempo de la reunión para poder desarrollar un ministerio infantil durante la misma.

La reformateamos para que los niños pudieran permanecer en el culto durante veinte minutos. De esta forma, podían observar cómo sus padres adoraban y experimentaban ser parte de la comunidad. Cuando llegaba el momento del sermón, los hacíamos salir.

Al reconsiderar la iglesia, también es necesario reflexionar en cómo forma parte de ella el ministerio juvenil. Curiosamente, mientras era pastor de la escuela secundaria, costó mucho conseguir que los jóvenes asistieran al culto de adoración. Con Graceland tuvimos la situación inversa. El culto de adoración atrajo a muchos adolescentes. Tuvimos que canalizarlos al ministerio juvenil de la iglesia.

En la iglesia naciente, los jóvenes necesitan verse envueltos por completo en una participación plena en los cultos de adoración y la vida de la iglesia en su totalidad. Lamentablemente, con frecuencia sucede que mientras más grande se hace una iglesia, más se separan los jóvenes y el ministerio juvenil de la vida de la iglesia. Acabamos creando «iglesias juveniles» que, de muchas maneras, atrofian su formación espiritual a largo plazo. Muchos no tienen ninguna experiencia de la vida como parte del cuerpo de la iglesia antes de graduarse. Son adultos, pero no saben qué hacer en la iglesia. ¿Sorprende que muchos opten por abandonarla al final de la adolescencia? Estoy convencido de que al diseñar las nuevas reuniones de adoración más acorde con nuestra cultura de hoy, la juventud querrá participar.

Mientras más holísticas veamos a las familias, menos se aislará el ministerio juvenil. ¡Los ministerios para jóvenes siguen siendo importantes! Sin embargo, deberían ser misionales, ayudar a construir una saludable influencia de los compañeros y el ministerio familiar, y centrarse en las cuestiones de formación espiritual relevantes para los adolescentes.

7. ¿Cómo mantendrá unas líneas sanas de comunicación entre el pastor titular y el resto de los líderes de la iglesia?

En la Iglesia Bíblica de Santa Cruz teníamos las reuniones de todo el personal los lunes por la mañana. Repasábamos el fin de semana, pero nunca se mencionaban los cultos de adoración de Graceland. El enfoque estaba por completo en los cultos «principales» de la iglesia. Finalmente, suscité esta cuestión con el pastor titular, que de inmediato introdujo un cambio. Había sido un simple descuido; después de todo, la mayoría del personal de la iglesia no asistía a la reunión de adoración alternativa.

Es importante que se asegure de comunicarse con regularidad con todo el personal de la iglesia. Lo mismo ocurre con los ancianos y el consejo. En una ocasión, un anciano de la Iglesia Bíblica de Santa Cruz estaba firmando recibos y encontró uno por la compra de incienso. Era algo raro en una «iglesia bíblica». Así que le pidió una explicación a un miembro del personal de Graceland.

Acabamos respondiendo preguntas sobre casi todo lo que hacíamos. Por ejemplo, por qué se hallaba el escenario en la parte trasera de la sala para el grupo de música (de manera que estaban detrás de la gente y no bajo el foco de atención). O por qué teníamos que comprar distinto tipo de iluminación para nuestro prolongado escenario (a fin de poder estar entre la gente).

Se requiere mucha comunicación y una clara comprensión de su visión. En una ocasión trajimos a alguien de Leadership Network [Red de Liderazgo] para que le hablara a todo el personal sobre el postmodernismo, y esto les ayudó mucho a entender por qué se necesitaba un cambio.

Educar a todo su personal con respecto al postmodernismo y el cambio a una cultura postcristiana le ayudará a conseguir su apoyo.

8. ¿Cuál es la estrategia y el momento preciso para investigar, crear el equipo y llevar a cabo la inauguración?

Desde el principio, usted necesita equipos preparados que ayuden a darle cuerpo a la visión y los valores de la iglesia naciente, los cuales deben ser determinados por los individuos que están sirviendo en la nueva comunidad de adoración.

La preparación para inaugurar una nueva reunión de adoración y una comunidad puede llevar entre seis meses y un año. En muchos sentidos, tiene que considerar la tarea exactamente como una plantación de iglesia. Es necesario que desarrolle múltiples niveles de voluntarios para que sirvan en aquellos ámbitos en los que tengan talento.

La comunicación con toda la iglesia también es crítica durante este tiempo. De este modo, la gente que ya forma parte de los otros servicios en su iglesia sabrá lo que está ocurriendo.

9. Si se trata de una «empresa misional», ¿cómo puede evitar que se convierta meramente en «algo que ocurre» para quienes ya son cristianos en su zona?

Es necesario que determine desde el principio si considera la nueva reunión de oración y su comunidad como una empresa misional. ¿Las está creando porque cree en su corazón que su iglesia necesita replantearse lo que es la «iglesia»? ¿Está reconsiderando seriamente hacer las cosas para atraer a la incipiente cultura postcristiana y las nuevas generaciones?

Existe una enorme diferencia entre esto y diseñar algo para que los jóvenes cristianos de su iglesia tengan un lugar a donde ir. Como suelo decir, la iglesia no es un sitio al que se va, sino una comunidad de adoradores en una misión conjunta. Si este principio no está claro en el ADN de lo que está haciendo, probablemente creará otra asamblea orientada al consumidor. ¡Es así de importante!

Lo primero es que todos los líderes y voluntarios tienen que conocer con claridad la misión y la visión del ministerio. ¡En segundo lugar, es necesario que sepan quién va a venir!

En nuestro caso, desde el primer día tuvimos una tarjeta de comunicación/ oración que la gente llenaba cuando venía a la reunión. Preguntábamos específicamente: «¿Pertenece usted a otra iglesia? Si es así, ¿a cuál?». También inquiríamos si asistían a otros cultos de la nuestra. De esta forma podíamos ver con claridad cuánta gente venía que no perteneciera a ninguna otra congregación. Sin este conocimiento, podemos pensar que están ocurriendo cosas extraordinarias al comprobar que el número de personas va creciendo, cuando en realidad estamos alimentando un consumismo cristiano.

Puede evitar esto asegurándose de que les comunica a todos con nitidez el porqué de su existencia y cuál es la visión del ministerio. Haga un seguimiento del número de personas que acude a los grupos pequeños o las casas iglesias que se reúnen a mitad de semana. Así podrá obtener una idea de quién asiste solo a la reunión de adoración. Esto es algo importante que debe vigilar.

Una iglesia naciente se reunía los domingos por la noche, pero asistía mucha gente de otras iglesias. De modo que cancelaron el culto de la noche y empezaron a celebrar su servicio por la mañana. Entonces pudieron ver quién pertenecía en verdad a su comunidad.

Otra iglesia nueva pensó que estaba teniendo mucho éxito en la evangelización, ya que la gente que acudía a su reunión de adoración vespertina era numerosa. No obstante, cuando hicieron una encuesta, resultó que solo un veinte por ciento de ellos consideraba esa asamblea como su iglesia. El ochenta por ciento asistía a otra iglesia y también se reunía con ellos como complemento. Si su intención es misional, esto derrota su mismo propósito.

10. ¿Cómo se mide el éxito?

En cualquier iglesia, debería tener una idea de cómo medir el éxito. Si está intentando ser evangelista y a pesar de ello atrae a los que ya son cristianos, más vale que tenga una forma de controlarlo y hacer los cambios necesarios.

En nuestro caso queríamos saber: ¿Cuánta gente se está bautizando? ¿Qué porcentaje de la reunión de adoración está sirviendo en un ministerio en algún lugar? ¿Cuántos líderes se están desarrollando en los equipos ministeriales? ¿Qué proporción de los asistentes a la reunión también participan en las casas iglesias a mitad de semana o en otros grupos más pequeños?

Estas cifras deben supervisarse y evaluarse. Al observar este tipo de estadísticas, sabrá si está logrando el objetivo que esperaba alcanzar. Puede contar con una sala abarrotada con quinientas personas, no obstante, ¿significa eso que está teniendo éxito? El verdadero éxito consiste en comprobar si sus reuniones de adoración y su iglesia, en conjunto, están produciendo discípulos, unos discípulos que aman más a Dios y las personas (Mateo 22:37-39). Es menester que nos entrenemos para valorar lo más importante y no solo lo que se halla en la superficie, a fin de formular las preguntas adecuadas sobre qué es lo buscamos en términos de resultado y no solo hacer un recuento de personas o evaluar nuestro programa.

Oro y espero de verdad que si está iniciando una nueva reunión de adoración, o la ha comenzado en una iglesia ya existente, estas preguntas provoquen algún tipo de evaluación y estimulen una conversación sana.

Nuevos pensamientos

1. ¿Le ha faltado hacer algunas preguntas en el desarrollo de su incipiente reunión de adoración? Si es así, ¿cuáles?

2. Si deja alguna de estas preguntas sin respuesta, ¿cómo podrían conducir a un problema en el futuro? ¿Qué puede hacer usted ahora para tratar esas preocupaciones?

CAPÍTULO 6

Primeros pasos hacia la creación de una nueva reunión de adoración

«El prudente se fija por dónde va».
—Proverbios 14:15

Hace poco hablé con un pastor que estaba un tanto desanimado. Había comenzado una nueva reunión de adoración en su iglesia que nunca despegó y la estaban cancelando.

Empecé a formularle algunas preguntas. Resultó que había asistido a una conferencia donde hablaron sobre iniciar nuevas reuniones de adoración. De modo que regresó a casa y compró velas y una decoración gótica. Dos semanas más tarde comenzó un nuevo culto de adoración. Asistieron unas cuantas personas, pero el pastor y su esposa estaban absolutamente exhaustos, ya que hacían casi todo el trabajo. La gente que asistía no entendía la visión y ni siquiera estaba muy segura de qué esperar. ¡No es de sorprender que pronto cancelaran la reunión, con un pastor agotado y decepcionado!

Iniciar una nueva reunión de adoración en su iglesia no es un tema sencillo ni una tarea fácil. Tiene que considerarlo como la creación de una iglesia naciente en cuanto al grado de preparación preliminar que debe realizarse.

Si ya ha comenzado algo en su iglesia, le ruego que lea este capítulo enseguida para asegurarse de estar tomando cada asunto en serio.

1. Convierta la oración y el desarrollo de un equipo de oración en sus dos principales prioridades

Por obvio que pueda parecer, esto se descuida a menudo con trágicos resultados. Casi en cada ocasión que converso con alguien que ha inaugurado una reunión de adoración, pregunto cómo han incorporado la oración a su planificación. Por lo general, el líder oró y algunas veces pedía que su equipo también lo hiciera. Sin embargo, rara vez la oración se considera como un fundamento.

Una vez asistí a una iglesia famosa por contar con más de dos mil jóvenes en su culto de adoración. No obstante, cuando conocí a la persona que dirigía la oración, me dijo que solo tres individuos servían en su equipo. «Cuesta mucho conseguir personas que oren», me comentó. Me sentí bastante asombrado y luego me entristecí cuando dos años más tarde aquella iglesia atravesó algunas situaciones muy lamentables y mermó a menos de la mitad de su tamaño anterior.

Tendemos a subestimar sobremanera el papel de la oración en la creación o el ejercicio del ministerio. Esto es un grave peligro. Jesucristo afirmó claramente: «Separados de mí no pueden ustedes hacer nada» (Juan 15:5). Jesús instó a sus discípulos a que le pidieran al Señor de la mies que enviara obreros al campo (Mateo 9:38). En la iglesia primitiva, la oración era el hilo constante. Sin embargo, nos hemos acostumbrado a confiar en nuestra propia metodología. Pensamos que dominamos el arte y la ciencia del crecimiento de la iglesia y vamos empujando la oración sutilmente hasta dejarla a un lado.

Cuando comenzamos Graceland, un joven llamado John Biggs vino a hablar conmigo. Tras escuchar cuál era la visión de este nuevo ministerio, consideró que resultaba una locura de tal calibre que solo funcionaría si Dios intervenía. De modo que se prestó voluntario para iniciar un ministerio de oración. Antes de empezar, ya teníamos un grupo central de personas que oraban juntas cada semana durante una hora. De los cincuenta líderes en ejercicio cuando comenzamos, veinte estaban en ese equipo de oración. Observé a este fiel grupo de veinte personas de rodillas durante una hora cada semana, orando por Graceland antes de que la reunión de adoración empezara. Hasta el día de hoy me aterra pensar qué habría sucedido si John no hubiera formado aquel grupo de oración. Por desgracia, John murió de cáncer a la edad de veintiséis años, pero su legado de oración sigue alentándonos hasta la fecha.

En lo que respecta a la Iglesia Vintage Faith, lo hemos llevado aun más lejos.

Antes de celebrar ni una sola reunión sobre la iglesia, desarrollamos una lista de correos electrónicos de ciento cincuenta personas que se comprometieron a orar por el nacimiento de la nueva congregación. Estas personas consideran que se trata de una empresa misional, igual que cualquiera de las que se realizan en el extranjero.

Cada lunes, envío un correo con peticiones específicas de oración, así como informes sobre cómo van las cosas. También apareció alguien para formar un grupo de oración por la Iglesia Vintage Faith, como lo hizo John Biggs con Graceland.

¿Tendría explicación su iglesia sin el Espíritu Santo?

Usted puede saber en su intelecto que la oración es importante. Con todo, ahora estoy preguntándole sin rodeos si solo se trata de una información o la pone en práctica. Cualquier nueva reunión de adoración necesita estar apoyada por la oración. ¡Ojalá no pensemos jamás que podemos hacerlo por nosotros mismos!

Un valor central para la Iglesia Vintage Faith es que no podemos explicar lo que sucede en ella mediante la metodología que utilizamos, sino tan solo por la implicación del Espíritu Santo.

Alguien preguntó una vez cuánto del movimiento megaiglesia se podría explicar desde el punto de vista sociológico sin el Espíritu Santo. ¡Interesante pregunta! Nos hemos vuelto extremadamente listos en nuestras iglesias (¡en serio!). Hemos descubierto muchísimo sobre cómo funciona la gente. Sabemos cómo responden a nuestra programación sobre las necesidades sentidas, a un estacionamiento con un tráfico fácil y amable, y a una cómoda inscripción a varios programas. Hemos dominado los planes exactos de mercadeo psicológico y demográfico necesarios para atraer a la gente a lo que tenemos para ofrecerles.

Podemos hacer venir a las personas a los edificios de la iglesia. Hasta es posible que den pasos para cambiar su vida, poniendo en práctica los cuatro puntos que tratamos en nuestros sermones. Sin embargo, aparte de la innovación humana y una comprensión inteligente de la psicología del hombre, ¿podríamos explicar por qué vemos ahora a la gente ir como rebaños a muchas megaiglesias (muy parecido a la forma en que acuden a Wal-Mart o Disneylandia)?

¿Cómo sabemos que lo que ocurre en nuestras iglesias no es tan solo el resultado de la obra humana y un pensamiento inteligente? ¿Cómo sentimos la implicación del Espíritu Santo? ¿Estamos sacando nuestra energía para lo que hacemos de Romanos 6—8, o confiamos más en nuestros propios métodos, programas y principios de guía práctica?

¿Qué parte de su iglesia se puede explicar de forma exclusiva como resultado de la obra del Espíritu Santo? Recuerde, los grandes números no son necesariamente una señal del Espíritu Santo. Marilyn Manson ha vendido millones de CDs. Cada fin de semana, decenas de miles de personas van al cine a ver películas que, sin duda, el Espíritu Santo no aprobaría (¡y eso debe contristarlo!). Yo podría patrocinar y promocionar una fiesta con un barril de cerveza en la playa, y probablemente varios centenares de personas se presentarían. Los números solos no significan que el Espíritu Santo está involucrado.

¡Ahora bien, espero que haya centenares de personas en su iglesia, quizás hasta miles! ¡Estoy totalmente a favor de las grandes iglesias y megaiglesias! He formado parte de una muy grande durante los pasados quince años. Por lo tanto, no estoy de modo alguno en contra de ellas. Solo tengo un cierto desasosiego por lo «listos» que nos volvemos y lo poco que se menciona al Espíritu y la oración en nuestros esfuerzos.

> «Cuando el Espíritu de Dios llena a una persona que se rinde a Dios y cree su verdad, hasta el menor de sus susurros será adoración».
> —A. W. Tozer.

En la iglesia naciente debemos depender del poder del Espíritu Santo. Debemos depender de Dios para todo lo que hacemos en nuestras reuniones de adoración.

Me doy cuenta de que esta es una pregunta del tipo: «Sé que debemos orar», ¿pero lo hace?

2. Evalúe su campo y contexto misionero local

A todos los misioneros que parten al extranjero se les enseña a estudiar la cultura del lugar al que van. Aprenden el idioma, la demografía y las creencias espirituales de aquellos a los que les llevan el mensaje de Jesús. Desean conocer la mejor forma de comunicarse, de entablar conversación y una relación con ellos.

Hemos aprendido a través de muchas equivocaciones en las misiones multiculturales que implementar la «iglesia» y el ministerio estadounidenses en una cultura extranjera del mismo modo que se hace en los Estados Unidos es algo que no funciona. Es mejor desarrollar una iglesia que se acople con la cultura (no que permita los pecados ni haga concesiones en cuanto al mensaje de Jesús, pero sí que se comprometa con la cultura) de manera que pueda relacionarse con la gente.

Desarrolle amistades con los inconversos antes de empezar. Creo que con demasiada frecuencia, al comenzar un nuevo ministerio y una reunión de adoración en nuestra naciente cultura postcristiana, consideramos que estamos iniciando algo para gente de pensamiento moderno con una cosmovisión judeocristiana. Si lo hacemos de ese modo, no estaremos pensando como misioneros. Sugiero que se asegure de que cualquiera que esté dirigiendo el ministerio tenga amistad con inconversos postcristianos a los que pueda preguntarles y con los cuales conversar acerca de sus creencias y sentimientos sobre la iglesia. Me sorprendo constantemente cuando sondeo a los líderes de la iglesia y descubro que son muchos los que no tienen relación con gente no creyente.

Yo también estaría en un lugar donde pueda tener grupos de enfoque que le permitan escuchar y aprender de aquellos que espera ver formar parte de su comunidad de iglesia. Llevaría a un inconverso al entrenamiento de su liderazgo y le daría tiempo para que compartiera su perspectiva con sus líderes y que estos a su vez incluso le hicieran preguntas. ¡Si tiene amistad con no creyentes, tal cosa no representaría ningún problema! Si no se le ocurre nadie a quien le podría pedir que hiciera esto, entonces es posible que no se haya conectado con la mentalidad de la gente que espera ver venir a Jesús a través de lo que usted está haciendo.

Haga un sondeo demográfico de los que viven en su ciudad. Ya toqué este asunto específicamente y di ejemplos en el capítulo 4: «Razones para crear una nueva reunión de adoración». Me gustaría asegurarme de que tenga una buena apreciación de quién vive en su comunidad y cuál es el ambiente espiritual de la misma. No dé por sentado que sabe quiénes son hasta que pueda decir de verdad que conoce el porcentaje que asiste a las iglesias evangélicas, cuántos parecen ser budistas, cuál es el rango de edades y la composición de la población de su comunidad, cuántos estudiantes de la escuela secundaria y universitarios hay, etc.

3. Seleccione un equipo basado en la visión que sirva en los ámbitos de sus dones

¡Además de darle un vistazo a su comunidad, es necesario que examine quién es usted! Una decisión a tomar es quién iniciará la nueva reunión y el ministerio de adoración. Ese equipo debería estar formado por individuos que sientan de manera instintiva con anterioridad por qué se necesita una reunión de ese tipo y deseen ser parte de la incipiente comunidad.

Si un pastor piensa inaugurar algo nuevo solo, y diseña y planifica la reunión por sí mismo, no llegará a ver la esencia de lo que las nuevas generaciones buscan en la adoración en la iglesia.

En la iglesia naciente, los días del líder solitario ya han pasado. Seguimos nece-

«Los cuatro seres vivientes exclamaron: "¡Amén!"», y los ancianos se postraron y adoraron».
—Apocalipsis 5:14

sitando el liderazgo y que se tomen decisiones, pero es preciso plantear todos los nuevos ministerios y las reuniones de adoración con un enfoque mucho más comunitario. Los mismos no pueden basarse en los dones de una o dos personas, sino que querrá formar varios equipos que se involucren desde el principio. Analizaré esto de forma más amplia en el capítulo 8.

4. Por qué los antiguos pastores juveniles suelen ser ideales para iniciar una nueva reunión de adoración

Durante los ocho años anteriores al comienzo de Graceland, dirigí el ministerio de la escuela secundaria en la Iglesia Bíblica de Santa Cruz. Como pastor juvenil, estaba conectado con el pensamiento y la cultura de la juventud. No me mantenía al margen de lo que ocurría en la cultura naciente o la mente de los jóvenes. En realidad, esta atención que le prestaba a la cultura juvenil fue la que me hizo notar que un enorme cambio cultural se empezaba a producir. Para mí, comenzar las reuniones de adoración de Graceland fue una transición natural. Con el tiempo, dejé el ministerio juvenil de manera directa.

La mayoría de las nuevas reuniones de adoración reflejarán los valores de los jóvenes mientras se van haciendo mayores. Cuando un antiguo pastor juvenil se convierte en la persona que encabeza este nuevo tipo de reuniones, le resulta fácil seguir conectado a la cultura que conoce.

Si estás comenzando una nueva reunión de adoración dentro de una iglesia ya existente, es posible que quieras que tu pastor juvenil se convierta en tu nuevo líder. Ya cuenta con una red de relaciones, entiende la iglesia, conoce al pastor titular, así como a los ancianos o el consejo.

5. Determine cuáles de sus valores son diferentes a los del resto de la iglesia

Una equivocación crítica que suelo observar en los líderes de la iglesia que comienzan una nueva reunión de adoración consiste en retener los «valores centrales» de la iglesia existente. Queremos tener una sensación de conexión. Con todo, si insistimos en que los valores y la filosofía de la iglesia sigan siendo los mismos en la nueva reunión de adoración, no estaremos reflexionando con claridad en los cambios que se están produciendo en nuestra cultura.

Pregúntele a cualquier misionero y comprobará que los valores de una cultura no se transfieren automáticamente a otra. Esto es tan cierto aquí como en el extranjero. La cultura moderna estadounidense es radicalmente distinta a la postmoderna de la actualidad.

Por ejemplo: muchas iglesias modernas convierten en un valor central el «llevar a cabo el ministerio con excelencia». Ahora bien, asegurarse de que el ministerio se haga bien en la iglesia naciente no es una cosa mala. La mayoría de estas iglesias valora el esfuerzo de garantizar la calidad de lo que se hace en las nuevas reuniones. Sin embargo, la «excelencia» no es un valor central de la nueva iglesia. Si carece de autenticidad o es demasiado perfecta y pulida, este valor puede en verdad ir en contra de sus propios principios.

Otro ejemplo de la diferencia en cuanto a los valores aparece en el diseño de los espacios para la reunión de adoración. En la mayoría de las iglesias modernas, se concede un alto valor a que el predicador y el líder de adoración estén en un lugar destacado y fácil de ver (por lo general sobre una plataforma o tarima). En muchas iglesias nacientes se valora más lo contrario.

Diferentes valores para distintos grupos de personas

Luego tenemos la cuestión de lo que sigue al espacio para la reunión de adoración. Una iglesia quería construir un nuevo edificio. Surgió un debate sobre la localización de la librería y la cafetería de la iglesia. El líder de la iglesia naciente quiso situar la cafetería tan cerca como fuera posible del lugar de la nueva reunión. Valoraba la comunidad y la conexión como el enfoque y la prioridad para un cambio de vida. Sin embargo, se tomó la decisión de construir la librería más cerca del espacio de adoración. Otros líderes de la iglesia sentían que los libros y las grabaciones de la iglesia eran los catalizadores más importantes para la transformación de la vida.

¡Le ruego que reflexione en las diferencias de valores y que reconozca que estas diferencias deberían existir! De no haberlas, usted no necesitaría una reunión y un ministerio nuevos de adoración.

Nuevos pensamientos

1. Si está iniciando una nueva reunión de adoración en una iglesia ya existente, pregúntese: «¿Cómo se incorpora la oración en la vida de mi iglesia actual?». ¿Quiere que el modelo de oración de su iglesia sea el mismo para la reunión de adoración y el ministerio nuevos? ¿Por qué sí o por qué no?

2. ¿Cómo afectarán las realidades demográficas y culturales de su zona la forma en que enfoca su nuevo ministerio?

3. ¿Qué valores serán diferentes?

CAPÍTULO 7

Valores comunes en las nuevas reuniones de adoración

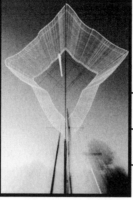

«¡Que todo lo que respira alabe al Señor!»
—Salmo 150:6

«¿Cómo es una de esas nuevas reuniones de adoración?».

«¿Qué hacen ustedes en ellas para que sean diferentes de lo que ya hacemos en nuestra iglesia?».

«¿Qué ocurre exactamente en ellas?».

Con frecuencia me hacen estas preguntas, pero no hay respuesta. Y la razón es que no existe un modelo de una nueva reunión de adoración, porque cada una es única según el contexto local, la comunidad, la gente y los líderes específicos de su iglesia. Los tamaños también difieren y la forma en que las cosas ocurren cambia. El lugar de reunión es distinto y esto también modifica las cosas.

Por lo tanto, no puedo dar una respuesta de cómo son, ya que no existe una contestación precisa. No obstante, podemos hablar sobre algunos valores comunes y hacer una descripción de cómo se viven.

Los valores que aquí enumeramos no siguen un orden particular, sino que son comunes a las iglesias por todos los Estados Unidos. Resulta fascinante escuchar que algunos de ellos coinciden en Florida y Ohio, California y Minnesota. Esto demuestra que no es un cambio local, sino algo mucho mayor.

Estos ejemplos son para estimular el pensamiento y la creatividad, así que no se limite a copiarlos

Al considerar en este capítulo los valores de las nuevas reuniones de adoración, le ruego que entienda que no se trata de leerlos para después intentarlos copiar en su iglesia. Cada congregación local debería diseñar una reunión de adoración exclusiva para su iglesia y su comunidad. ¡A pesar de ello, creo que es bueno considerar ejemplos e ideas de otras iglesias para que podamos ver qué están haciendo! De este modo es posible aprender, reunir ideas, inspirarnos y captar vislumbres de lo que otros hacen para estimular nuestra propia creatividad.

> «Cuando terminaron de ofrecer el holocausto, el rey y todos los que estaban con él se postraron para adorar».
> —2 Crónicas 29:29-30

Me gusta formar parte de varias reuniones de adoración y leer sobre lo que otras iglesias hacen. Esto nos ayuda a considerar ideas en nuestro contexto y a continuación decidir qué formas de adoración encajan con quienes somos. Eso es lo que espero que haga por usted este capítulo y otras ideas adicionales en el resto del libro: estimular su pensamiento y su creatividad para diseñar expresiones de adoración que encajen con su identidad y la de su iglesia.

Consideremos algunos valores y cuestiones comunes que encontramos en las nuevas reuniones de adoración.

1. Se apartan de la reunión tipo espectador

He estado en algunas reuniones de adoración en las que, de no saber que se trata de una iglesia, uno podría pensar que una obra de Broadway está a punto de empezar. La gente llega, se le saluda educadamente en la puerta, y al pasar al interior se le entrega un boletín del mismo modo que uno recibe un programa al entrar al teatro. Acceden a la sala principal y unos acomodadores los ayudan a encontrar un asiento, de nuevo como en el teatro. Es posible que tengan que avanzar por el pasillo sonriendo a medias a otros ya sentados en esa fila, mientras pasan apretujados por la falta de espacio y susurrando un educado «disculpe», sin detenerse para hablar. Entonces toman asiento, abren el boletín, y lo leen de principio a fin como hace la gente en un teatro de Broadway, a la espera de que el «espectáculo» comience. La gente escudriña el boletín de la iglesia para leer el nombre del equipo pastoral y el bosquejo del sermón, como si se tratara del elenco de actores y actrices y las descripciones de las escenas de un programa. Se sientan y esperan hasta oír el sonido de los instrumentos que el grupo de música sostiene en sus manos, como el ruido que se oiría cuando los miembros de la orquesta de Broadway ocupan sus sitios y calientan sus instrumentos. Esto indica que el espectáculo está a punto de comenzar.

¡Entonces llega el momento que todos esperan y comienza el espectáculo! Las personas miran al escenario, sentadas como si estuvieran viendo el principio del primer acto con la banda y su líder que canta alegremente unas cuantas canciones. El segundo acto incluye anuncios y la promoción de varios acontecimientos inminentes de iglesia, del mismo modo que una compañía de teatro anunciaría las demás obras y eventos que presentarán en un futuro cercano. En el tercer acto aparece la estrella principal (el predicador), que sale y da un sermón. Hay una mezcla de risa, historias conmovedoras, un fuerte desafío, un giro sorprendente en la conclusión, y luego un final del mensaje que hace que todos se sientan bien. La audiencia aplaude, el espectáculo finaliza, nos despiden y caminamos por los pasillos sin hablar demasiado unos con otros, aparte de los comentarios: «Me ha gustado mucho» o «El grupo ha estado realmente bien esta mañana», refiriéndose a la calidad de lo que acaban de ver. Ya afuera, en el estacionamiento, todo el mundo entra en sus autos y regresan a casa, con el programa en la mano como recordatorio del programa al que han asistido.

Luché para escribir estos dos últimos párrafos. No estoy intentando demeritar o burlarme de la iglesia de nadie. Amo profundamente a la iglesia y me gustan las reuniones de adoración, pero también he experimentado el tipo de acto que acabo de describir. Solo procuro ver si usted mismo ha podido experimentar o hacer alguna de estas cosas. ¡Sé que yo he sido culpable de algunas de ellas! Resulta muy fácil dedicarnos sutilmente a asegurarnos de que el todo fluya sin problemas, un culto bien planificado y ensayado, para que nuestros sermones queden pulidos y con gran calidad. Con sutileza comenzamos a montar un «espectáculo». Incluso cuando nuestros motivos y deseos no consideren de ninguna manera esta posibilidad, puede suceder. Al celebrar de manera rutinaria estas reuniones un fin de semana tras otro, podemos perder de vista que no se trata de producción ni de excelencia, ni de la forma en que las cosas están programadas, ni de cuántas personas haya. Se trata de acudir juntos a adorar a Dios.

Para mí, lo más aterrador es que hemos entrenado hábilmente a mucha gente para que consideren así la experiencia de su iglesia. Hemos enmarcado las expectativas que las personas tienen de lo que supuestamente es una reunión de adoración y la iglesia. Esto es algo aleccionador en lo que se debe reflexionar. ¿Considera la gente que su «iglesia» es un acontecimiento para espectadores? ¿La ven como un «espectáculo» al que asisten una vez a la semana y después regresan a casa? ¿Ha pensado usted alguna vez en los comentarios que hacen al salir y dirigirse a sus autos en el estacionamiento? ¿Acaso dicen: «El sermón ha sido realmente bueno», «El programa ha estado muy divertido esta mañana» o «Me ha gustado mucho la historia que ha contado»? ¿O más bien declaran: «He sentido que el Espíritu me impulsaba a hacer algo con respecto a la forma de enseñar las Escrituras»? Hay una gran diferencia entre ambas cosas.

Nadie dirige intencionadamente las reuniones de adoración teniendo en mente un «espectáculo», sino que las cosas van derivando en esa dirección. Esto ocurre en las iglesias buscadoras, las bautistas tradicionales, las bíblicas no denominacionales, y también puede suceder en las nacientes. Si fuera sincero en lo profundo de su corazón, ¿cuánto de lo que acabo de describir usted lleva a cabo en la actualidad de una forma u otra? Sé que Dios obra en todo tipo de iglesias, pero lo que he referido más arriba va muy en contra de los nuevos valores de la iglesia naciente.

La mayoría de las nuevas reuniones de adoración intentan hacer lo contrario de lo que he reseñado hace un momento, aunque podemos caer en ello con la misma facilidad que cualquier otro tipo de iglesia. Lo ideal sería que estas reuniones fueran un tiempo a fin de que la comunidad de la iglesia se reúna para honrar, glorificar a Jesús y adorar al Rey. Para ello podemos usar varias formas de adoración, pero no se trata de la representación de un programa ni un espectáculo. Prestémosle atención a esta advertencia mientras le damos un vistazo a lo que debería ser una reunión de adoración. En lugar de presentar un muestrario de varios «espectáculos», veamos a los adoradores que se juntan con una misión.

2. Existe un diseño orgánico para la reunión de adoración

Muchas nuevas reuniones de adoración procuran ser no lineales. No desean ser tan preconcebidas que no se permita la obra del Espíritu en las personas o a fin de cambiar las cosas.

Las nuevas generaciones han ido sintiéndose incómodas con la sensación de programación que ofrecen muchos cultos contemporáneos de adoración. En lugar de un diseño lineal de cinco canciones, un sermón, un himno para terminar y la despedida, la adoración naciente se mueve en un flujo orgánico. Y con este término me refiero a lo opuesto a un fluir rígido y preestablecido que hace que la reunión se sienta como una presentación o una interpretación. El término orgánico define a un conjunto de muchas cosas que tienen lugar a través de una asamblea en la que las personas pueden participar. ¡Se trata de mucho más que limitarse a sentarse! También es más que un par de formas de adorar.

Una reunión de adoración que fluye orgánicamente puede incluir canciones, la lectura de las Escrituras, compartir libremente, un tiempo de silencio, más canciones, un mensaje, efectos visuales y tiempos de reflexión sin hablar. La gente puede cambiar de sitio en la sala y dirigirse a puntos destinados a la oración, la pintura o la lectura de revistas. Por encima de todo, la reunión es participativa.

Ser orgánico no significa desorganización y caos. Todo lo orgánico y vivo es lo contrario a lo aleatorio. En vez de ello, en su interior se han desarrollado sistemas intrincados. Los cuerpos humanos son orgánicos, sin embargo, poseen sistemas increíblemente estructurados y complejos para mantener el cuerpo sano y en crecimiento.

De modo que, cuando digo orgánico, me estoy refiriendo a una asamblea cuidadosamente planificada y preparada. Las Escrituras mismas dicen que, en las reuniones de adoración, «todo debe hacerse de una manera apropiada y con orden» (1 Corintios 14:40).

La cantidad de gente dicta hasta cierto punto la forma de diseñar una reunión de adoración. Cuando hay entre veinte y cincuenta personas en una asamblea, resulta mucho más fácil permanecer orgánico y participativo. Cuando son quinientas, la cosa es más difícil.

> «Por lo tanto, hermanos, tomando en cuenta la misericordia de Dios, les ruego que cada uno de ustedes, en adoración espiritual, ofrezca su cuerpo como sacrificio vivo, santo y agradable a Dios».
> —Romanos 12:1

Cualquier congregación de más de cien personas adquiere una dinámica distinta. Significa reflexionar en cómo puede participar el mayor número de gente. Ser orgánico quiere decir meditar intencionadamente en cómo no hacer las cosas de una forma tan rígida que se convierta en una «presentación» y una «producción», en lugar de una reunión de iglesia para adorar al Jesús resucitado. Implica considerar modos creativos para que haya más interacción y participación que las que ofrece un sermón y algunas canciones solamente. Puede significar establecer suficientes puntos de oración para que todos puedan usarlos, independientemente del tamaño de la sala. O también cambiar la disposición de las sillas y la habitación para evitar la sensación de teatro. El propósito de este valor es que intentamos ser una familia que adora junta, ya sea un grupo de diez en un hogar o quinientas personas en un santuario.

3. Se crea un espacio sagrado para la reunión de adoración

Nada más de entrar a la mayoría de las nuevas reuniones de adoración, notará la atención que se le presta al entorno. Esto no siempre se puede lograr en las que se celebran en las casas, por supuesto, pues el ambiente es la casa en sí. Sin embargo, en la mayoría de las grandes asambleas el lugar sagrado se ha preparado con esmero, ya sea un edificio típico de iglesia, un gimnasio o en una tienda que da a la calle.

No obstante, lo que le da un aspecto sagrado al lugar y motiva a la adoración es subjetivo. En muchos entornos modernos contemporáneos de adoración, líderes y diseñadores bienintencionados han eliminado la sensación de sobrecogimiento, admiración y trascendencia. Algunas veces los cristianos edifican y decoran locales para que parezcan grandes salas de conferencias de hotel preparadas para una presentación de negocios.

Un edificio de iglesia que visité tenía una decoración rústica sureña de los años setenta en tonos rojo y azul, así como empapelados con diseños florales por todas partes, y se preguntaban por qué la gente joven que visitaba su iglesia no se quedaba. La decoración es extremadamente insignificante y la adoración nada tiene que ver con ella. ¡Pero es que aquella iglesia ni siquiera se encontraba en el sur, sino en el noroeste! En cuanto a estética resultaba muy incómoda y absolutamente fuera de sincronismo con las nuevas generaciones, para las que este tipo de edificio de iglesia no sería un espacio sagrado de adoración.

Estas nuevas generaciones son muy visuales. Al adorar, anhelan la sensación de misterio y maravilla de Dios. Desean un entorno espiritual. Por ello, en la mayoría de las reuniones de la iglesia naciente verá cruces sobre mesas, colgadas, o apoyadas en otros lugares de la sala. En muchas iglesias contemporáneas y modernas se expone una gran cruz sencilla detrás del púlpito. No obstante, las nuevas iglesias utilizan cruces que suelen parecer antiguas. Algunas son celtas y otras como las que se ven normalmente en las iglesias ortodoxas.

Las nuevas reuniones usan cruces porque no se avergüenzan ni esconden que se reúnen para adorar al Jesús vivo y resucitado. Muchos edificios de iglesia contemporáneos han quitado la cruz, o la han dejado en algún lugar fuera de la vista, pero en las iglesias nacientes la cruz se ve por todas partes. Quieren recordar que el Jesús resucitado es el centro y el enfoque de sus reuniones. Asimismo, pretenden que la estética evoque que el cristianismo es una fe antigua, lo cual los impulsa a usar cruces celtas y otras formas artísticas y decorativas de la cruz que les producen una sensación de mayor antigüedad. Esto no significa que se utilice como un ardid; exponer la cruz señala a Jesús. Incluso entre los no cristianos la misma se reconoce como símbolo sagrado.

Al entrar a este tipo de reuniones, verá obras artísticas que se exhiben por toda la habitación. Si disponen del uso del edificio durante la semana, suele haber murales e ilustraciones que representan a la comunidad. Estaciones de oración artísticas con símbolos decorativos o soportes desde donde se transmiten las verdades de las Escrituras se han instalado para que la gente pueda meditar y orar. En ellas se han escrito versículos bíblicos de formas creativas y por toda la sala podrá observar otros textos sagrados utilizados de forma artística.

En la mayoría de estas nuevas reuniones de adoración las Escrituras se ven por todas partes y se usan en el arte y las estaciones de oración, se habla de ellas, se enseñan, se medita sobre las mismas y se utilizan para instruir sobre el significado de las canciones que se entonan. Por lo general, hay una gran reverencia hacia ellas y se exponen por todas partes. La adoración directa de las Escrituras acentúa la profundidad del acto y las mismas se encuentran creativamente entretejidas de forma visible por toda la asamblea y en lo que se habla.

En lugares más amplios, la creatividad se emplea para transformar el sitio mediante la iluminación, mamparas y el drapeado de varias cortinas. Estas últimas pueden usarse muchas veces a fin de crear pequeños espacios íntimos para la oración o establecer estaciones de oración en ciertos lugares por toda la sala.

Incluso antes de que comience la reunión, a menudo se proyectan en pantallas imágenes visuales del arte de diferentes siglos, incluidos vitrales artísticos que invocan una sensación de historia y arte mientras narran la historia de Jesús y otros relatos de toda la Biblia. En algún lugar de la sala puede haber utilería artística, símbolos o pinturas exhibidas que se relacionen con la enseñanza de esa reunión.

La sala evoca la sensación de que se trata de una asamblea espiritual, y que el cristianismo no es una mera religión moderna, sino antigua. El espacio también transmite a gritos que la creatividad es una parte vital de la cultura de la comunidad. Esto representa una gran declaración para cualquiera que los visite. La nueva adoración exterioriza amor y veneración hacia Dios a través de la imaginación mezclada con la teología en una expresión artística.

Las velas no son un artículo a la moda, sino simbolizan la luz de Jesús

El valor de la adoración en estas reuniones nacientes se ve en la decoración y el diseño de la sala. Por lo general se utilizan velas para mostrar la solemnidad y la seriedad de la adoración. Asimismo, ellas representan la luz de Jesús en un mundo oscuro. En la mayoría de estas asambleas, la iluminación es tenue (no hay una completa oscuridad). La penumbra y las velas crean un hermoso ambiente donde el corazón se puede sentir cómodo y centrarse en adorar a Dios.

Las velas se colocan por toda la habitación con el fin de no enfocarse en la plataforma. Se puede ver tela de terciopelo cubriendo las mesas. Recuerde, el cristianismo se critica enormemente por ser una religión moderna, contemporánea y organizada. Por lo tanto, mientras más mostremos las antiguas raíces y la historia de la fe cristiana, más libres se sentirán las nuevas generaciones para adorar.

Las velas no son artículos de moda, ya que han sido los símbolos utilizados en las iglesias a lo largo de la historia. La gente ha encendido velas cuando rezaban en muchas iglesias tradicionales. Lo triste es que la mayoría de las congregaciones evangélicas contemporáneas las han eliminado, de modo que cuando ahora se utilizan en la adoración naciente, suelen desecharlas por ser algo moderno. A pesar de ello, la misma gente que las critica suele utilizarlas en sus iglesias en Navidad, Año Nuevo y las bodas.

Una sensación de encontrarse en una sala de estar aunque haya quinientas personas

Un entorno de sala de estar es el tema común en los salones de adoración. Esto se hace con la esperanza de evitar cualquier impresión de teatro, y el objetivo es fomentar la comunidad y la sensación de familia. Solomon's Porch, una iglesia naciente de Minneapolis, ha dispuesto su sala de asamblea con sofás y sillas para varios cientos de personas. La reunión funciona de forma muy parecida a una gran sala de estar y se habla como si así fuera. Cuando alguien toma la palabra, suele ser desde el centro con todos los demás alrededor.

La mayoría de las nuevas reuniones de adoración han dejado atrás el ambiente con filas de sillas frente a una plataforma debido a sus valores. Aunque exista una especie de escenario, las sillas suelen situarse alrededor del mismo para crear una sensación de comunidad mayor a la que ofrecen las hileras rectas. Hasta las iglesias con bancos añaden sillas y crean espacios alrededor del salón para que la gente se cambie de sitio y no pasen todo el tiempo en el mismo lugar. Algunas reuniones montan mesas redondas como opción, y esto sirve para transmitir que se trata de algo más que una congregación tipo teatro con todas las sillas alineadas frente a la tarima.

Es probable que le preste más atención a su «espacio» de lo que piensa

Le puede parecer absurdo prestar toda esta atención al «espacio» estético para una reunión de adoración. Es cierto que podemos adorar en cualquier lugar, y que el acto no trata de nosotros. Si se persiguiera el cristianismo en Estados Unidos y la iglesia estuviera escondida, nos daría igual congregarnos en una cueva o un granero. Sin embargo, la estética le importa a la mayoría hoy. Y es probable que a usted también. Aunque utilizara un espacio arrendado, es posible que introduzca una decoración para comunicar algo y ayudar a establecer el ambiente. No hay que exagerar, pero es importante.

Las Escrituras cuentan con descripciones gráficas de color, espacio y acción en la adoración tanto en el Antiguo como en el Nuevo Testamentos. En Apocalipsis 4, por ejemplo, el lenguaje evoca emoción y estado de ánimo mediante el detalle estético del trono de Dios en el cielo. Es imprescindible que todo guarde un equilibrio y una perspectiva, pero no ignoremos que los valores cambian nuestra decoración del espacio de adoración.

4. Un enfoque multisensorial a la reunión de adoración

La adoración multisensorial implica la vista, el oído, el gusto, el olfato, el tacto y la experiencia. Esto significa que puede constar de cánticos, silencio, predicación, arte, y moverse hacia a un espectro mucho más amplio de expresiones. La misma se sale del modelo tradicional que limita cómo podemos manifestarle nuestro amor y adoración a Dios al reunirnos, y luego se deshace de él. Vamos más allá del mero escuchar y cantar para alcanzar un nivel totalmente nuevo de formas de participación en la adoración a través de todos nuestros sentidos.

Algunas nuevas reuniones de adoración escogen ser muy reflexivas cuando la gente entra y comienzan con la oración personal y una meditación silenciosa. Pueden hacerlo así siempre o en ocasiones especialmente diseñadas para comenzar de este modo. Durante ese tiempo de reflexión se pueden proyectar instrucciones y versículos en las pantallas a fin de alentar a la gente a que se tome el tiempo para aquietar sus corazones.

Con bastante frecuencia se suelen hacer pausas para orar a lo largo de la reunión. Puede ser durante el sermón y en la alabanza. Las oraciones se pueden leer al unísono o dar tiempo para que la gente ore en silencio. La oración puede continuar en pequeños grupos y en privado después de la reunión. Es como un hilo que recorre toda la reunión y que no se limita sencillamente al principio o el final del sermón.

Siguiendo la práctica del Nuevo Testamento, en muchas congregaciones de adoración naciente comen juntos antes del comienzo de la verdadera reunión formal para resaltar aun más su sensación de comunidad. Las comidas se están convirtiendo en una gran parte del aspecto comunitario de la nueva adoración, lo cual no debería sorprendernos, ya que era algo común en la iglesia primitiva. Las asambleas más numerosas intentan celebrar comidas comunes una vez al mes o antes del comienzo de la reunión. Sin embargo, existe un interesante y creciente valor en las comidas de tipo familiar como parte de la adoración naciente. Prácticamente, todas estas asambleas han vuelto a instituir la celebración de la cena pascual como parte de su calendario anual de adoración.

Hay líderes, pero la forma en que se dirige supone una gran diferencia

En la mayoría de las reuniones de adoración naciente se cantarán canciones de alabanza edificantes para comenzar la reunión, pero se sentirán más como algo en común. No se trata de cantar a solas con alguien al frente dirigiendo. Gran parte de esta sensación corporativa tiene que ver con la persona que lidera, cómo lo hace y desde dónde. Dirigir la adoración o hablar desde una plataforma elevada es muy distinto a dirigir y hablar estando en medio de la gente.

En la mayoría de estas reuniones se hace un intento formidable para no tener líderes que atraigan la atención sobre sí mismos cuando dirigen. El tono orgánico es comunitario, de modo que la sensación es que todo el mundo es igual. No hay «estrellas» en ninguna reunión. El líder de alabanza y el grupo de música pueden posicionarse en la parte trasera o lateral de la sala, de manera que no se encuentren bajo los focos. Hasta pueden llevar a cabo la parte musical desde un punto central entre la gente si la habitación lo permite, de modo que todo el mundo pueda estar junto. Es posible que la iluminación se realice de forma que el grupo de músicos quede a la sombra y la atención no se centre en ellos, sino en Jesús y la adoración misma, sin que se destaquen los cantantes ni se enfoque al grupo musical para no darles protagonismo durante la adoración.

Los estilos de música eclécticos son muy comunes en la iglesia naciente

Los estilos de alabanza suelen ser el reflejo de una comunidad específica. La mayoría de las reuniones de adoración naciente van más allá del pop cristiano hasta una forma de alabanza surgida con posterioridad a Matt Redman, la cual combina lo antiguo con ritmos pop, música global y otras formas de música ecléctica y ambiental. Una de estas nuevas congregaciones en la ciudad de Chicago fusiona el hip-hop con lo antiguo y el pop. Otra de Minnesota se centra principalmente en canciones escritas por la comunidad y de un estilo más folclórico.

En la Iglesia Bíblica Vintage Faith utilizamos una mezcla ecléctica de lo antiguo con el pop contemporáneo. Incluso hemos formado un coro para cantar antiguos himnos corales y cantos al estilo de Taizé fusionados con el pop contemporáneo (Taizé es una comunidad ecuménica internacional de Francia que emplea una forma de cantar simple, basada en las Escrituras y meditativa en la adoración). Empleamos el coro como respaldo del grupo de alabanza y para proporcionar canciones contemplativas durante la oración.

Imagino a los coros convirtiéndose en una parte importante de la adoración naciente. No me refiero a los que interpretan música coral cristiana al estilo de las décadas de 1970 y 1980 y bastante cursi, sino a los que vuelven atrás y estudian los cánticos antiguos y cantan música gospel espiritual y otros himnos que invocan reverencia y gozo. Si hay un coro, no estará en una plataforma, con todos sus integrantes vestidos con túnicas del mismo color, sonrientes y con un montón de maquillaje. Estará a un lado o al fondo, fuera de la vista y los focos, de modo que solo se noten sus voces.

La música no se clasifica en la adoración de la iglesia naciente, ya que es un reflejo de la comunidad de la iglesia y no se limita a repetir las diez canciones de alabanza que más suenan en las cadenas de radio cristianas. Algunas veces, el grupo de músicos utiliza DJs con tocadiscos para añadir niveles de sonido y ritmo a la música de adoración. Muchas veces tocan música ambiental que induce a la reflexión durante la adoración. Lo que se interpreta durante la reunión tiene cierta influencia de la música global, y definitivamente un toque ecléctico.

El carácter de la música depende de la comunidad en particular. Cada vez es más habitual que muchas reuniones nacientes de adoración compongan su propia música para tal menester, con el fin de que refleje las expresiones únicas de su comunidad local a la hora de adorar y alabar.

Es probable que vea arte e imágenes visuales utilizados como expresión de adoración

Mientras la comunidad canta al principio de la reunión, se pueden proyectar un montón de imágenes visuales en las pantallas. Puede tratarse de imágenes fijas, videoclips de símbolos o una secuencia de reproducciones, como por ejemplo representaciones de la cruz en las que se muestran todo tipo de cruces a fin de recordarle a la gente que están allí para rememorar al Jesús resucitado y enfocarse en él. En ocasiones se trata de una serie de fotografías del espacio, los planetas y los sistemas solares para que nadie olvide que Dios es el creador de todas las cosas y las estrellas y los cielos reflejan la obra de sus manos. A veces son tomas interiores y exteriores de edificios de iglesias de Europa sumamente hermosos, que fomentan la reflexión de la gente sobre la trascendencia de Dios y les recuerda que están allí para encontrarse con él.

Muchas veces, el arte es obra de individuos de la comunidad que manifiestan la identidad de la reunión local. Suele pertenecer a toda la historia de la iglesia, incluida la obra artística de Miguel Ángel, Gustave Doré y otros maestros. Se pueden contemplar expresiones globales de arte cristiano de diferentes culturas, imágenes de estilo abstracto de la época contemporánea, fotografías de los miembros del cuerpo de la iglesia local, u otras que reflejan la personalidad y la cultura de la reunión local de adoración. ¡Lo que no verá nunca es un arte cristiano cursi! Ya sé que este calificativo es subjetivo, pero las asambleas de este tipo son muy sensibles a la hora de reflejar culturalmente lo que armoniza con las nuevas generaciones. Existe poca tolerancia hacia cualquier cosa que sea cursi o propia del «idioma cristiano». (¡Soy consciente de que esto también es subjetivo, pero creo que usted me entiende!).

Expresiones artísticas en la adoración

Como ya hemos mencionado, las reuniones de adoración naciente utilizan un enfoque multisensorial para la creación del espacio sagrado. Se hace uso del arte a fin de ayudar a crear una sensación del lugar, pero también como expresión de adoración. Se le ofrece la oportunidad a la gente de pintar, dibujar y escribir poesía durante la reunión de adoración. Esto suele ocurrir durante un tiempo prolongado de música tras el mensaje. Es posible que se monten mesas y estaciones de oración por todo el perímetro de la sala para la adoración en forma de arte. A veces se cubren las mesas con papel blanco grueso de modo que la gente pueda dibujar o escribir oraciones en él como expresión de adoración. Los niños que participan en la asamblea pueden dibujar en este tipo de mesas. Algunas veces, incluso se pueden encontrar verdaderos puestos de arte a los que uno puede entrar y pintar libremente como expresión de su adoración durante el mensaje o la alabanza. En otras pequeñas cabinas las personas puede utilizar arcilla para crear esculturas con el mismo fin. En ocasiones representan el rostro de Jesús o la cruz. Con frecuencia el arte es más abstracto en su contenido, pero sincero en su expresión de la adoración a Dios. El arte también se exhibe de forma digital en pantallas de vídeos durante la reunión de adoración. Suele incluir una mezcla del arte producido por la gente de la iglesia y el arte cristiano de todos los siglos. Estas proyecciones se pueden utilizar de telones de fondo para la lectura de las Escrituras, las canciones, las palabras utilizadas en el sermón o las oraciones recitadas. Las obras de arte pueden quedar proyectadas en las pantallas durante períodos largos o cortos de tiempo durante la reunión, y es posible incluir imágenes de vídeo y una repetición indefinida de fotografías de velas, cruces o escenas de la naturaleza.

En una convención de Especialidades Juveniles se proyectaron durante las reuniones y de forma simultánea tres conjuntos de imágenes en blanco y negro de interiores y exteriores de una iglesia antigua. Estas tomas de la hermosa arquitectura de la iglesia crearon un espacio de adoración en una sala de convenciones muy amplia y moderna.

El incienso también se puede utilizar para despertar sensaciones y dirigir la atención a la forma en que las oraciones se elevan hasta el trono de Dios. También lo usamos cuando se explica que la colecta es una ofrenda que asciende hasta él. Las velas pueden de igual modo tener un aroma de adoración asociado a ellas.

En una de estas reuniones hicieron pan dentro de la habitación antes de empezar el servicio. La idea era evocar la sensación de hambre cuando la gente entrara a la sala. El tema tratado en aquel culto fue el hambre de Dios y Jesús como el pan de vida.

Durante el mensaje, los oradores incorporan a su enseñanza imágenes de arte. Este se emplea algunas veces para fomentar el pensamiento a través de la expo-

> «Un escenario resulta un lugar peligroso donde encontrarse, porque se trata de una plataforma elevada. Se construyen para que las grandes audiencias puedan ver con más facilidad a las personas pequeñas. Las luces resplandecen. El sonido es alto. A pesar de ello, si no tenemos cuidado, los que dirigimos la adoración podemos permitir que el escenario surta efecto y nos haga parecer más de lo que somos».
> —Louie Giglio

sición de imágenes y símbolos específicos. También se pueden fabricar grandes accesorios para utilizarlos con este fin.

Hace poco presentamos una serie sobre el retrato de un discípulo. Varios individuos de la iglesia hicieron enormes pinturas de dos metros y medio que representaban una mano, un corazón y una cabeza. Las mismas estaban directamente relacionadas con el tema de la serie sobre ser seguidores de Jesús con nuestras manos, corazón y cabeza. Se expusieron durante toda la serie y luego se colgaron en las paredes cuando esta acabó.

Las estaciones de oración son un gran modo de invocar las sensaciones y expresar la adoración. Por lo general, la gente entra en ellas durante un tiempo prolongado de alabanza tras el mensaje. Las personas deambulan por la sala e interactúan en oración. Estos puntos para orar suelen ser mesas montadas en el perímetro de la sala. Están cubiertas de tela con motivos interactivos basados en la enseñanza de ese día. Es posible que se encuentren rodeadas de cortinas para mayor intimidad. Suele haber versículos de las Escrituras escritos para que la gente se pueda detener, leerlos y meditar en la Palabra de Dios, y también tarjetas para escribir las oraciones y colocarlas en cestos.

En la estación de oración se experimenta la sensación del tacto. En ella puede haber recipientes con arena para que la gente introduzca los dedos y recuerde la enseñanza que acaba de escuchar en la que se utilizó este simbolismo para describir el estado de sequedad espiritual y la sed de Dios.

Quizás se dejen paquetes de sal para que las personas la prueben y lean lo que Jesús dijo en Mateo 5:13 sobre ella. Asimismo, se da la posibilidad de que se coloquen alfileres sobre un mapa mundial señalando países concretos mientras oran por ellos. Un vino nuevo y otro seco pueden hallarse presentes para mostrar el contraste que Jesús utilizó en Juan 15.

En las mesas, recipientes con agua para lavarse las manos comunicarían lo limpios y puros que somos por la sangre de Jesús. Algunas estaciones permiten que las oraciones se escriban, otras contienen arcilla de modelar para expresar una oración.

Los sermones son invitaciones a la vida del reino porque cuentan la historia

«Escuchar» es una parte importante de la adoración. Los sermones se pueden predicar, pero vuelvo a repetir, la manera en la que se da un mensaje o una enseñanza depende del tamaño de la reunión. Algunas de ellas escogen no tener sermones, o que sean breves y dedicar tiempo a la enseñanza. No es que no valoren el enseñar las Escrituras, sino que han elegido enfocarse en la enseñanza de las mismas de formas más interactivas en otros entornos (clases, hogares, grupos de debate), las cuales están más acordes en realidad con la manera en que las nuevas generaciones aprenden mejor las cosas.

Algunas nuevas reuniones de adoración, incluidas algunas en Inglaterra, llevan esto más lejos y rara vez tienen predicaciones o grupos de alabanza que interpreten música pop rock. En su lugar pueden tener sencillamente música de ambiente ejecutada desde el fondo. Sus reuniones consisten principalmente en ir a estaciones creativas para orar, leer las Escrituras y meditar, además de realizar alguna lectura en común.

Sin embargo, en la mayoría de las nuevas reuniones hay alguien que predica desde un tiempo tan breve como quince minutos hasta un máximo de cincuenta. No obstante, la predicación no se lleva a cabo con una actitud que indica: «Yo soy el sabio que tiene todas las respuestas de la Biblia debido a que fui al seminario, y te las estoy dando ahora porque tengo el micrófono y el poder, de modo que tienes que escuchar». En vez de ello, los mensajes se presentan como una humilde exploración y enseñanza de las Escrituras.

Los nuevos predicadores se consideran compañeros de viaje. La predicación ya no es una transmisión autorizada de la información bíblica, sino que tiene más que ver con una formación espiritual y la vida del reino. Como pastor y autor, Brian MacLaren opina lo siguiente sobre la predicación de la nueva adoración: «El predicador se convierte en el líder de una especie de grupo de meditación menos erudito y más sabio, menos disertante y más poeta, profeta y sacerdote».

> «La manera en que muchos modernos piensan sobre la adoración me hace sentir incómodo. ¿Se puede urdir y manipular la verdadera adoración? ¿Prevén ustedes conmigo un tiempo futuro en el que las iglesias puedan llamarle al pastor "ingeniero espiritual"?».
> —A. W. Tozer

En muchas nuevas reuniones de adoración existe un intento de dialogar tanto como sea posible con la gente que acude, pero mientras mayor es la congregación, más difícil resulta que un predicador pueda interactuar de verdad y conversar con otros mientras da el mensaje. A pesar de todo, es posible que existan ocasiones planeadas o espontáneas de micrófono abierto o participación libre, independientemente del tamaño del grupo y aunque este pueda ser de varios cientos.

Cualquiera sea el tamaño del grupo, en la nueva adoración el sermón es más bien una invitación a la vida del reino y no un enfoque de cinco pasos para esto o aquello, envuelto en pulcros puntos de aplicación. Si hablamos sobre vivir el reino como discípulos, las predicaciones son aplicables por naturaleza; pero el nuevo enfoque en cuanto al sermón es contar la «historia de Dios» e invitar a los demás a que sean parte de ella, en lugar de perfilar principios proposicionales sacados de la Biblia y convertirlos en los puntos de aplicación del mensaje.

Resulta curioso que cuando uno estudia el origen de las formas actuales de predicar que se enseñan en la mayoría de los seminarios, lo que se ha venido haciendo en casi todas las iglesias no se remonta a las Escrituras. Prácticamente la totalidad de las maneras de predicar se derivan de los sofistas griegos del siglo quinto antes de Cristo (es decir, los maestros griegos a los que se les atribuye la invención del arte del discurso persuasivo conocido como retórica). Aristóteles (384-322 a. C.), por ejemplo, desarrolló el discurso de tres puntos. Tras la expansión del cristianismo en las zonas mediterráneas, la influencia grecorromana moldeó la forma en que sus líderes enseñaban. Los dirigentes históricos de la iglesia, como Juan Crisóstomo (347-407 d. C.) y San Agustín (354-430 d. C.), cambiaron drásticamente el modo de ver la predicación y convirtieron las formas de oratoria de los estilos griego y latín en el modelo para los sermones de la iglesia.

Proporciono esta breve explicación del origen de la manera en que predicamos hoy con el fin de recalcar que la iglesia naciente está comenzando a cambiar las formas de la predicación. ¡Sin embargo, esto no significa que nos estemos desviando de las Escrituras! Implica, sencillamente, enseñar y dar el sermón mediante la utilización de métodos de comunicación. Las Escrituras no se descuidan en lo absoluto, sino que se elevan al máximo en la iglesia naciente.

Muchas veces en una nueva reunión de adoración se divide el mensaje en partes. En lugar de ser un sermón extenso, se intercala una canción o la recitación de oraciones comunes entre las secciones del mensaje. En otras ocasiones se permite que la gente se levante y pase a las estaciones de arte para pintar, dibujar o esculpir arcilla durante el sermón. De este modo, mientras escuchan, pueden crear un arte que exprese lo que están oyendo.

En los mensajes se suele utilizar mucho humor. Están llenos de vida y risas, y pueden ser intensamente apasionados y convincentes. Al mismo tiempo, reflejan la seriedad y la humildad, porque los presenta un compañero adorador que también lucha en la vida como cualquier otro. Las Escrituras se enseñan en grandes porciones de versículos y capítulos, e incluso se hace un fuerte énfasis en recorrer todos los libros de la Biblia en lugar de limitarse a sacar un versículo aislado de aquí y allá.

Las raíces históricas judías de la fe cristiana se examinan con bastante frecuencia para revivir las Escrituras en su entorno original. No creo que la mayoría de las reuniones de adoración de la iglesia naciente puedan criticarse por adulterar el texto sagrado o no usarlo. En todo caso, existe un resurgir de las Escrituras y un respeto por ellas. En realidad, se han llevado de nuevo a la primera línea. Los nuevos sermones no constituyen tan solo la opinión de alguien sobre un asunto más uno o dos versículos rápidos añadidos para completar.

Las Escrituras son la Palabra antigua y viva con la que la iglesia naciente lidia, lucha y a la que acude en busca de dirección y luz.

5. Libertad de movimiento en la adoración

En la mayoría de las nuevas reuniones de adoración no se le obliga a la gente a permanecer quieta en sus asientos durante todo el culto. Cuando acaba el mensaje, la gente tampoco sale a toda prisa.

La música tiene un gran protagonismo en la forma en que uno se calma para permitir que el Espíritu le hable. La influencia de Taizé, la comunidad ecuménica internacional de Francia a donde acuden miles de europeos postcristianos cada verano, ha ayudado a influir en el resurgimiento de la música cristiana antigua que muchas iglesias nacientes incorporan con elementos modernos. La adoración de Taizé es extremadamente contemplativa, y con frecuencia solo utiliza unas pocas palabras que se repiten varias veces, de manera que el adorador pueda orar y escuchar a Dios mientras canta.

Durante este tiempo de adoración más reflexiva, la gente puede abandonar sus asientos para ir a las estaciones de oración situadas alrededor de la sala. Se trata de espacios creados en la habitación que las personas usan para que los guíen en oración, y muchas veces cuentan con elementos interactivos como parte de ellas. Suelen tener versículos de las Escrituras escritos para orientar a la gente en oraciones sobre asuntos que posiblemente estén relacionados con lo enseñado en el sermón. Durante estos tiempos de adoración musical contemplativa, las personas sienten la libertad de abandonar sus asientos, arrodillarse, o postrarse con el rostro en el suelo para orar y comunicarse con Dios. Asimismo, pueden dirigirse libremente a los diarios de la comunidad dispuestos en las estaciones de adoración para que escriban oraciones y pensamientos. A veces hay lugares montados donde pueden pintar y/o expresar artísticamente su adoración mediante otros materiales.

No resulta raro que los congregados dejen sus asientos durante la adoración musical, que puede durar unos veinte o treinta minutos. Unas cuantas iglesias incluso alientan a las personas a que deambulen y vivan distintas experiencias en el espacio de adoración durante la predicación.

Esta libertad de movimiento en momentos adecuados durante la reunión es algo liberador y hermoso en la adoración naciente. La gente se siente libre de orar en privado, con otros, o de pasar a una estación de oración, arte o escritura de un diario mientras suena la adoración musical.

Durante la reunión, algunos pueden permanecer sentados y otros deambular alrededor. La idea es que haya libertad dependiendo del lugar en el que alguien se encuentre y cómo pueda estar obrando el Espíritu en su vida.

Es posible que alguien tenga necesidad de orar con un hermano o hermana en Cristo. Otro quizás precise estar postrado con el rostro en tierra, orando en arrepentimiento, o tal vez arrodillarse como muestra de sumisión. Algunos tal vez prefieran permanecer de pie.

6. Un punto focal diferente

Independientemente de la forma en que se predique o se enseñe en una nueva reunión de adoración, el enfoque no está en montar un espectáculo de una o dos personas.

No se suele predicar desde una plataforma elevada. En la medida que el tamaño de la sala lo permita, puede realizarse en medio de la gente y no por encima de ella en un escenario. Si se trata de un grupo grande, la tarima puede extenderse tanto como sea posible hasta internarse en la zona donde está la congregación. Existe una pluralidad de personas en la iglesia implicadas en la lectura de los pasajes de las Escrituras, compartiendo poemas y participando en otras formas, de manera que la atención no esté siempre en una sola persona.

Durante el sermón, se utiliza con frecuencia el trabajo artístico, accesorios y símbolos para transmitir el mensaje. Resulta curioso que en la mayoría de los ministerios para jóvenes y niños se emplee utilería para comunicarse mejor, pero no cuando hablamos con adultos. A pesar de ello, en las Escrituras vemos a Jesús refiriéndose a cosas cercanas a él, incluida una higuera en Mateo 21:18-22, para explicar algo. La comunicación mediante imágenes visuales tiene un gran papel en las nuevas reuniones de adoración.

Aunque haya un maestro principal en una iglesia local, la predicación se comparte tanto como sea posible debido a un deseo de evitar que se desarrolle la dependencia en una persona durante la reunión de adoración (o en una personalidad o estilo de enseñanza).

Curiosamente, en los tiempos bíblicos enseñar en las sinagogas y las casas iglesias era una responsabilidad compartida. Con frecuencia varios individuos impartían la enseñanza en una reunión en concreto. A Jesús y al apóstol Pablo se les invitó a predicar en muchas ciudades. No obstante, era típico que los maestros vivieran en la comunidad local. Y no había plataformas elevadas por encima de la gente desde las cuales hablar.

Este valor se refleja en el escenario extendido que se adentra en medio de la gente, incluso en las reuniones de cientos de personas. No se considera al predicador por encima o separado de la congregación, sino como alguien que forma parte de ella.

Cuando la iglesia comenzó a adoptar las habilidades de la retórica de la cultura griega para hablar en público, empezó a conformarse el sermón moderno tal como lo conocemos. El enfoque pasó a estar en las cualidades para la oratoria de una sola persona, en lugar de concentrarse en la enseñanza participativa que se desarrolló en un principio en las sinagogas y las casas iglesias.

Más tarde, cuando Constantino levantó los primeros edificios de iglesia (luego del 327 d. C.), la predicación volvió a cambiar. En esos nuevos locales los sermones se impartían desde una silla. Juan Crisóstomo (347-407 d. C.) movió el foco de la predicación a un *ambo*, un escritorio elevado desde donde predicaba. El púlpito llegó muy poco tiempo después («púlpito» se deriva del término latín *pulpitum*, que significa «escenario»). Se situaba en el lugar más alto y visible para que todos pudieran ver.

Todo esto contrastaba con las prácticas de la iglesia primitiva.

En las reuniones de adoración de la iglesia naciente, la enseñanza y la predicación surgen de la comunidad. Jesús, y no el predicador, es la pieza central.

Esto se aplica también a los líderes musicales y los grupos de alabanza. La nueva adoración no es un concierto de música pop, y quien dirige la alabanza tiene que reflejar esto en su forma de actuar. Intentamos evitar que los destellos de luz y la iluminación de colores se centren en los músicos. En cambio, tanto ellos como el líder de la alabanza tratan de desaparecer en lugar de mirar fijamente a toda la audiencia. Después de todo, resulta extraño que los grupos de alabanza encargados de dirigir a los demás en la adoración a Dios estén en un escenario central con todas las luces y la atención sobre ellos. En estas reuniones nacientes, los músicos suelen estar en un lateral, fuera de la tarima central, o mezclados entre la gente si la habitación es lo suficientemente pequeña. En nuestro caso, los colocamos en la parte trasera del salón con tanta frecuencia como podemos para no atraer una atención indebida sobre ellos.

La lectura común de credos, oraciones y textos de las Escrituras también refuerza la sensación de comunidad. Por lo general, un pequeño equipo (que representa a ambos sexos) trabaja en conjunto para dirigir la reunión. Los individuos pueden recitar las Escrituras, leer poemas y oraciones, pero todo lleva una clara orientación hacia la comunidad y no se centra solo en una o dos personas.

7. Un renacimiento de la liturgia, las antiguas disciplinas, las épocas cristianas y las raíces judías

En muchas congregaciones modernas contemporáneas hemos ignorado básicamente las prácticas de adoración históricas de la iglesia. Lo irónico es que, entre las nuevas generaciones, existe un deseo de búsqueda de lo antiguo. Incluso reaccionan con violencia contra el hecho de que la iglesia se sienta como un negocio moderno. De modo que el resurgimiento de la liturgia y otras disciplinas antiguas, siempre que se haga con vida y sentido, es algo deseado en la iglesia naciente en lo que se refiere a la adoración. No estoy sugiriendo que abandonemos todas las formas contemporáneas de adoración y música, sino sencillamente que no ignoremos dos mil años de historia de la iglesia. Existen hermosas expresiones de adoración de diversos períodos que podemos integrar en nuestra forma actual de adorar.

Dependiendo de la denominación y la historia de su congregación, la liturgia puede o no incluirse en el escenario de su iglesia. Se trata de algo más que el uso de incienso y otros rituales que se suelen asociar a la palabra. Originalmente, «liturgia» significaba «trabajo público» o «servicio en el nombre de o en representación del pueblo». En la tradición cristiana quiere decir participación del pueblo de Dios en «la obra de Dios».

En *Introduction to Christian Worship* [Introducción a la adoración cristiana], James F. White afirma que la liturgia «es la quintaesencia del sacerdocio de los creyentes que comparte toda la comunidad sacerdotal de cristianos. Definir un culto como "litúrgico" significar indicar que fue concebido para que todos los adoradores tuvieran una parte activa a la hora de ofrecer su adoración juntos».

La historia de la iglesia muestra el desarrollo de la liturgia a lo largo de los siglos y cómo llegó a designar los rituales y las prácticas de la iglesia en las reuniones de adoración. Esto incluye la comunión y el bautismo en casi todas las ramas de la iglesia. En la católica romana, la ortodoxa oriental y las iglesias anglicanas encontrará un calendario bien desarrollado y un patrón de adoración más establecido. Sin embargo, en muchas ramas de la iglesia estadounidense las prácticas litúrgicas fueron eliminadas y olvidadas desde hace mucho tiempo. A pesar de ello, entre las nuevas generaciones existe un deseo de adoptar las antiguas formas de adoración del cristianismo, las cuales incluyen la liturgia.

En su libro *Soul Shaper* [El moldeador de almas], Tony Jones explica mucho sobre las antiguas disciplinas espirituales y muestra que pueden ser formas atractivas de adoración para las nuevas generaciones. *Lectio divina,* la práctica de meditar y orar de forma repetitiva a través de un pasaje de las Escrituras, y otros muchos ejercicios espirituales se están volviendo a introducir en las nuevas reuniones de adoración.

Asimismo, una práctica creciente en esta forma de adorar consiste en centrarse en el calendario cristiano que se organiza alrededor de las dos épocas principales de tiempo sagrado: Adviento, Navidad y la Epifanía; y la Cuaresma, Semana Santa, la Pascua y Pentecostés. Las iglesias que han utilizado la liturgia durante algún tiempo le están insuflando nueva vida a sus prácticas de «rutina». Algunas nuevas reuniones de adoración están revisando otras prácticas antiguas.

Este movimiento hacia las antiguas formas de adoración incluye un resurgimiento de la comprensión y la enseñanza de las raíces judías de la fe. La mayoría de las iglesias nacientes incluyen la cena pascual como parte de su año de adoración. Pasan un tiempo considerable enseñando la perspectiva judía de la Biblia.

De modo interesante, entre las nuevas generaciones existe un renacimiento fascinante del interés por cantar himnos como parte de la adoración. Las letras de algunos de ellos son ricas y profundas, algo que estos jóvenes desean. El hecho de que podamos formar parte de la historia de la iglesia mediante la entonación de cánticos de hace varios centenares de años demuestra que el cristianismo no es una religión moderna, sino que tiene profundas raíces históricas. Algunas letras del siglo diecinueve y veinte están impregnadas de modernidad, pero merece la pena incluir en la adoración naciente muchos himnos antiguos hermosos.

Asimismo, en las iglesias nacientes existe una creciente pasión por escribir sus propias canciones de adoración. De esta forma, la alabanza musical refleja al máximo a la iglesia local misma.

8. Un énfasis en la oración

Otro asunto común que está presente en las nuevas reuniones de adoración es la elevación de oraciones. Se da muchísimo tiempo para que la gente se sosiegue, acalle su corazón, y a continuación ore en las diversas estaciones y con los demás.

Las nuevas reuniones de adoración se enfocan grandemente en permitir tiempo para la contemplación silenciosa. Esto no significa que todo sea lúgubre, pues hay grandes momentos de animada celebración y energía. No obstante, resulta demasiado fácil no dedicar el tiempo necesario para acallar nuestros corazones y pedirle al Espíritu de Dios que nos guíe y nos impulse.

Es necesario que le permitamos convencer o alentar a nuestros corazones tras un mensaje, en lugar de salir a toda prisa por la puerta. Precisamos de momentos en los cuales interceder por los demás o ponernos de rodillas para confesar nuestros pecados.

9. La comunión como parte central de la nueva adoración

La comunión es una parte fundamental de la adoración en la mayoría de las nuevas reuniones de adoración. ¡Muchos participan de ella semanalmente, pero no de una forma indiferente o rutinaria!

Antes de la Reforma, la eucaristía era esencial para la adoración. En muchas iglesias modernas de hoy, la comunión se ha convertido en algo tan predecible que ha perdido su belleza. La maravilla de adorar y rememorar lo que Jesús hizo se ha desvanecido.

Las nuevas generaciones sienten un creciente anhelo de que la Santa Cena vuelva a ser una parte esencial de la adoración. Por lo general constituye un momento importante de la reunión, un tiempo para que la gente silencie su corazón, reflexione, ore, confiese sus pecados y ofrezca palabras de agradecimiento. La mayoría de las nuevas reuniones de adoración disponen la comunión de forma tal que la gente tenga que caminar para recibirla.

En una ocasión, nuestra iglesia colocó una cruz muy grande sobre varias mesas, toda iluminada con velas que se dispusieron sobre ella, de manera que todo el perímetro brillaba. Los elementos de la comunión se situaron a su alrededor, en las mesas sobre las que descansaba el madero, y la gente se acercó para recibirlos.

Como en la iglesia primitiva, algunas reuniones nacientes han convertido la comunión en parte de una comida. Al parecer, el pan y la copa no se separaron de la comida hasta la época de Tertuliano (160-225 d. C.).

10. Jesús como pieza central de la adoración

El valor más refrescante de las nuevas reuniones de adoración es el enfoque de practicar la presencia de Jesús en todo.

Para ser sincero, muchos cultos modernos de adoración contemporáneos son más antropocéntricos que cristocéntricos. El nombre de Jesús se menciona por aquí y por allá, pero él es casi una cuestión secundaria en el enfoque real: aprender principios básicos sobre cómo vivir una vida mejor.

Las reuniones de adoración naciente no dejan lugar a duda: Jesús es la pieza central de la asamblea. Esto es cierto en las oraciones, los símbolos de la cruz y la falta de énfasis en el predicador y el líder de alabanza.

También es así con respecto a los mensajes, que se centran en ser un seguidor de Jesús y vivir la verdadera vida del reino (de la que él tanto habló).

Recuerde...

La nueva adoración no constituye una forma específica de adoración. Encontrará muchos de estos diez valores en diversas reuniones de este tipo, incluidas las que veremos en la segunda parte. Sin embargo, cada cuerpo local es único y diferente. Todas las nuevas reuniones de adoración practican algunos de estos puntos, y otras los experimentan todos.

Es posible que se pregunte cómo podría incorporarlos todos en su reunión de adoración. ¡Escoger la música y dar un nuevo sermón cada semana ya es bastante difícil! El próximo capítulo muestra formas de comenzar a diseñar nuevas reuniones de adoración.

Nuevos pensamientos

1. ¿Le ha sorprendido alguno de estos diez valores?

2. ¿Le interesaría estudiar la historia de las reuniones de adoración para poder explorar de dónde provienen el sermón, el púlpito, el campanario y los edificios? Si es así, ¿qué práctica le gustaría estudiar en su iglesia?

3. De los diez puntos descritos anteriormente, ¿cuáles consideraría difícil de experimentar en su iglesia? ¿Sobre cuáles quiere reflexionar o centrarse en los próximos meses?

CAPÍTULO 8

Planificación *y creación* *de* *reuniones* *de adoración* *multisensoriales*

Sin embargo, debemos escuchar cuidadosamente a esta generación
y volver a leer las Escrituras a la luz de sus sueños y temores.
Entonces quizás presentaremos el evangelio y planificaremos nuestra
adoración de maneras que respondan a su petición y reintegren
palabras e imágenes. Es posible que podamos ganar realmente la
batalla de los términos, pero perdamos la de las imágenes. Perder
esa lucha puede muy bien costarnos esta generación.
—William Dyrness, *Visual Faith* [Fe visual]

Prácticamente, cada vez que hablo con los líderes de la iglesia acerca de incorporar elementos multisensoriales en sus reuniones de adoración, la reacción es predecible. De inmediato escucho respuestas como:

- «No podemos hacerlo de ninguna manera. Harían falta toneladas de personal para llevarlo a cabo. ¡En nuestro equipo casi todos son voluntarios!».

- «Eso debe costar demasiado dinero. Como iglesia pequeña no nos lo podemos permitir».

- «No puedo ni imaginar hacer algo así todas las semanas. ¡Nos agotaría!».

- «¿Me estás diciendo que no tendremos éxito a menos que usemos elementos multisensoriales en la adoración cada semana? ¡Si es así, me siento deprimido!».

- «¡Nuestro pastor titular no nos comenta sobre qué va a predicar hasta la semana anterior!».

- «¿Cómo podemos tener una creatividad así si nuestro pastor no planifica con antelación?».

Pasar a un enfoque más multisensorial en la adoración naciente no significa cambiar nuestra forma de hacer las cosas, aunque sí requiere más esfuerzo. Mucho depende de la situación de su iglesia individual. No tiene por qué cambiarlo todo de la noche a la mañana. ¡Lleva tiempo!

Consideremos unas cuantas maneras en las que puede ir implementando algunas formas de nueva adoración en su iglesia.

¡Las reuniones de adoración multisensorial no tienen por qué ocurrir cada semana!

Puede resultar abrumador pensar en crear estaciones de oración, añadir arte, montar un lugar sagrado y planificar los otros elementos de una nueva reunión cada semana. Sobre todo si dispone de poco personal o si no son empleados a sueldo. Usted no tiene por qué empezar a hacer algo cada semana. La frecuencia con la que se reúnan para celebrar una reunión multisensorial depende de su situación local.

Algunas iglesias nacientes cuentan con suficiente personal y equipos voluntarios para diseñar y crear algo semanalmente. ¡Mientras se centren en los aspectos de la formación espiritual no relacionados con la reunión en sí, y no creen cristianos consumistas, está bien!

El gran peligro consiste en agotar a su personal y los voluntarios por concentrarse demasiado en la reunión semanal. Ahorre el ochenta por ciento de su energía para las casas iglesias y otros aspectos de la formación espiritual entre semana.

Las casas iglesias donde se reúnen una vez al mes

Algunas iglesias nacientes están por completo compuestas por casas iglesias que se reúnen una vez por semana en los hogares para adorar. Celebran una reunión mayor tan solo una vez al mes que les proporciona la gran oportunidad de tener una experiencia muy creativa y multisensorial de adoración en conjunto como una comunidad más numerosa.

Reuniones de adoración alternativa y especiales una vez al mes

La Iglesia Westwinds, en Jackson, Michigan, celebra reuniones creativas de adoración cada domingo, pero solo tienen una general plenamente multisensorial al mes.

En una ocasión construyeron un amplio estanque temporal de nueve metros por seis con grandes láminas de plástico y piedras dentro del centro de adoración. Durante la reunión, la gente podía elevar una oración, encender una vela y enviarla a través de la laguna.

Otra vez esparcieron arena por todo el suelo para transmitir el sentido de vivir una experiencia en el desierto. Hablaron de lo que se puede aprender en tiempos de sequedad en la propia vida espiritual.

Una noche, el tema era el perdón, de modo que alentaron a las personas a que lanzaran piedrecillas al interior de un tambor de doscientos litros lleno de agua. La gente veía desaparecer las piedras en la nada oscura del fondo en representación de los pecados que se desvanecen por el perdón de Dios.

Se vertieron botellas llenas de agua sobre una enorme roca dispuesta en el centro del auditorio como símbolo del derramamiento de nuestras vidas como libación (Filipenses 2:17 y 2 Timoteo 4:6).

Todas estas fueron sin duda alguna noches de adoración poderosas y memorables. Sin embargo, es algo que no se puede hacer cada semana en la mayoría de las iglesias, de modo que Westwind planifica una adoración más extrema una vez al mes. Este es también nuestro método en la Iglesia Vintage Faith.

Cómo hacer cambios pequeños, pero sistemáticos

El personal de una iglesia rural de Oklahoma había leído sobre la adoración multisensorial. Ellos creyeron sin lugar a dudas que necesitaban empezar a hacer cambios en su forma de adorar con el fin de estar en línea con la cultura naciente y las nuevas generaciones. Por instinto, todos sabían que era preciso plantear la adoración de una forma más holística mediante la incorporación de imágenes visuales y los sentidos.

Sin embargo, estos miembros del personal temían intentar algo demasiado radical. Después de todo, servían en una iglesia bautista muy conservadora. Uno de ellos me dijo que creía que la congregación se quejaría y la desconfianza se propagaría tan pronto como encendieran una vela.

A pesar de todo, sabían que debían hacer algo. En un principio comenzaron añadiendo poco a poco unas cuantos elementos a sus reuniones de jóvenes. Leían todos a una los antiguos credos y oraciones. Encendían velas y dedicaban tiempo a la oración silenciosa. Permitieron que los jóvenes pintaran durante el tiempo de adoración. Practicaron la *lectio divina* o «lectura sagrada», la antigua práctica de la devota meditación en las Escrituras. Fueron incluyendo estos elementos de adoración en las reuniones que ya celebraban, pero poco a poco y no de golpe. A la mayoría de los jóvenes les encantaba adorar a Dios de este modo. ¡Renovaba en ellos la pasión por la adoración!

Recuerde que este grupo juvenil nunca había hecho algo parecido. Se trataba de un paso inmenso para ellos. La respuesta fue tan grande que el personal está planeando celebrar nuevas reuniones de adoración una vez al mes para los jóvenes (y para los adultos de cualquier edad que quieran asistir). Los inconversos a los que no les interesaban los demás cultos matinales del domingo en aquella iglesia, ahora desean formar parte de la nueva reunión. Con el tiempo, la iglesia quiere celebrar esta reunión una vez a la semana en lugar de hacerlo mensualmente.

Dependiendo de la situación de su iglesia, puede empezar a implementar una nueva reunión de adoración una vez al mes o a la semana. Tal vez pueda comenzar por introducir cambios en el culto ya existente. Haga lo que haga, asegúrese de que la gente conozca la razón subyacente para que no parezca una nueva moda pasajera. La adoración no es un ardid. Es algo que sube hasta el Dios santo y expresa nuestro amor por él. ¡La forma de hacerlo puede cambiar, pero el Dios al que adoramos no!

> «Cuando se trata de la adoración, lo que necesitamos son líderes pequeños. Con esto no quiero decir que tengan que ser de poca estatura, sino pequeños en lo que concierne a su ego, porque este es el único enemigo de la verdadera adoración».
> —Louie Giglio

La adoración no consiste en ser multisensorial

¡La adoración no consiste en ser multisensorial, sino en adorar a Dios! Estas no son más que ideas sobre cómo las nuevas generaciones empiezan a conectarse con la adoración de la comunidad.

La implementación de una reunión de adoración multisensorial es tan solo una pequeña parte de la formación y la experiencia espirituales de su iglesia. La reunión dominical y el esfuerzo que ponemos en esto deben estar en perspectiva con la vida holística de la iglesia. Recuerde, no pretendemos edificar sobre el fundamento de la reunión de adoración, sino sobre Jesús y la misión que nos dio.

Las nuevas reuniones de adoración involucran la planificación de la comunidad

Si usted quiere comenzar una nueva reunión de adoración multisensorial o introducir cambios en lo que hace ahora, involucre a la gente de su iglesia o el ministerio juvenil.

Siempre me sorprenderán los pastores y otros miembros del personal que trabajan aislados para crear reuniones de adoración. El pastor titular prepara un sermón. El pastor o líder de alabanza se encarga de las canciones. Luego, ambos le presentan a la congregación lo que han dispuesto y esta lo recibe. Esta no es una buena característica para ningún tipo de reunión de adoración, sobre todo porque va en contra de los valores de la iglesia naciente. Queremos permitir que las personas adoren, libres del peso de lo que ocurre en la reunión, pero la planificación por parte de un equipo es esencial.

Si quiere pasar a un enfoque multisensorial, tendrá que crear un gran equipo —una comunidad— para planificar y diseñar estas reuniones. Esto hará que su adoración deje de estar altamente controlada, de ser un mero «espectáculo» lineal destinado a consumidores, para convertirse en reuniones que pertenezcan a la comunidad e involucren muchas voces, corazones y mentes. Lo multisensorial no es «unisensorial» o «sensorial en una dimensión única».

Analicemos lo que esto significa.

El viejo paradigma de la planificación del culto de adoración

Típicamente, el pastor titular determina en solitario lo que ocurre en un culto dominical. Suele escoger (mediante la oración) el mensaje que predicará.

Dado que la predicación es la pieza central de la reunión de adoración en la iglesia moderna contemporánea, la selección de canciones y cualquier otra cosa añadida al sermón resulta sencillamente algo extra. Los líderes de alabanza suelen esperar a que el pastor titular les diga lo que está ocurriendo para poder elegir las canciones. Si hay tiempo, se puede incluir alguna representación teatral o cualquier otro elemento creativo «adicional».

Incluso en las grandes megaiglesias con personal múltiple, los pastores y líderes de alabanza deben aguardar hasta que el pastor principal les dé a conocer sus planes para el domingo. A veces no es hasta el miércoles o jueves que le da la suficiente orientación al líder de alabanza para que empiece la planificación creativa.

Considerémoslo de un modo distinto.

Valores cambiantes de la planificación de la adoración

Moderna	Nueva
El pastor titular determina lo que se enseña en los cultos de adoración.	El pastor que dirige involucra tanto a la comunidad de la iglesia como al personal a la hora de determinar lo que se enseña en las reuniones de adoración.
El sermón es el centro del culto de adoración: la música y cualquier otra cosa son algo «adicional».	La combinación de muchos elementos creativos experimentados en la comunidad señala a Jesús como pieza central.
El pastor titular orienta al líder de alabanza para que realce el sermón con música y otros elementos creativos.	El equipo de adoración (incluido el pastor que dirige) se encarga de diseñar las reuniones.
El equipo de servicio para el fin de semana está formado por el pastor titular y el líder de alabanza solamente.	El equipo del servicio para el fin de semana incluye al maestro, el líder de música, los artistas, los fotógrafos, el equipo de vídeo y diapositivas, el del espacio sagrado, etc.
La creatividad causa estrés en los pastores que la practican. Siempre han de superar lo que hicieron la vez anterior para agradar a la gente.	La creatividad causa alivio y falta de estrés, ya que las reuniones de adoración se vuelven más fluidas y naturalmente creativas gracias a los esfuerzos de un equipo de personas.

Planificación de la adoración naciente en la comunidad

En *La iglesia emergente* hablé de la forma en que el liderazgo iba pasando de un estilo jerárquico de arriba hacia abajo a uno basado en un equipo, interconectado y fortalecedor. Esto mismo ocurre con los equipos de adoración. El gráfico anterior refleja algunos de los valores cambiantes a la hora de planificar nuevas reuniones de adoración en comunidad.

Las buenas noticias son que usted no necesita mucho personal ni un gran presupuesto. Muchas iglesias lo hacen sin trabajadores y con poco dinero. Sin embargo, requiere construir una comunidad de adoración y una planificación anticipada.

A continuación presento algunas sugerencias de cómo pensar en planificar la adoración naciente con un equipo.

> «Por tanto, heme aquí en el lugar de adoración, con los ojos abiertos, bebiendo tu fuerza y tu gloria».
> —Salmo 63:2
> (*The Message*; traducción libre)

1. Comience haciendo que la comunidad determine qué Escrituras y qué cuestiones se deberían enseñar

Empiece conversando constantemente con la gente de la comunidad misma de la iglesia. ¿Cuáles son sus sueños, heridas y luchas? Invítelos a escribir y entregar sus peticiones de oración, que serán sumamente reveladoras en cuanto a lo que la iglesia y la gente necesitan.

Aparte de sus necesidades, ¿qué cosas de Dios y las Escrituras necesita saber la gente? Como líder, es posible que precise enseñar cosas que ellos no le pedirían por lo general. Charles Spurgeon, el célebre predicador de la década de 1800, equiparó escoger lo que predicamos a un doctor que elige un medicamento para un paciente.

Como líderes, debemos conocer a la gente de nuestra iglesia. No podemos escribir prescripciones al azar y esperar que la gente se «cure», ni permitir que nos desconectemos de ella aunque se trate de una comunidad numerosa. Pasar tiempo con un número selecto de personas no nos proporcionará una visión precisa de los pensamientos y las necesidades de toda la iglesia.

Podemos mantener una correspondencia con nuestros principales líderes vía correo electrónico o en las reuniones. Como pastores, ellos escuchan y conocen a la congregación mejor que nadie. Pídales sugerencias sobre las necesidades de enseñanza para las reuniones de adoración.

Cuando le informen, por encima de todo ore y pídale a Dios que lo guíe en su predicación.

2. Involucre al personal en el proceso

Una vez recogidas las apreciaciones de la congregación, podemos reunirnos con los demás pastores y el personal de la iglesia. Muchos pastores son el único personal con retribución de la iglesia y no tienen este privilegio. Si lo hace, será algo poderoso para planear los cultos de adoración con otra gente. Por ejemplo, el pastor juvenil puede tener un tremendo y profundo conocimiento de lo que toda la iglesia necesita aprender en dicho culto. No deje que se sienta aislado de lo que sucede en las reuniones.

Involucrar al personal en la planificación del sermón es una forma maravillosa de incorporar su aportación y mostrar el valor del equipo. En lugar de que el pastor titular o el que dirige le digan al personal: «Esto es lo que está ocurriendo», deberían preguntar: «¿Qué les parece que deberíamos enseñar?».

Debata las opiniones que el personal obtiene de la gente de la iglesia. A continuación, discuta aquellas que usted mismo ha recibido. Cubra constantemente todo este proceso con oración.

3. Decida los temas de enseñanza con al menos dos meses de antelación

Una vez que poseamos las apreciaciones de la comunidad y el personal, es preciso que busquemos a Dios como prioridad. Es necesario que discernamos hacia dónde quiere él que vaya la iglesia en cuanto a la predicación y la enseñanza en las reuniones de adoración dominicales. Esto supone una enorme responsabilidad (como toda la enseñanza) y deberíamos hacerlo de rodillas.

No descuide orar mientras escoge un libro de la Biblia sobre el que predicar o programa otro tipo de serie doctrinal temática. La persona responsable de decidir la predicación y la enseñanza debería elaborar un programa con al menos dos o tres meses de antelación. Cuando una iglesia controla sus asuntos, debería planificar los temas básicos de las reuniones de adoración con seis o doce meses de anticipación. Imagine la creatividad que podría propiciar al hacerlo y además con un margen de planificación.

Si está diseñando reuniones de adoración multisensoriales, la planificación previa es fundamental. Puede ser de tipo general en cuanto a las cuestiones que va a enseñar o los textos de las Escrituras que utilizará. El título de la serie también debería determinarse. Si sigue un calendario litúrgico, le resultará fácil ya que el mismo ha sido programado para usted. Cuando se prepara con tiempo, sus equipos de adoración pueden diseñar concienzudamente las reuniones de adoración con Jesús en el centro mismo.

Esto no significa que nos ciñamos a nuestro calendario planificado con antelación cuando el Espíritu de Dios altere las cosas. Debe haber también una flexibilidad cuando algo en la iglesia dicta la necesidad de una enseñanza específica. La clave consiste en ser flexible y orgánico en la planificación. Las cosas son susceptibles de modificación si el Espíritu dirige en ese sentido. Sin embargo, al menos, podemos estar preparados con tiempo y orar para ver si Dios quiere algo distinto sobre la marcha.

Cada mensaje y serie debería estar cuidadosamente vinculado a la misión y los valores de la iglesia. Esto le ayudará a ser más sabio en lo que hace en sus reuniones de adoración. ¡Por supuesto, se trata de la adoración! Sin embargo, así como Jesús enseñó distintas cosas en momentos diferentes de las estaciones del año judío y aprovechó las metáforas de la vida por dondequiera que viajó, nosotros deberíamos hacer lo mismo con nuestro almanaque anual y el flujo de la vida que experimentan las personas de nuestra comunidad.

4. Desarrolle metáforas y temas a partir de las Escrituras

Creo que deberíamos desarrollar un movimiento y una dirección en nuestras reuniones dominicales de adoración. Si enseña sobre un libro de la Biblia, puede desarrollar temas a partir del mismo. Si sigue el calendario litúrgico, le resultará fácil crear un argumento o utilizar una metáfora. También existe la posibilidad de dividir un libro de la Biblia en secciones o una miniserie. Comenzamos la Iglesia Vintage Faith estudiando el Sermón del Monte y dividiéndolo en tres miniseries que duraron cuatro meses. Creo que diseñar series de enseñanza que duren entre tres y seis semanas es algo beneficioso. De esta forma, podrán crear una sensación de dirección e impulso.

No estoy sugiriendo que utilicemos los principios comerciales de necesidad sentida en la adoración naciente. No obstante, he visto desarrollarse un gran entusiasmo en las reuniones dominicales de adoración cuando se le da un título a una serie que estamos iniciando. Si celebra una reunión mensual, podría darle un título y un diseño que gire en torno al tema. Una reunión de adoración alternativa llamada Grace, que se reúne una vez al mes en Londres, le da un nombre a cada una de sus reuniones: «Maravilla», «Regreso al hogar», «Fuego», «Yo soy el camino», «Tierra Prometida», o «1+1+1=1». Cada una de esas noches se centra en Jesús a través de la adoración multisensorial haciendo uso del tema específico de esa ocasión.

5. Diseñar los cultos de adoración en comunidad

Todos los líderes implicados en sus reuniones de adoración, el personal y los voluntarios deberían reunirse con regularidad. La frecuencia con que celebra la reunión de adoración determinará las veces que su equipo tendrá que hacerlo.

Puede reunirse durante medio día al mes para planificar el mes siguiente. Esto le proporciona más tiempo en común para orar y reflexionar en las ideas. Si escoge hacerlo así, debería revisar semanalmente la reunión de adoración anterior y tendrá tiempo para pensar en la siguiente.

El objetivo consiste en poner el diseño de las reuniones en las manos de muchas personas en lugar de una o dos.

Sugiero que forme un equipo de liderazgo integrado por todo aquel que dirija algún aspecto de la adoración creativa de su reunión.

Con el tiempo querrá tener un líder para cada uno de estos equipos:

Equipo del espacio sagrado: Planifica el aspecto del espacio para realizar toda la experiencia de adoración. Pueden diseñar y disponer estaciones interactivas especiales de oración relacionadas con el tema y la enseñanza de esa semana; disponer recipientes con agua, mesas con arcilla u otro tipo de estaciones basadas en las Escrituras para que la gente adore a Dios mediante expresiones creativas; crear ciertas experiencias a la entrada, tener accesorios y símbolos en los pasillos antes de que la gente pase al interior; fabricar y elaborar accesorios artísticos que sean símbolos sobre los cuales la gente pueda escribir oraciones. Tal vez reconfiguren la disposición de la sala para una noche en particular, decoren las mesas de la entrada, y coloquen velas o cualquier otra cosa utilizada a fin de crear un espacio para la adoración.

Equipo artístico: Puede dedicarse a la pintura artística que expondrán en las paredes para una serie de enseñanza. (Por lo general, las de nuestra reunión duran entre tres y seis semanas, y el trabajo queda expuesto todo el tiempo). Tal vez pinten telones creativos para los escenarios y dispongan estaciones de pintura para que la gente venga y pinte, dibuje o escriba oraciones durante la reunión. El equipo artístico puede hacer que alguien comparta una pintura existente y comente sobre su significado. Este grupo suele trabajar estrechamente con el equipo del espacio sagrado.

Equipo de música: Es el que selecciona las canciones que se entonan en cada reunión. Incluye al grupo de músicos y los individuos que escogen la música que se toca cuando la gente va entrando y saliendo del espacio sagrado. También planifica los cánticos especiales y los interludios musicales durante la oración, etc.

Equipo de oración: Puede buscar antiguas oraciones o credos para leerlos en la reunión y pensar de forma creativa en nuevas estaciones de oración que utilizar. El líder de oración es un miembro importante de este grupo, por supuesto. Es quien activa la oración por lo que hacemos y tiene un papel destacado en la planificación de las reuniones.

Equipo de arte digital: Diseña y selecciona las diapositivas de PowerPoint®, las pantallas de fondo y otras artes digitales que necesitan diseñarse para las letras de las canciones, las oraciones, los credos, las Escrituras, etc. En nuestra reunión, un voluntario trabaja con el líder de alabanza para preparar todo el trabajo artístico digital cada semana.

Equipo(s) de poesía, danza, teatro y vídeo: Este grupo reúne a todo aquel que tenga dones artísticos para contribuir a la reunión de adoración. Algunos pueden escribir oraciones o poesías que se leerán ante la congregación, otros quizás sientan la pasión de incorporar la danza, el teatro o el uso de vídeos de alguna forma. Tal vez las personas encargadas de trasmitir vídeos lleguen a ser habituales en un futuro en las reuniones de adoración. Se ocuparían de las secuencias de imágenes y la proyección en las pantallas como parte integrante de tales reuniones.

Equipo técnico: Aquí se agrupan muchas cosas como el sonido y la iluminación, de modo que debe haber un supervisor. En un sentido, este equipo es el sistema nervioso de la adoración multisensorial. De ellos depende que la reunión fluya técnicamente. El líder de este equipo debería estar siempre incluido en la planificación de las reuniones.

Equipo de enseñanza: Los miembros de este equipo son los encargados de dar los mensajes. Deberían estar en las principales reuniones del grupo con el fin de ser parte del conjunto y no permanecer aislados.

Existen otras muchas formas en que la comunidad de su iglesia se puede involucrar en la planificación de una reunión de adoración. La clave consiste en crear una reunión diseñada por la comunidad. Las reuniones muy lineales de la iglesia moderna solían tener al frente a un único pastor, pero en la iglesia naciente nos estamos alejando del enfoque en blanco y negro para pasar a uno a todo color.

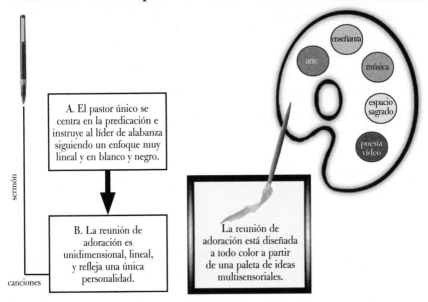

Planificación de un solo pastor

Planificación creativa de la comunidad

sermón

canciones

A. El pastor único se centra en la predicación e instruye al líder de alabanza siguiendo un enfoque muy lineal y en blanco y negro.

B. La reunión de adoración es unidimensional, lineal, y refleja una única personalidad.

La reunión de adoración está diseñada a todo color a partir de una paleta de ideas multisensoriales.

enseñanza

arte

música

espacio sagrado

poesía vídeo

Planificación de un solo pastor: El diagrama de la izquierda muestra cómo funcionan las cosas cuando el pastor toma todas las decisiones (a veces con la ayuda del líder de alabanza) y luego le pide a un equipo de voluntarios que implemente el plan. Esto puede funcionar bien, pero es un proceso creativo altamente controlado y reflejará las ideas limitadas y la personalidad del pastor. Asimismo, restringe la expresión creativa de la gente de su iglesia, ya que solo uno o dos individuos piensan en nuevas ideas.

Planificación creativa de la comunidad: El segundo diagrama muestra a un equipo que se reúne para producir nuevas ideas en conjunto. Están representados por una paleta completa de expresiones creativas de adoración. Se juntan con bastante antelación para planificar y diseñar las reuniones y asignar responsabilidades. Cada líder forma su equipo. El pastor viene a formar parte del equipo en lugar de ser quien les asigna un cometido. Este grupo ora junto y diseña la reunión así como un artista pinta un lienzo con muchos colores. Para este grupo, el colorido de la adoración se expresa por medio de una comunidad y no a través de una sola persona.

El equipo puede empezar planteando el orden de la reunión, así como uno pintaría un lienzo. Recomiendo utilizar una pizarra blanca o una hoja de papel para anotar el orden de la reunión (como en los ejemplos que encontrará al final de cada capítulo en la segunda parte). Debatan juntos ese orden, añadan distintas cosas y denle forma a la reunión en su comunidad.

Puede empezar con el tema de las Escrituras y luego bosquejar un diseño para la reunión con la contribución de distintas personas mientras «pintan» juntos. El equipo de música puede sugerir y escoger canciones de adoración que encajen con el tema y todo lo demás que pueda ocurrir. Sus artistas pueden dar ideas para las pinturas que se hagan y colgarlas alrededor de la sala durante la serie. Es posible pedirles a sus artistas digitales que encuentren alguna obra de arte en la Internet que describa lo que usted va a enseñar. Las ideas para las estaciones de oración pueden surgir de su equipo de espacio sagrado.

> «La adoración no es una actividad externa precipitada por el entorno adecuado. Adorar en espíritu es acercarse a Dios con un corazón no dividido. Debemos venir de pleno acuerdo, sin esconder nada ni hacer caso omiso a su voluntad».
> —Erwin Lutzer

Por supuesto, es necesario que haya un líder que dirija a este grupo, tome las decisiones finales y le dé forma al conjunto de todas las cosas, pero puede ser parte de una experiencia comunitaria de planificación de la adoración.

Dependiendo de la complejidad de la reunión, puede ser necesario imprimir unas notas detalladas para que todo el liderazgo esté al tanto de lo que ocurre. Trabajar juntos al unísono permite una mayor creatividad y tiempos más significativos de adoración.

¡Deberíamos reconocer siempre que Dios puede querer algo distinto! Los que están involucrados en una reunión de adoración deben ser sensibles a la dirección del Espíritu Santo y estar preparados para cambiar las cosas durante la celebración de la reunión.

No haga a un lado a Jesús jamás a la hora de diseñar las reuniones de adoración

En el equipo creativo de nuestra iglesia, el cual se reúne cada dos semanas para planificar y diseñar las reuniones de adoración, cada uno de nosotros tiene una carpeta con notas, planos y las últimas ideas. La persona que preparó las carpetas colocó una pegatina en el centro de la tapa. Dice así:

> *Que nunca permitamos que el diseño creativo de
> las reuniones de adoración deje a Jesús a un lado.*

¡Existe una buena razón para esta pegatina! Le recuerda a nuestro equipo que no somos simples diseñadores de programas. Estamos planificando reuniones de adoración que tratan únicamente de Jesús.

Resulta demasiado fácil caer en las cosas fantásticas que las iglesias pueden hacer creativamente. El entusiasmo y lo divertido de las nuevas ideas creativas pueden atraparnos de tal manera que perdamos de vista a aquel para quien lo hacemos y que es el centro de todo.

Algún día, cuando nos encontremos con Jesús cara a cara, no se hablará de lo creativos que fuimos o los elementos multisensoriales que utilizamos en nuestras reuniones de adoración. Tendremos que rendir cuentas de cómo adoraron nuestros corazones al Señor en medio de todo lo que realizamos. Entonces descubriremos si nos reunimos para adorar en espíritu y en verdad.

Por esta razón resulta muy importante que aquellos que están en el liderazgo oren sin cesar y abran las Escrituras para asegurarse de que enseñan la historia de Dios y el significado de ser un discípulo de Jesucristo. Deberíamos plantear el diseño de las reuniones de adoración con corazones temblorosos, aunque ilusionados.

Las nuevas reuniones de adoración cambian con el tiempo. Sin embargo, independientemente de cuándo o dónde se adore, todo consiste en poner todo lo que tenemos delante del trono y decir: «Santo, santo, santo es el Señor Dios Todopoderoso, el que era y que es y que ha de venir […] Digno eres, Señor y Dios nuestro, de recibir la gloria, la honra y el poder, porque tú creaste todas las cosas; por tu voluntad existen y fueron creadas» (Apocalipsis 4:8,11).

Le recomiendo que lea Apocalipsis 4:8-11 cada vez que su equipo se reúna. Debemos mantener siempre esta imagen en nuestra mente y nuestro corazón mientras diseñamos las reuniones de adoración.

Cómo cuidar a sus líderes

También debemos velar por aquellos que sirven en nuestros equipos de adoración. Planificar las reuniones constituye un ministerio de alta intensidad. La ironía es que resulta muy fácil agotar a los que lideran a otros en la adoración. Es necesario que seamos precavidos y no estemos tan ocupados en la planificación que les hagamos perder su «primer amor» (Apocalipsis 2:4). ¡Aquel al que adoramos! Así que tenga cuidado con abusar de su equipo o dejar de pastorearlo.

Nuevos pensamientos

1. En el contexto de su iglesia particular, ¿cómo imagina la implementación de los valores de la nueva adoración?

2. ¿Quién planifica en la actualidad las nuevas reuniones de adoración? ¿Se trata de un enfoque en solitario o en equipo?

3. ¿Con qué equipos de adoración creativa cuenta ya su iglesia? ¿Qué individuos de su congregación podrían formar nuevos equipos?

4. ¿Ha caído usted alguna vez en la trampa de hacer a un lado a Jesús cuando diseñaba sus reuniones de adoración? ¿Cómo puede evitarlo en el futuro?

5. ¿Qué hace usted para asegurarse de que los miembros de su equipo de adoración se mantengan espiritualmente saludables y no pierdan su «primer amor»?

CAPÍTULO 9

Métodos que las iglesias utilizan para iniciar nuevas reuniones de adoración

«Debemos decir rotundamente que una de las mayores barreras contemporáneas para la formación espiritual significativa a la imagen de Cristo es el exceso de confianza en la eficacia espiritual de «los cultos normales de la iglesia», ya sean del tipo que sean. Aun siendo vitales, no son suficientes. Es así de simple».
—Dallas Willard, *Renovation of the Heart* [Renovación del corazón]

La segunda mitad de este libro considera las formas específicas en que varias iglesias han comenzado reuniones de adoración distintas para las nuevas generaciones. Es necesario que diga de antemano que, en los dos capítulos siguientes, leerá algunas cosas con las que disiento personalmente. Verá cómo algunas de las distintas iglesias sobre las que escribo en los próximos capítulos incluso se oponen filosóficamente unas a otras. ¡Las incluyo precisamente por esta razón!

Estemos de acuerdo en disentir al comenzar nuevas reuniones de adoración

¡Lo maravilloso con respecto a los esfuerzos de cada una de las iglesias de los próximos capítulos consiste en que al menos están haciendo algo! Se están arriesgando a iniciar algo nuevo en su iglesia para las nuevas generaciones. Sus historias pueden ser una fuente de inspiración para todos nosotros, independientemente del método utilizado.

Respeto a los líderes de dichas congregaciones. No están sentados esperando que las cosas vayan mejor por arte de magia. Tampoco pierden el tiempo esperando que las nuevas generaciones formen parte de su iglesia actual. Respeto su actitud hacia estos jóvenes que merecen el tiempo y el esfuerzo de que se intenten cosas diferentes. Aprecio su disposición a experimentar e intentar algo nuevo. Y tengo en gran estima que reflexionen sobre lo que significa la «iglesia».

Espero que sus historias le ayuden a dar un paso adelante en su propio viaje.

Cómo avanzar más allá de deconstruir, pensar y hablar

Hemos hablado mucho sobre el postmodernismo y lo que significa ser la iglesia en una cultura naciente. ¡Sin embargo, llega el momento en que es preciso hacer algo!

En los últimos años, la iglesia naciente ha hecho un buen trabajo de deconstrucción de las cosas. Sin embargo, no podemos detenernos ahí. En el libro de los Hechos, los atenienses y los extranjeros «se pasaban el tiempo sin hacer otra cosa más que escuchar y comentar las últimas novedades» (Hechos 17:21). Como líderes cristianos, podemos seguir preguntando «¿Por qué?» y compartiendo ideas… ¡pero más tarde o más temprano debemos intentar hacer algo! Es necesario que experimentemos y dejemos atrás la mera reconsideración de la iglesia y las reuniones de adoración. Y no solo eso, sino que en realidad debemos comenzar nuevos ministerios, introducir cambios en nuestras iglesias e iniciar nuevas reuniones o nuevas iglesias.

Eso es lo que han hecho las iglesias que presento en esta segunda parte. La mayoría de ellas ya no piensan en la «iglesia» como la reunión de adoración. Han dejado de asumir que la iglesia gira alrededor de un único pastor o que todos deban asistir al mismo culto de adoración. Cuando uno deja atrás estas cosas, las puertas se abren a un pensamiento innovador. Se despliegan opciones en cuanto a la forma en que la iglesia local puede estructurar su nuevo comienzo. Analicemos esto un poco más.

La forma tradicional de considerar a la iglesia

Por tradición, una «iglesia» se ha definido principalmente por un pastor principal que lidera a toda la congregación (es decir, a todo aquel que asiste a un culto de adoración común). Todo el mundo se sienta en el santuario para el culto de adoración, excepto quizás los jóvenes o los niños.

Además del culto principal, la iglesia cuenta con grupos según la etapa de vida para adolescentes, estudiantes de último curso, padres, grupos pequeños, clases, etc. No obstante, sin lugar a dudas, la iglesia es el culto de adoración. El factor común que define a una iglesia es esta reunión. Es lo que se considera como una «familia» y el «cuerpo de Cristo».

Forma tradicional de considerar a la iglesia

Un par de cosas cambiaron esta definición de la iglesia. En primer lugar, este modelo tiene una meta sobreentendida de todos «los que se sientan juntos en la iglesia». Cuando una iglesia crece, por lo general añade un segundo culto de adoración, de manera que a partir de ese momento existen dos servicios. Esto significa que no todos se sientan ya juntos en la misma sala. Tal cosa conlleva grandes ramificaciones. Una iglesia ahora tiene personas que no coinciden en la reunión de adoración, pero siguen siendo parte de la misma «iglesia».

Esta forma de ver la iglesia se puede mantener si el mismo pastor predica en dos o tres cultos idénticos. Existe seguridad, control y una sensación de comunidad vinculada al pastor titular y el sermón. Sin embargo, ¿qué ocurriría si este siervo y el sermón no son el lazo común que convierte a una «iglesia» en iglesia?

Cuando le damos una mirada teológica a la iglesia, reconocemos que es la gente unida por el Espíritu Santo. La reunión, el edificio y el pastor titular no son el nexo de unión. Esto abre un montón de posibilidades.

Si cambiamos nuestra forma de ver la «iglesia» como todos los que se sientan en el mismo salón para el mismo culto de adoración, bajo un pastor y una enseñanza comunes, las cosas empiezan a aclararse. Esto es lo que descubriremos en los capítulos siguientes.

Centrémonos en la comunidad y no en el culto de adoración ni en el pastor

La Biblia enseña que la iglesia es un cuerpo (1 Corintios 12) con una pluralidad de ancianos que la supervisan en un entorno local (Hechos 14:23; Tito 1:5; 1 Timoteo 3). La iglesia local es la vida corporativa intergeneracional de los discípulos. Adoramos a Dios y nos servimos unos a otros en nuestra misión conjunta.

«La verdadera adoración de Dios debe ser una actitud constante y coherente, o un estado de ánimo dentro del creyente».
—A. W. Tozer

Hace poco visité una iglesia en San Francisco que tenía cuatro reuniones distintas de adoración. Dos son en inglés e interraciales.

El local de la iglesia se halla en una zona de densa populación hispana, por lo que también tienen un culto de adoración dirigido a estas personas (bajo la dirección de un pastor hispano).

Además, cuentan con una reunión para filipinos debido a la gran población inmigrante del vecindario. Este culto se hace en su lengua.

¡Resulta fascinante! Esta iglesia fue capaz de considerarse más que una reunión de adoración. Permiten la existencia de una diversidad de reuniones, con distintos líderes… ¡y se siguen considerando una sola iglesia!

Lo curioso es que los cultos hispanos y filipinos se aceptan sin cuestionamientos. Esto constituye algo extraordinario para una iglesia. Es una forma de que diferentes personas puedan formar parte de la misma congregación. Cada uno adora a Dios de una manera que la «iglesia principal» comprende.

La mayoría de las personas no imaginarían siquiera obligar a los asistentes de la reunión hispana o filipina a que acudan siempre a las que se hacen en inglés. Sin embargo, cuando proponemos hacer exactamente lo mismo para las nuevas generaciones, ¿por qué hay resistencia? No se dan cuenta de que, igual que ocurre con los hispanos o los filipinos, las diferencias son culturales.

Nos vemos aquí ante algo más que una brecha generacional. Comenzar una nueva reunión de adoración en una iglesia es algo misional. Significa alcanzar a gente de otra cultura. ¡Si pensamos así, podemos ser creativos a la hora de diseñar y reconsiderar nuestras iglesias!

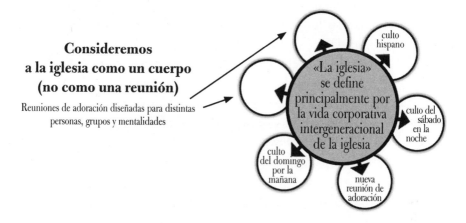

Consideremos a la iglesia como un cuerpo (no como una reunión)

Reuniones de adoración diseñadas para distintas personas, grupos y mentalidades

«La iglesia» se define principalmente por la vida corporativa intergeneracional de la iglesia

culto hispano

culto del sábado en la noche

nueva reunión de adoración

culto del domingo por la mañana

En este segundo diagrama vemos que la iglesia se define por una vida corporativa intergeneracional. Esto puede ocurrir por medio de los grupos pequeños, las reuniones en las casas, los viajes de misión y las clases. Todo esto representa a un cuerpo en una misión conjunta. Adoran en distintas reuniones, a causa de los diferentes valores y enfoques a la adoración.

Mirándolo de este modo, la gente es la iglesia en su vida corporativa a lo largo de la semana. Y esto se suplementa con las reuniones de adoración. ¡Es algo bastante opuesto al criterio tradicional!

Este diagrama muestra que la iglesia es una, independientemente de cuántas reuniones comience. Quizás añada una para la población hispana local debido al idioma y las diferencias culturales. Puede incrementar un culto el sábado por la noche más animado y contemporáneo. Es posible que añada una nueva reunión de adoración. Cada uno de estos servicios tienen distintos líderes, así como diferentes sermones y prácticas. ¡No importa! Cada culto va dirigido a grupos distintos con valores culturales diferentes.

De muchas maneras, una iglesia puede tener diversas reuniones de adoración y seguir siendo una misma iglesia y una familia. ¡Es decir, siempre que no se defina por sus cultos!

Lamentablemente, esto altera a muchos líderes eclesiásticos. Nuestro pensamiento con respecto a la «iglesia» está arraigado.

«En esa visión nocturna, vi que alguien con aspecto humano venía entre las nubes del cielo. Se acercó al venerable Anciano y fue llevado a su presencia, y se le dio autoridad, poder y majestad. ¡Todos los pueblos, naciones y lenguas lo adoraron!».
—Daniel 7:13-14

¿No romperá esto la comunidad?

Cuando las congregaciones exploran esta nueva visión de la iglesia, muchos líderes preguntan: «¿No romperá esto nuestra comunidad?».

El hecho es que la comunidad no sucede en un culto de adoración a menos que sea muy pequeño y que haya un buen ambiente para poder conocerse unos a otros. Si existe más de una reunión de adoración, ya hay separación en la comunidad, aunque todos escuchen el mismo sermón.

En la mayoría de los casos, la comunidad tiene lugar fuera de esta reunión. Se construye cuando hay una orientación, cuando los grupos pequeños se reúnen, cuando se llevan a cabo clases con interacción y diálogo, y cuando la gente sirve junta.

¿No hará esto pedazos a las generaciones?

Muchos líderes también me preguntan: «Si empezamos distintos cultos en nuestra iglesia, ¿no hará esto pedazos a las generaciones?». No, no si su iglesia no gira en torno a la reuniones dominicales.

Todavía no he visto a las generaciones conectarse solo por sentarse en una reunión de adoración al mismo tiempo durante una hora y media. Es lo que hacemos cuando vamos al cine, y eso no crea comunidad. Lo que relaciona a las generaciones son las cosas que suceden fuera de la reunión: orar juntos, reunirse en las mismas casas iglesias, servir juntos y establecer relaciones de asesoramiento.

Una gran iglesia prosperó durante varias décadas. La congregación fue envejeciendo y el pastor también. La segunda generación alcanzó la etapa de tener sus propios hijos. Había todo un sector entre los cincuenta y los sesenta años. Otra porción enorme se hallaba entre los veinte y los treinta.

La iglesia utilizaba los mismos enfoques y métodos con los que había comenzado. A los más mayores les gustaba, pero las generaciones más jóvenes empezaron a sentirse cada vez más inquietas. Finalmente, otra iglesia de la ciudad trajo a un pastor más joven que se relacionaba bien con las generaciones de menor edad. Un alto porcentaje de gente joven abandonó la congregación para mudarse a la segunda iglesia. La primera quedó con un gran vacío. Esto fue resultado de no pensar con antelación y no escuchar las peticiones de las generaciones más jóvenes.

Muchas de las iglesias que se analizan en la segunda mitad de este libro evitaron esta tragedia pensando a tiempo. Al empezar nuevos ministerios y reuniones de adoración, permitieron que se diversificara su comunidad de adoración e impidieron pérdidas innecesarias.

¿Cómo conocerá la gente al pastor titular?

Por lo general, solo los pastores titulares me preguntan: «¿Pero cómo sabrá la gente quién soy yo?». Mi respuesta suele constar de tres preguntas fundamentales: ¿Por qué tienen que saber todos quién es el pastor titular de una iglesia? ¿Por qué es necesario que la gente considere a una única persona como el líder? Después de todo, Jesús es la cabeza de la iglesia, ¿no es verdad?

Esto es tan importante que he escrito una carta muy sentida sobre ello.

De manera interesante, algunas iglesias han intentado comenzar reuniones experimentales de adoración.

Añaden algunas velas por toda la sala, utilizan una música diferente, y luego muestran un vídeo con la enseñanza del pastor titular. ¡Esto resuelve la preocupación de darle a conocer! Soy el primero en afirmar que Dios utiliza a todo tipo de iglesias y métodos, incluso una que proyecte un vídeo del pastor en sus reuniones de «adoración naciente». Esas reuniones están muy concurridas. Sin embargo, dicho método no se contempla en el presente libro porque va en contra de la mayoría de los valores de las mencionadas reuniones.

Hace poco conversé con alguien de veintitantos años de edad que visitaba una iglesia donde se hacía esto y me explicó que para ella suponía un choque increíble de valores en una reunión de ese tipo. Asimismo, me comentó lo extraño que le resultaba ver descender una pantalla y que alguien, obviamente de una cultura distinta por completo, iniciara un mensaje dirigido a gente que pensaba diferente.

Repito, sé que Dios obra de muchas formas y que hay iglesias que utilizan estos vídeos y tienen gran éxito con las nuevas generaciones. Sin embargo, yo no me precipitaría a llevar a cabo algo así para una cultura postcristiana. Tenga mucho cuidado con lo que hace. Le ruego que reflexione en lo que esto le comunica a las generaciones que ya son escépticas con respecto a la iglesia. Reconsidere cómo lo ven estos jóvenes que están buscando gurús espirituales, místicos, profetas, y en cambio, tal vez tras un tiempo de música meditativa, reflexión, oraciones, velas, etc., de repente aparece un pastor en una gran pantalla de televisión en medio de un entorno que no concuerda en lo absoluto con aquel en el que se encuentran ahora.

Los valores nacientes entre los postcristianos pretenden descentralizar el liderazgo y las personalidades en una iglesia en lugar de propagarlos… ¡sobre todo por vídeo! Creo que los pastores mayores deberían entrenar y orientar a los más jóvenes para que sean los pastores y líderes de estas nuevas reuniones de adoración, en lugar de formarlos como subpastores que establecen el momento para que comience el vídeo antes de que alguien más predique. El concepto del vídeo funciona bien en la mentalidad moderna. ¡Está perfectamente alineado con ella! ¡Por lo tanto, sé que puede tener éxito! Además, hay mucha gente joven de mente moderna que nació en una cosmovisión judeocristiana, y por consiguiente puede haber montones de jóvenes a quienes esto les resulte bien. Sin embargo, no dé por sentado que las generaciones postcristianas lo aceptarán con tanta facilidad.

Cómo reconsiderar las categorías ministeriales de «jóvenes» y «jóvenes adultos»

Muchas iglesias dirigen y fomentan las nuevas reuniones de adoración para «jóvenes adultos». Me gustaría examinar brevemente esta frase y esta etapa de la vida.

Si busca en el sitio en la Internet para comprobar cómo se utiliza la definición «joven adulto», descubrirá que las iglesias son los únicos grupos que emplean esta expresión para referirse a un sector de personas entre los dieciocho y los treinta y cinco años de edad. ¡En nuestra cultura, casi todo el mundo la usa para aludir a los adolescentes! La Asociación de Bibliotecas para Jóvenes Adultos, por ejemplo, los define como la fracción entre los doce y los dieciocho años.

¿Por qué ha adoptado la iglesia la frase «jóvenes adultos» para aludir a gente de hasta treinta y cinco y cuarenta años? Empezamos los ministerios «universitarios» para atender a los que perseguían una educación postsecundaria. Luego los creamos para los de veintitantos años. A continuación, formamos una categoría más amplia de «jóvenes adultos» con aquellos que habían alcanzado la mediana edad sin haberse casado. Y seguimos añadiendo años a una categoría de ministerio que, sin querer, puede ser un obstáculo para que las personas pasen a las etapas verdaderas de la adultez.

En los tiempos bíblicos, cuando alguien alcanzaba la edad de trece años se le consideraba adulto y se le incorporaba plenamente a la comunidad religiosa.

Vivimos en un entorno cultural diferente. A pesar de ello, todavía podemos sacar provecho de reconsiderar el ministerio juvenil en medio del cambio en la iglesia. Nuestra meta debería consistir en ver a la juventud integrarse a la vida de la iglesia de una forma holística. Muchos jóvenes desean convertirse en parte de las nuevas reuniones de adoración, y esto hace que el asunto sea muy apremiante.

Debemos reconsiderar la categoría de «jóvenes» en nuestras iglesias, dedicar más tiempo a reconocer que los adolescentes son jóvenes adultos y prepararlos para la adultez. La realidad es que los adolescentes se enfrentan con regularidad a situaciones adultas. Les hacemos un pobre servicio al decirles que no serán «jóvenes adultos» hasta cumplir los dieciocho años.

Hace poco escuché hablar de una iglesia que alentaba a sus miembros de cuarenta años a formar parte del ministerio de «jóvenes adultos». Resulta más que extraño denominar «joven adulto» a alguien con la suficiente edad como para ser padre. ¡A los cuarenta años uno podría ser abuelo! No es de sorprender que mucha gente catalogada en este rango de edades no esté madurando espiritualmente. Les hemos proporcionado un ministerio juvenil glorificado cuando estos adultos deberían estar plenamente integrados a la vida de la iglesia.

Mientras más reflexiono en toda la idea de las categorías de «jóvenes» y «jóvenes adultos», más incómodo me siento. Nos hemos perdido las relaciones intergeneracionales en la iglesia por mantenerlos a todos segmentados en departamentos que se adaptan a un programa. Estoy completamente a favor de desarrollar ministerios para las distintas etapas de la vida. La iglesia puede ayudar a que la gente trate con las cuestiones corrientes de la existencia diaria. Sin embargo, a largo plazo no resulta saludable crear reuniones de adoración para «jóvenes adultos».

Esta es una de las razones por las que Graceland dejó de ser una de estas reuniones para convertirse en una destinada a todas las edades. Esto nos permite centrarnos en construir un ministerio universitario definido sin apartar a grupos de ciertas edades de la reunión principal. Las nuevas reuniones de adoración no son para personas dentro de un sector de edad.

Formas en las que las iglesias comienzan nuevas reuniones e iglesias

En la siguiente sección consideraremos las formas en que un puñado de iglesias ha iniciado reuniones de adoración para las nuevas generaciones.

En la Iglesia Bíblica de Santa Cruz repasamos prácticamente todos los enfoques que se tratan en este libro. Empezamos Graceland dentro de la iglesia como una reunión de adoración para una etapa de vida. Luego pasamos a una reunión

> «Los misioneros que no puedan decir de corazón: "¡Me regocijo en el Señor!", nunca gritarán: "¡Alégrense las naciones!". Las misiones comienzan y acaban en adoración». —John Piper

y comunidad de adoración para todas las edades que existían casi por completo independientes dentro de la iglesia. A continuación cambiamos y mantuvimos la reunión de adoración en marcha, pero juntamos a todos los equipos de liderazgo en un grupo más amplio de toda la iglesia. Esto se transformó finalmente en una nueva iglesia: la Iglesia Vintage Faith.

Esta congregación es una hermana híbrida de la Iglesia Bíblica de Santa Cruz. ¡Somos independientes, pero también compartimos cosas! En el capítulo 13 conocerán nuestra historia personal y las razones de lo que hacemos ahora.

Mientras lee los próximos capítulos, recuerde que todas las iglesias siguen en proceso. Están experimentando cosas en las que son pioneras. Ninguna de ellas es el modelo ideal de cómo hacer las cosas. Espero que sus ejemplos le hagan pensar sobre lo que quiere hacer (o no) en su iglesia.

Los siguientes capítulos están estructurados del modo siguiente:

- Por qué era necesaria una nueva reunión de adoración en una iglesia en particular.
- Cómo funciona la nueva reunión de adoración dentro del conjunto de la iglesia.
- Cómo se estructura el liderazgo en el conjunto de la iglesia.
- Qué aspecto tiene la nueva reunión de adoración.
- Resumen y pensamientos finales.

Nuevos pensamientos

1. ¿Ha pensado alguna vez en cómo gira típicamente la «iglesia» alrededor de la gente que asiste a un culto de adoración para escuchar el mismo sermón con el mismo pastor?

2. ¿Está de acuerdo o disiente con el segundo diagrama, que muestra a la iglesia como «las personas» y a las reuniones de adoración más amplias fuera del centro?

3. ¿Ha experimentado algunas de las preocupaciones enumeradas en este capítulo con respecto a iniciar una nueva reunión de adoración? ¿Ha percibido alguna otra inquietud?

CAPÍTULO 10

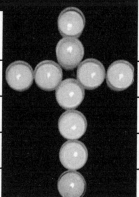

Cómo empezar una reunión de alcance para una etapa de la vida

Lo que más respeto de la Iglesia de la Comunidad de Willow Creek es su pasión por ver cómo los inconversos llegan a conocer a Jesús. Esto es algo que llevan en la sangre y en su historia. Uno no puede asistir a una convención de Willow Creek ni escuchar hablar a Bill Hybels sin sentirse agitado y motivado a tener un sentir por la evangelización. Otra cosa de esta iglesia que merece toda mi consideración es su disposición a experimentar y probar cosas nuevas.

En 1996, lo intentaron con un culto de buscadores llamado «Axis» [Eje], diseñado para alcanzar a los jóvenes adultos. Démosle un vistazo al experimento de Willow Creek con un culto de adoración y un ministerio específicamente destinados a llegar hasta las nuevas generaciones y discipularlas.

1. Por qué era necesaria una nueva reunión de adoración en una iglesia en particular

En el libro *An Inside Look at Willow Creek Community Church* [Un vistazo interior a la Iglesia de la Comunidad de Willow Creek] se describen las razones que llevaron a iniciar una nueva reunión de adoración para las nuevas generaciones:

«Las iglesias de todo el mundo, cualquiera sea su tamaño, denominación y trasfondo socioeconómico, están experimentando un fenómeno similar: contemplan sus bancos y ven una sólida representación de familias que va desde la mediana edad hasta la ancianidad. Sus grupos de jóvenes de la escuela intermedia y secundaria siguen sobreviviendo. Sin embargo, busque a la gente de edades comprendidas entre los dieciocho y los treinta y tantos y descubrirá un sentimiento desolador: falta toda una generación».

Dios ha utilizado a Willow Creek de formas tremendas para alcanzar a miles y miles de personas en su comunidad local. Esto se debe en parte a su diseño de un culto dominical de buscadores que le ofrece un lugar a la gente de la iglesia al cual llevar a sus amigos inconversos.

A pesar del éxito increíble y sorprendente que Dios les ha concedido, en la década de 1990 les faltaba una o dos generaciones. Al mirar en retrospectiva, descubrieron que lo que sucedía no era un hecho aislado en Willow Creek. Estaba ocurriendo un cambio cultural. Crecer en una cultura postcristiana significa que las nuevas generaciones tienen creencias y valores filosóficos y espirituales distintos a las generaciones anteriores. La forma en que Willow Creek había diseñado históricamente su culto dominical de buscadores no era eficaz para atraer a las nuevas generaciones. Fueron concientes entonces de que tenían que hacer algo, y así nació su ministerio Axis.

Creación de un nuevo culto para buscadores destinado a gente de «dieciocho a veintitantos años»

En 1996, este culto y ministerio de buscadores comenzó. Axis se promovió y designó para los de «dieciocho a veintitantos años». Su primer culto empezó los sábados por la noche para que pudieran compartir el ministerio infantil con los cultos principales de buscadores de Willow Creek. Asimismo, añadieron otra reunión los domingos por la mañana a las 11:15.

Axis ha desarrollado varias comunidades dentro del ministerio para conectar a las personas y pastorearlas. Tiene un ministerio de edad universitaria, de parejas jóvenes, y otro de solteros en un rango de edad situado en la veintena postuniversitaria.

Ellos se concentran firmemente en la justicia social. Construyen con Hábitat para la Humanidad, sirven a los que no tienen techo, trabajan con los niños urbanos, y se reúnen con adolescentes en un centro juvenil local. La comunidad de

Axis hace mucho durante la semana, además de sus cultos de fin de semana.

Una parte principal de su estrategia global va más allá de Axis mismo y lo vincula a la comunidad total de la Iglesia de la Comunidad de Willow Creek.

2. Cómo funciona la nueva reunión de adoración dentro del conjunto de la iglesia

Al considerar a Axis como servicio de alcance para los de «dieciocho a veintitantos años», la meta consiste en hacer que la gente asista con toda la congregación al culto de adoración de mitad de semana orientado a creyentes de todas las edades. Willow Creek lo denomina su New Community [Nueva comunidad] que se reúne los miércoles y jueves por las noches. Los que están en Axis experimentan una enseñanza más profunda en las reuniones intergeneracionales de New Community. También participan juntos de la comunión.

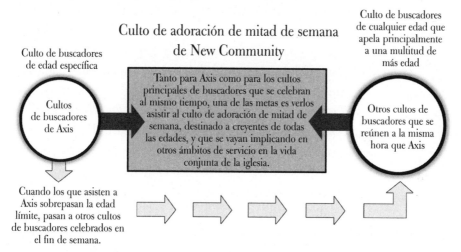

Nancy Ortberg fue la líder principal de Axis durante varios años (antes de mudarse recientemente a Menlo Park, California, con su esposo, John Ortberg). Ella me explicó: «Axis es un conducto que desemboca en la iglesia principal. Sirve como un ministerio al que acude la gente de veintitantos años. Cuando se casan y tienen hijos, se les anima a pasar a los demás cultos que la iglesia celebra en el fin de semana».

Mencionó cómo entrenan a su pequeño grupo de líderes para que ayuden a las personas a hacer la transición al culto para creyentes que New Community celebra a mitad de semana, y cuando se hacen mayores, a los demás cultos del fin de semana.

Dado que Axis se especializa en un culto para gente de «dieciocho a veintitantos años», no es una iglesia ni tampoco una comunidad aparte. Es una comunidad para una etapa de vida dentro del conjunto de la iglesia, como funcionaría un ministerio de escuela secundaria en la mayoría de las congregaciones. Más o menos se trata de un punto de entrada o «conducto» hacia todo el conjunto de la iglesia.

Aunque los demás cultos del fin de semana están abiertos a cualquier edad, se ocupan principalmente del sector de la congregación de treinta años en adelante. Axis no es inflexible en cuanto a obligar a que la gente se marche al cumplir la edad límite, aunque sí los anima a implicarse en el liderazgo si quisieran permanecer allí.

3. Cómo se estructura el liderazgo en el conjunto de la iglesia

Nancy Ortberg explica: «El personal de Axis mantiene una interacción mínima con el de Willow Creek. Uno de los grandes dones que tenemos es que se nos ha dado rienda suelta. No se nos controla ni se nos dice lo que debemos hacer. Personalmente, dependo del equipo de dirección de Willow Creek que observa lo que ocurre en Axis. No recibo instrucciones directas de Bill Hybels. De modo que dirijo al personal de Axis e informo al equipo directivo. En cuanto a los ancianos, no disponemos específicamente de ellos como parte de Axis ni tampoco como asistentes. Sin embargo, sí contamos con su participación cuando es necesario, por lo general para algunos problemas o cuando necesitamos ayuda».

> «¡Si no puede adorar al Señor en medio de sus responsabilidades el lunes, es probable que no lo estuviera adorando el domingo!».
> —A. W. Tozer

Aunque Bill Hybels es el pastor titular de Willow Creek, rara vez asiste o predica en Axis, y no todos saben quién es a menos que acudan a los demás cultos del fin de semana donde suele hablar. No obstante, Bill se mantiene al tanto de todo lo que allí ocurre a través del equipo de dirección.

Según Nancy, «que en una iglesia conozcan al pastor titular no es señal de unidad, sino que tengan el mismo ADN. No se trata de una persona, sino de Jesucristo».

Y añade: «El personal de Axis se reúne por separado. Sin embargo, tenemos una reunión mensual donde el pequeño grupo de personal de todos los departamentos de la iglesia (incluido el de Axis) se une para recibir formación. Ellos son el principal énfasis para Willow Creek, de modo que esto los mantiene en primera línea.

«También celebramos una reunión de todo el personal de Willow Creek una vez cada varios meses donde nos juntamos para recibir información general, pero aparte de esto nos mantenemos muy definidos».

Axis construye sus propios equipos de liderazgo y funciona mucho por sí mismo en términos del ministerio real, incluyendo sus propios retiros. Sin embargo, se aseguran de tener «puntos de contacto» con el resto de Willow Creek para no perder la relación con el conjunto de la iglesia y su visión.

Uno de estos puntos de contacto fundamentales es tener el mismo **ADN** que el resto de Willow Creek, el cual está constituido por sus valores centrales y cinco aspectos básicos. Se trata de puntos de referencia para los miembros y se utilizan para establecer metas: gracia (salvación), crecimiento (santificación), grupo (grupos pequeños y comunidad), dones (servicio) y buena mayordomía (honrar a Dios con todos los recursos).

Establecer estos objetivos mediante esta lista mantiene a Axis alineada con todos los demás ministerios de Willow Creek. Al enfocarse en estas metas, experimentan armonía con el conjunto de la iglesia. Axis enseña estos cinco aspectos mediante su proceso de membresía. De forma estratégica, las personas no llegan a ser miembros de Axis de por sí; ellas se convierten en miembros de Willow Creek y trabajan con el mismo material de enseñanza para lograrlo que cualquier otra persona en la iglesia.

4. Qué aspecto tiene la reunión de adoración en Axis

En realidad, Axis es un «culto para buscadores» con el objetivo de llevar a las personas al culto de adoración para creyentes de mitad de semana. Allí es donde empiezan a dar un giro interesante los cambios culturales entre las nuevas generaciones.

Históricamente, en el culto de buscadores de fin de semana en Willow Creek la meta ha consistido en eliminar tantos símbolos y terminología espirituales como fuera posible con el fin de ser sensible al buscador. Aparte de una canción congregacional, tradicionalmente ni siquiera tienen cánticos musicales como parte de la adoración.

Sus cultos de buscadores del fin de semana atraen principalmente a aquellos que han tenido algún tipo de mala experiencia con una iglesia seca, muerta y ritual. En respuesta a esto, los cultos de buscadores utilizan música alegre, vida, teatro y una enseñanza excelente, y Dios los ha usado mucho para salvar a miles y miles de individuos.

No obstante, con los cambios culturales de hoy, un culto de buscadores para las nuevas generaciones tiene un conjunto distinto de valores.

Las nuevas generaciones no sienten rechazo por los términos espirituales, las canciones llenas de adoración ni los símbolos religiosos. En realidad, esto es exactamente lo que los «nuevos buscadores» esperan encontrar si van a una reunión de la iglesia. Por ello, el diseño de las reuniones de Axis es distinto al de los demás cultos para buscadores del fin de semana en Willow Creek. Ellos siguen reflexionando sobre el lenguaje y el programa de acuerdo con lo que un buscador experimentaría y pensaría. Sin embargo, el culto de Axis le presta atención a cosas diferentes a las de las otras reuniones de Willow Creek, incluida la estética.

La atención que se le presta a la estética

Axis se reúne en el gimnasio de Willow Creek, aunque tiene pensado trasladarse al centro principal de adoración tan pronto como esté acabado el nuevo edificio. Volverán a diseñar todo el centro de adoración cuando se muden. Aunque sigue celebrando sus reuniones en el gimnasio, se esfuerzan mucho para cambiar la estética de la habitación.

Pesadas cortinas marrones cuelgan en los ángulos para ayudar con el sonido y crear cierto aspecto y sensación. Ellos luchan por conseguir una apariencia rústica que contraste con la estética más pulida de los demás cultos de Willow Creek. Montan un escenario con tapizados, telas y otras estructuras construidas detrás del mismo. Disponen una pequeña cafetería en la parte trasera de la sala con sofás para que la gente pueda pasar tiempo allí como si fuera una sala de estar.

Inicialmente, intentaron utilizar mesas en la sala con el fin de evitar las filas de sillas, pero comprobaron que no era lo ideal, ya que las personas no querían estar unas frente a otras durante el culto. Por ello, optaron por las hileras de asientos frente al escenario. En cada culto se permite que la gente se levante de sus sillas para hacer algo experiencial e interactivo.

La adoración multisensorial en el diseño de Axis

En las reuniones de Axis, cada semana es distinta. No usan todas las semanas los mismos elementos de adoración, pero sí emplean un enfoque multisensorial hacia la adoración en sus reuniones.

En una ocasión revistieron con sábanas en varios ángulos la parte frontal de la habitación. A continuación, proyectaron sobre ellas vídeos de la película de Jesús. Cuando la gente entraba en la sala veían imágenes de Jesús en distintos rincones. La proyección siguió de manera continua durante todo el culto, resaltando el enfoque en el Señor más allá de lo que se decía en el mensaje.

El culto de Axis suele comenzar con la interpretación de una canción relacionada con el tema del culto y que la gente reconocerá por haberla oído en la radio. Dado que esta reunión se considera un «culto de buscadores», se presta una atención constante a lo que ocurre en la cultura de los de «dieciocho a veintitantos años». Con esto se construyen puentes de identificación hacia ellos. A veces muestran un videoclip de alguna película popular u obra de teatro que guarda relación con el tema de ese fin de semana.

En las reuniones de Axis existe un elemento interactivo único que consiste en formular una pregunta y dar unos minutos para que las personas la debatan entre ellas, realzando así el valor de la comunidad. Una mujer de veintitantos años que visitó Axis me comentó que esta resultó ser su parte favorita del culto. Lo que más le gustó fue que no se trató del habitual «salude a las personas que están a su lado y dígales que Dios las ama» que muchas iglesias suelen utilizar en el momento del saludo. Se hizo una pregunta específica vinculada al tema de enseñanza del culto que la hizo reflexionar e involucrarse. Asimismo, conoció a dos o tres personas más sentadas a su alrededor con las que acabó conversando una vez que terminó la reunión.

La enseñanza y la adoración musical en respuesta

El mensaje típico de Axis dura aproximadamente treinta minutos. Con frecuencia, suelen ser temáticos y directamente relacionados con los problemas de la vida con los que lucha o en los que se interesa alguien del rango de edad entre «dieciocho y veintitantos». Utilizan series como «Axis @ The Movies», «Jesús 3-D», «Amor, lujuria y soledad» y «La espiritualidad de Starbucks».

Tras el sermón, tienen un tiempo de adoración musical que diferencia los cultos de buscadores de Axis de los demás cultos del fin de semana en Willow Creek, ya que piensan que el lugar correcto de este acto es después de un mensaje de enseñanza por ser una respuesta natural a lo aprendido.

«Cuando acabe este siglo y los incontables millones de redimidos se postren sobre su rostro delante del trono de Dios, las misiones dejarán de existir. Son una necesidad temporal. No obstante, la adoración permanece para siempre».
—John Piper

Axis cree que la adoración no es simplemente cantar. Ellos incorporan respuestas llenas de alabanza tanto con las canciones como por medio de otros métodos interactivos y participativos. Animan a la gente a levantarse de sus asientos durante este tiempo musical y responder de distintas formas. Han tenido estaciones donde la gente veía imágenes en pantallas televisivas y escribía respuestas en papel o tarjetas. Asimismo, crearon un muro lleno de nombres donde uno podía arrodillarse y orar por las personas.

Tras un mensaje sobre las relaciones, montaron estaciones donde se alentaba a la gente a escribir cartas a otras personas a las que hubieran herido para pedirles perdón. Un culto se centró en ayudar a los pobres. Como aplicación, tuvieron que quitarse los zapatos y donarlos allí mismo a los desfavorecidos. ¡Salieron de aquella reunión descalzos!

Axis intenta enseñar que la adoración significa sacrificio y acción. Por esta razón, diseñan algún tipo de respuesta después de cada mensaje de enseñanza. También recogen una colecta cada semana. Un culto en Axis dura entre sesenta y setenta minutos.

5. Resumen y pensamientos finales

Resulta fascinante y alentador saber que Axis y Willow Creek, la primera iglesia buscadora de los Estados Unidos, tienen tanto éxito, pero no parece que lo tengan todo resuelto. Admiro su experimentación y su disposición a permitir que formas inéditas de adoración se desarrollen en Axis. Requiere humildad por parte del personal de Willow Creek admitir que lo que hacen en los cultos principales del fin de semana no tiene eco en las nuevas generaciones.

Bill Hybels debe tener una gran seguridad para no estar en medio de Axis, intentando controlarlo o moldearlo. Le da toda libertad, y esto explica probablemente por qué puede luchar y crecer como lo hace.

Luego de mi conversación con Nancy Ortberg, también admiro que reconozcan que las nuevas generaciones tienen valores distintos. ¿Qué será lo siguiente? Nancy me explicó: «Mi sueño y mi visión consisten en que hayan expresiones regionales de Axis, pero no creo que el vídeo funcionará. En mi opinión, para las generaciones con las que trabajo, algún tipo de expresión regional tendría que ser algo más parecido a una plantación de iglesia con gente que enseñe en persona y no a través de un vídeo». Esto permitiría el desarrollo de nuevos maestros y predicadores. En lo que a mí respecta, estoy de acuerdo, ya que muchos de los valores de las nuevas generaciones (sobre todo las que no van a la iglesia) están en contra de la idea de una predicación por medio del vídeo. Respeto que Axis y Willow Creek estén formando y capacitando a comunicadores y predicadores más jóvenes en lugar de reproducir sermones por vídeo.

¿Preferencias generacionales o un cambio de mentalidad cultural?

Mis principales preguntas en cuanto al método utilizado por Axis y Willow Creek son: ¿Cuál es la visión a largo plazo del «experimento» de comenzar un culto de adoración para una etapa de vida dirigido a los jóvenes adultos? ¿Acaso la nueva adoración es para un grupo de edad específico o se trata realmente de una mentalidad cultural distinta? Formulo estas preguntas porque lo segundo trasciende a la edad. El cambio cultural postmoderno llega definitivamente más allá de un cierto grupo con una edad específica.

Si estamos hablando de mentalidad, hacer que alguien pase a otro método de formación espiritual y adoración cuando llegan a una cierta edad es una empresa difícil. Sería como iniciar un culto de adoración coreano en esa lengua, con la música y la mentalidad correspondiente en todas sus comunicaciones, y a continuación —cuando alcanzan una edad concreta— decirles que ya no pueden seguir adorando como coreanos.

De manera similar, a alguien que se identifica con la adoración multisensorial experiencial y está acostumbrado a la adoración interactiva le debe resultar difícil que al cumplir cierta edad se le diga de repente que debe asistir a los cultos «principales». ¿Acaso no valía su adoración en la otra reunión? Prácticamente todas las iglesias que conozco y lo han intentado descubren que esta transición obligada no funciona.

Por otra parte, si consideramos la reunión de adoración para una etapa de la vida según el pensamiento moderno de la iglesia, que intenta captar primordialmente a la gente más joven y de ideas más actuales que el resto de la congregación, quizás tenga sentido hacerlo de este modo. Es como el ministerio de la escuela secundaria que se ocupa de los adolescentes de la iglesia que crecieron con una cosmovisión judeocristiana. Depende de a quien esté llegando la iglesia y lo que esté haciendo con su reunión y su ministerio de adoración.

Si Axis eliminara su clasificación de ser para gente de «dieciocho a veintitantos años», ¿no podrían identificarse un gran número de personas de todas las edades con lo que ellos hacen? Una gran cantidad de personas por encima de los treinta años podría sentirse atraída y conectada a la cultura de adoración que Axis ha establecido. Sin embargo, esto podría convertirse en un «servicio de adoración» y cambiaría la estrategia completa de Willow Creek. En mi opinión, aun así es un experimento que debía tomarse en cuenta.

¿Es Axis un culto de buscadores o una reunión de adoración?

Otra pregunta interesante: Dado que como culto de buscadores Axis ha respondido a los cambios culturales, y reconociendo que los «nuevos buscadores» quieren estar en un lugar de adoración, ¿de qué manera cambia esto las cosas? Axis incluye ahora un montón de adoración en formas diferentes. En la actualidad, utilizan unas cuatro canciones en la adoración. Para aquellos que quieran más «canto» está el culto para creyentes de mitad de semana New Community. Sin embargo, bastante gente considera que la parte «musical» de Axis es suficiente para la respuesta personal en adoración.

Es importante cómo definamos la «adoración», porque en Axis siempre supone más que cantar en las estaciones de oración y otras cosas que tienen lugar después del mensaje.

La enseñanza en New Community va dirigida claramente a creyentes, mientras que en Axis se aseguran de que tanto creyentes como inconversos la entiendan. Esto es una diferencia. Repito, toda la filosofía de predicar y enseñar necesita tomarse en consideración. ¿Es el culto de adoración el lugar que la gente debería considerar para su «alimentación» semanal? ¿O tal vez es algo que ocurre a lo largo de la semana? ¿Es acaso la predicación en el formato de una sola dirección la forma en la que aprenden mejor las nuevas generaciones? ¿Es la asistencia a dos cultos de adoración por semana lo más aconsejable para la formación espiritual en términos de rendimiento del tiempo?

La estrategia de ir a Axis (que parece muy similar a un culto de adoración) y luego volver para otro culto de adoración (con más canciones y enseñanza dirigida a creyentes) es una interesante cuestión en la que reflexionar.

Al margen de tener a distintas generaciones sentadas en la misma sala durante una hora aproximadamente, ¿para qué regresar a mitad de semana si Axis ya proporciona adoración y enseñanza? ¿No deberían mezclarse las generaciones de otras maneras que no sea simplemente sentándose juntas en una gran reunión? La comunidad relacional es más factible en grupos pequeños. ¡El tercer valor de Axis así nos lo dice!

La visión y la información común se transmiten mejor en New Community. Sin embargo, la comunidad es más que esto. En el momento de escribir este libro, solo la mitad de la comunidad de Axis asiste a los cultos de New Community a mitad de semana. Eso significa algo.

La gente dispone de un tiempo limitado. Un segundo gran grupo que se reúna para adorar parece redundante cuando la gente podría utilizar ese tiempo para unirse a otro colectivo más pequeño, ayudar a los demás, o ser luz y testigos del reino fuera de los muros del edificio de la iglesia. Todo depende de la forma en que uno vea el culto de Axis (como reunión de adoración o como culto de buscadores). Para mí, Axis suena a una reunión de adoración donde los creyentes alaban y los inconversos ven a Dios en acción.

Imagino que a medida que Willow Creek se adapte, haga la transición y lea las señales culturales de los tiempos, Axis hará lo mismo. Estoy seguro de que continuaremos viéndolos aprender, explorar lo que funciona y buscar mejores formas de hacer discípulos.

Es emocionante saber que una iglesia como Willow Creek está abierta a la experimentación. Ellos se están adaptando y van cambiando junto con la cultura. La nueva adoración tiene lugar en Axis. ¡Espero ver lo próximo que Dios hará con su «experimento»!

Ejemplo de reunión de adoración

Axis en la Iglesia de la Comunidad de Willow Creek

Título de la serie
Amar la vida: Dios te ama

Objetivo/enfoque de la reunión
Que las personas sientan que Dios las ama y entiendan la maravilla de su amor, no solo que escuchen hablar sobre ello.

En las pantallas mientras la gente entra
Textos escogidos de 1 Juan se van desplazando automáticamente (paráfrasis de *The Message*), vinculados al tema de esta noche. Los pasajes de las Escrituras están divididos en diversas frases clave que se muestran artísticamente en las pantallas.

Canción preludio

El grupo de música toca para indicar que comienza la reunión. La música llena de energía hace que la gente entre, se siente y se prepare.

Canción de adoración

«Él reina» pone de pie a la gente, los implica en la maravilla de Dios y unifica a toda la sala en adoración.

Bienvenida

Una vez que se le da la bienvenida a la gente, se suscita una pregunta. Se ofrece un tiempo para que comenten las posibles respuestas entre sí.

Ofrenda y anuncios

Se le dice a la gente: «Este es el momento en el que recibimos las ofrendas en nuestro culto. Es para aquellos de nosotros que llamamos a Dios nuestro Padre y a Axis nuestro hogar. Si eres nuevo aquí, o si sigues cuestionándote sobre la fe, no te sientas obligado a dar». Se pasan las bolsas mientras se hacen los anuncios.

Lectura de poesía

El poema «El intervalo de los días» se lee en vivo sobre el escenario, mientras se proyectan imágenes en blanco y negro en las pantallas como acompañamiento del mismo. Las fotografías narran la historia de una mujer que espera tras la ventana de su casa, bebiendo una taza de café y preguntándose en su interior sobre la vida y la fe.

Mensaje

El pastor que imparte la enseñanza utiliza muchas imágenes en las pantallas, incluidas fotos y gráficos. Emplea accesorios con frecuencia para ilustrar sus puntos, así como un rotafolio.

Canción y respuesta

Una mujer canta «Gracia sublime» a capela desde una extensión del escenario que se adentra hasta unos cinco metros en la parte ocupada por la audiencia, a fin de que se encuentre en el centro de la sala. La gente puede sentarse, meditar y morar en la «gracia» mientras la canción refuerza el tema de cuánto nos ama Dios.

Adoración y oración

Durante un tiempo de adoración musical, el personal de Axis se encuentra a lo largo de la extensión del escenario a ambos lados. Se le pide a cualquiera que tenga problemas para «sentir» el amor de Dios o que se pregunte si Dios podría amarlo que pase adelante para hablar y orar con un miembro del personal. La gente sigue caminando y orando con ellos mientras se cantan las canciones «Aleluya, tu amor es asombroso», «Amor sublime» y «Para siempre». En las pantallas laterales y central van apareciendo imágenes visuales durante todo este tiempo.

Final

La reunión de adoración acaba con una «Carta de Dios». Es un pasaje del libro de Henri Nouwen, *Life of the Beloved* [La vida del amado], que incorpora varios pasajes de los Salmos sobre el amor de Dios en forma de carta. Esto funciona como una bendición final.

CAPÍTULO 11

Creación de reuniones de adoración para una etapa de la vida

¿Cuál es tal vez la forma más común utilizada por las iglesias para comenzar nuevas reuniones de adoración? Típicamente, una iglesia nota que se está haciendo mayor y en su seno se han perdido una o dos generaciones. Así que empieza una nueva reunión, independiente, diseñada para los «jóvenes adultos» de entre dieciocho y treinta y cinco años.

La estrategia consiste en que estos «jóvenes adultos» acabarán esa fase para pasar al culto principal de la iglesia al hacerse mayores. En vez de esto, casi sin excepción, tras unos pocos años algo ocurre y obliga a los líderes a replantearse unas cuantas cosas de nuevo.

La lucha final de las reuniones de adoración para «jóvenes adultos»

A medida que va envejeciendo la comunidad de una nueva reunión de adoración, sus miembros mayores no superan su preferencia por el estilo y el enfoque de la adoración y la formación espiritual. Cuando alcanzan la edad de salir de ellas, la mayoría no quiere hacerlo. La gente no cambia la expresión de su adoración al cumplir los treinta y cinco. Ellos desean adorar a Dios de la forma acostumbrada. Por lo tanto, no resulta fácil transferirlos a una reunión de adoración que se siente y se ve distinta, y que tiene unos valores diferentes.

A causa de esta dificultad, la mayoría de las reuniones de adoración para «jóvenes adultos» llegan a convertirse en asambleas para todas las edades. Esto es muy liberador y valida el ministerio como reunión independiente en lugar de ser un mero subministerio de la iglesia.

Cómo añadir otra reunión de adoración naciente para «jóvenes adultos» más jóvenes

Curiosamente, a medida que la nueva reunión de adoración envejece, también puede llegar a perder su atractivo entre la gente más joven que se halla al final de su adolescencia y principios de la veintena. Tal cosa fue lo que ocurrió en la Iglesia Bíblica McLean y será la historia que consideremos en este capítulo.

Esta fue una de las primeras iglesias de los Estados Unidos que reconoció el cambio por el que pasaba nuestra cultura. Experimentaron empezando una reunión y un ministerio de adoración naciente diseñados para el sector comprendido entre los dieciocho y los treinta y cinco años llamado «Frontline» [Vanguardia].

Años más tarde, la Iglesia Bíblica McLean ha reducido su enfoque en la edad en su reunión Frontline. También han creado una nueva comunidad de adoración, «The Gathering» [La reunión], diseñada para jóvenes adultos incluso más jóvenes. Démosle un vistazo a su historia.

1. Por qué era necesaria una nueva reunión de adoración

La Iglesia Bíblica McLean es una congregación muy numerosa y próspera en los suburbios de Washington D.C. Hace unos años, los ancianos se dieron cuenta de que —a pesar del éxito— había una gran ausencia de la población adulta de entre dieciocho y treinta y cinco años. Así que contrataron a un nuevo miembro para su personal, Ken Baugh, a fin de que empezara un flamante ministerio para aquellos jóvenes adultos.

McLean fue una de esas primeras iglesias que se centraron específicamente en ese grupo de edad de una forma más holística. Reconoció el deseo y la necesidad de un tipo diferente de reunión. Cuando iniciaron Frontline, fue una reunión independiente que se consideró igual a los demás cultos de la iglesia del fin de semana. En aquel tiempo eso era algo insólito. La mayoría de las iglesias tenía un «grupo universitario» o un subministerio para aquellos que estaban en la veintena como complemento de la reunión de adoración principal. Sin embargo, iniciar una verdadera reunión de este tipo específicamente para ellos fue algo totalmente inédito.

2. Cómo funciona la nueva reunión de adoración dentro del conjunto de la iglesia

Ken Baugh fue contratado a fin de desarrollar una reunión para jóvenes adultos, un liderazgo y grupos pequeños para el nuevo ministerio y la comunidad Frontline de la Iglesia Bíblica McLean. Desde el principio, supieron centrarse en la formación espiritual holística en la vida de un joven adulto y no solo en la reunión de adoración. Parecía un comienzo demasiado bueno, pero pronto aprendieron su primera lección.

Hubo una refrescante explosión de energía como resultado de la nueva reunión y la música que complacía a los jóvenes adultos. Sin embargo, el pastor titular —un comunicador de gran talento— predicaba el mismo mensaje en Frontline y los demás cultos en aras de la coherencia. Cierto es que vestía jeans en lugar de un traje y corbata, pero esta reunión no creció como habían esperado. Entonces descubrieron algo por casualidad. El pastor titular se tomó un verano sabático, pero el liderazgo de la iglesia decidió mantener Frontline en marcha mientras él estaba ausente.

«Vengan, postrémonos reverentes, doblemos la rodilla ante el Señor nuestro Hacedor».
—Salmo 95:6

Ken y un equipo de jóvenes adultos aprovecharon la oportunidad para cambiar la forma en que estaba diseñada la reunión. El equipo reflexionó en algo más que el estilo de música. La predicación se volvió más narrativa y no reflejaba necesariamente el mensaje del culto principal. Añadieron vídeos como parte de la comunicación y la experiencia de adoración. Introdujeron algunos métodos interactivos para adorar con arte e imágenes visuales. El resultado de todos estos cambios y de permitir que los jóvenes adultos dirigieran y predicaran fue que Frontline se duplicó en número durante la ausencia del pastor titular.

¡Esto suscitó una interesante pregunta a su regreso! ¿Y ahora qué debían hacer?

El pastor titular, un destacado predicador y líder, demostró gran sabiduría y humildad. Le permitió a Ken y al equipo de Frontline que siguieran con lo que estaban haciendo, y esto resultó en algo muy distinto a lo que sucedía en los demás cultos. El pastor sigue acudiendo unas pocas veces al año a predicar. El resto del tiempo, Ken y el personal de Frontline predican y lo supervisan todo.

Un enfoque en los grupos pequeños que influenció a la totalidad de la iglesia

Dado que la comunidad está tan altamente valorada entre las nuevas generaciones, desde el principio se le prestó gran atención al discipulado en grupos pequeños.

Frontline sigue teniendo casi el ochenta por ciento de su comunidad involucrada en grupos pequeños, lo cual supone un porcentaje muy elevado que demuestra que toman el asunto verdaderamente en serio.

Esta pasión por los grupos pequeños y la comunidad ha influenciado a su vez al resto de la iglesia. La congregación siguió la iniciativa de Frontline. Finalmente, el pastor de los grupos pequeños dentro de Frontline empezó a liderar y desarrollar grupos pequeños para toda la iglesia.

Cómo flexibilizar los límites de la edad

Frontline fue diseñada en un principio para ser una reunión y un ministerio de adoración dirigidos a una etapa de vida, para la gente de entre dieciocho y treinta y cinco años. Cuando alguien sobrepasaba este rango de edades, supuestamente debía pasar a las demás reuniones dirigidas por el pastor titular. De alguna manera, la iglesia estaba formada por comunidades de adoración en dos categorías de edades distintas.

Sin embargo, después de un tiempo se dieron cuenta de que mantener un grupo demográfico de edad para una reunión de adoración no funcionaba con tanta fluidez como habían planeado. Frontline ha dejado de aplicar el parámetro de la edad. Lo siguen llamando ministerio para «jóvenes adultos». Continúan teniendo roles de liderazgo, retiros y otros eventos para edades específicas, pero en lugar de concentrar toda la atención en trasladar a la gente de una reunión a la otra, ahora se centran en ver cómo la congregación de Frontline se convierte en parte de la Iglesia Bíblica McLean en general.

Su objetivo consiste en ver que la gente de Frontline sirva en otros ámbitos de la iglesia como el ministerio juvenil o infantil. Esta es una forma de agradecerle a la Iglesia Bíblica McLean por todo lo que ha hecho con la intención de alcanzar a las nuevas generaciones.

A medida que Frontline envejeció, comenzó otra reunión de adoración

Permitir que Frontline fuera envejeciendo suscitó otro problema.

Inicialmente había empezado para gente que en aquella época tenía entre dieciocho y treinta y cinco años. Se ocupaban específicamente de los jóvenes profesionales suburbanos de Washington D.C. y sus alrededores.

Con el tiempo, fue evidente que la población de nuevos jóvenes adultos no se identificaba con el enfoque de la reunión de adoración de Frontline.

La Iglesia Bíblica McLean volvió a salir al paso. Inició una nueva reunión llamada «The Gathering» [La reunión], que en la actualidad se encarga de los que tienen entre dieciocho y veinticinco años. The Gathering es bastante diferente de Frontline en muchas cosas.

Cada una de las tres reuniones de esta iglesia cuenta con su propio pastor.

Ancianos de la Iglesia Bíblica McLean

The Gathering
Edad universitaria

Frontline
De 18 a 35 años de edad

Cultos principales
Todas las edades, pero sobre todo de 35 años en adelante

Vida corporativa intergeneracional y servicio en otros ministerios de la iglesia

Los pastores no predican los mismos mensajes. Cada uno tiene definiciones para una edad específica, pero no se ciñen estrictamente a ellas. Las tres reuniones desean ver que los miembros de las comunidades lleguen a formar parte de la vida corporativa conjunta de la iglesia mediante las distintas cosas que suceden fuera de los cultos mismos.

3. Cómo se estructura el liderazgo en el conjunto de la iglesia

Tener tres comunidades de adoración en la misma iglesia es algo único. El pastor de The Gathering, Denny Henderson, depende del pastor de Frontline, Ken Baugh. Aunque Denny no es anciano, asiste a todas las reuniones en representación de su ministerio. También forma parte del equipo ejecutivo de la iglesia. En su posición de pastor titular adjunto de la iglesia, Ken Baugh depende directamente del pastor titular. Predica en los servicios principales de siete a diez veces al año con el fin de establecer puentes relacionales entre los distintos cultos.

Cabe la posibilidad de que, cuando el pastor titular se jubile, Ken sea su sustituto en el cargo para toda la iglesia. Cuando se considera lo difícil que resulta la transición de un pastor titular a otro para una iglesia, esta podría ser una buena opción a tener en cuenta.

Cada reunión de adoración tiene su equipo de personal específico. Los equipos se reúnen y funcionan de manera independiente. Una vez al mes se celebra una junta de todo el personal a la que asisten los trabajadores de Frontline y The Gathering con el resto de la plantilla de la iglesia. Los equipos de Frontline y The Gathering también se reúnen una vez al mes en una asamblea especial. Las distintas plantillas tienen toda la libertad y autonomía posibles, aunque mantienen un sentido de unidad.

4a. Qué aspecto tiene una reunión de Frontline

Frontline se reúne en el mismo edifico de los cultos principales, de modo que sus opciones de ambientación son limitadas. Añaden pantallas para exhibir gráficos y otras artes. Atenúan las luces y crean varios tonos y colores en la sala mediante la iluminación. El volumen de la música es intencionadamente más alto.

La noche comienza con una canción de adoración. Un miembro del personal le da la bienvenida a la gente. Cada semana se presenta a un líder del ministerio que describe la forma en que sirve a Dios. Esto estimula a los demás en el servicio a Dios y muestra que en Frontline todo no gira en torno al personal, sino que es una comunidad. Por ello, centran la atención deliberadamente en muchos discípulos de Jesús.

Semanalmente muestran un vídeo de las Escrituras. El pasaje de esa noche se presenta con creatividad en las pantallas, haciendo uso del arte, la naturaleza, escenas y animaciones Flash.

A continuación, tienen lugar de quince a veinte minutos de adoración con canciones. Tras el mensaje, una canción reflexiva de recapitulación y una oración dan por finalizada la reunión.

Cuando se celebra la comunión en Frontline, la cruz se convierte en el tema y el enfoque central del culto. Los artistas tienen libertad para crear pinturas, esculturas y otras expresiones de adoración. La obra artística se expone en un lugar central en el que se pueda incorporar a la experiencia del culto.

4b. Cómo es la reunión en The Gathering

The Gathering lleva las cosas un poco más allá que Frontline. Al entrar en uno de sus cultos, las luces son aun más tenues. Su deseo es montar un escenario y un entorno urbanos al natural. Utilizan una iluminación de colores sutiles, pero no enfocan la luz sobre los músicos ni los cantantes.

> «Lo más valioso que los Salmos hacen por mí es expresar el mismo deleite en Dios que hacía danzar a David».
> —C. S. Lewis

Donde Frontline incorpora un montón de vídeos y una música pop-rock más enérgica, The Gathering es más moderada con el vídeo y la música resulta más tradicional, algo que atrae a los jóvenes adultos.

En The Gathering no hay una interpretación de canciones ni solos como en Frontline. Incorporan tantos cánticos como pueden, escritos por individuos de su comunidad. Muchas de ellos son al estilo de los himnos tradicionales, con letras que transmiten la teología.

Cada reunión comienza con un vídeo de dos minutos que resume el culto de la semana anterior. Suele ser una mezcla de imágenes, Escrituras y gráficos temáticos o breves extractos del sermón. Al finalizar, se hace un llamado formal a la adoración mediante la lectura de las Escrituras.

Se nota de inmediato el respeto por el texto sagrado en el hecho de que la gente se calla rápidamente y ocupan sus asientos. A continuación comienza un período de treinta y cinco minutos de adoración mediante cánticos y oraciones. Se detienen a menudo para enseñar el significado bíblico que encierra cada canción.

Denny Henderson, pastor de The Gathering, es el maestro principal. Suele utilizar la narrativa como método y enseña a través de los libros de la Biblia. Antes de cada mensaje, toda la comunidad recita en voz alta una declaración de fe sobre la Biblia. Prefieren utilizar pocas imágenes proyectadas para conservar el enfoque en las Escrituras. Alientan activamente a la gente para que lleve su Biblia a la reunión y también proveen un montón de ellas para que las lean y las conserven. El mensaje dura unos cuarenta minutos y va seguido de más alabanza. Se da por finalizado el culto con una oración. No se suele recoger colecta de manera formal, pero existen cajas de madera en distintos puntos de la habitación para que la gente haga sus ofrendas.

Como en muchas otras reuniones de adoración naciente, The Gathering intenta que la gente abandone sus asientos con tanta frecuencia como sea posible para que interactúe durante el tiempo de alabanza. Disponen de estaciones de oración con diarios de plegarias. Poseen diferentes formas de estaciones de arte donde se puede pintar. Una noche instaron a que se hiciera una pintura en común sobre un lienzo inmenso.

En otra ocasión, The Gathering celebró una reunión en total silencio. Desde el momento en que la gente entró no hubo sonido. En lugar del llamado a la adoración en el que alguien debería leer las Escrituras desde el escenario, proyectaron los versículos en las pantallas, mientras la sala guardaba silencio. No hubo grupo de música ni canciones. La letra de las canciones se podía leer en las pantallas y todos permanecieron sentados y callados.

Cuando llegó el momento del sermón, el mensaje se presentó escrito en la pantalla para que todos lo leyeran. No se pronunció ni una palabra. Solo hubo silencio y meditación.

5. Resumen y pensamientos finales

Resulta refrescante ver una iglesia como la Iglesia Bíblica McLean que cree en la importancia de invertir instalaciones, personal y finanzas en las nuevas generaciones. También lo es encontrar a un pastor titular que reconoce y acepta los cambios que ocurren en nuestra cultura y no se considera la única persona que puede predicar y pastorear a estas generaciones. En parte es por ello que Frontline y The Gathering han prosperado durante tanto tiempo.

Creo que es fantástico que el pastor de Frontline asista a algunas de las reuniones de ancianos, pero me pregunto si el pastor de The Gathering también debería estar allí. Asimismo, me pregunto si no sería beneficioso que algunos de estos ancianos formaran parte de Frontline y The Gathering. Imagino que si estas nuevas reuniones son equivalentes a las «principales», los ancianos deberían representarlas y conocer sus problemas, alegrías y luchas.

¿Funcionarán a largo plazo las reuniones de adoración para una etapa de vida?

Estas reuniones empezaron como cultos de adoración para un sector específico y hasta hace poco es que han comenzado a ser más flexibles con el límite de edad. Me pregunto si Frontline y The Gathering acabarán siendo para todas las edades con el fin de implicar a todo aquel que se identifique con la adoración naciente.

Entonces podrán concentrase en construir relaciones y una comunidad intergeneracionales fuera de los cultos de adoración, y la gente permanecerá todo el tiempo que quiera en el grupo con el que se identifica. En mi opinión, de no ser así, tendrán que luchar sin cesar por no convertirse, hasta cierto punto, en un grupo juvenil glorificado.

El liderazgo de la Iglesia Bíblica McLean admite libremente que se adaptan, cambian y van experimentando constantemente sobre la marcha. ¡Esto es digno de elogio! Su pasión por ver a las nuevas generaciones adorar a Dios es muy respetable, y todavía es más encomiable que su preocupación sea mayor con respecto a la formación espiritual y el discipulado que a las reuniones en sí.

Veremos con el tiempo cómo dirige Dios a esta iglesia en su experimento, innovación y pasión por ministrar a las nuevas generaciones de su zona.

Ejemplo de reunión de adoración

Frontline en la Iglesia Bíblica McLean

Canción de apertura
«Estamos hambrientos»

Bienvenida y saludo
Introducción a la velada

Vídeo
Cada reunión de Frontline incorpora las Escrituras en un vídeo creativo en las pantallas. El texto sagrado se centra en lo que Frontline enseña en la reunión.

Conjunto de adoración
«Hambriento (Caigo de rodillas)», «Puedan las palabras», «Él es amor», y «Oh, alábale (Todo para el Rey)». Los gráficos y el arte sirven de telón de fondo a las letras de las canciones.

Ofrenda y cántico
Mientras se recoge la ofrenda, se canta la canción «Los ojos de mi corazón», que va disponiendo a todos para el mensaje.

Mensaje

La creatividad se utiliza para comunicar mediante la obra artística y los gráficos durante el mensaje de entre treinta y cuarenta minutos de duración. Se pueden utilizar accesorios artísticos y otros elementos participativos.

Canción final

«Toma mi vida».

Anuncios

Los anuncios presentan formas en las que la gente puede implicarse en la comunidad de Frontline con la mayor facilidad posible.

Ejemplo de reunión de adoración

The Gathering en la Iglesia Bíblica MacLean

Título de la serie

Sin vergüenza

Título del sermón

Romanos: Volumen IV

Vídeo de apertura

El vídeo de apertura es una recopilación creativa del mensaje y las oraciones de la semana anterior. Contiene música funky, se alteran las voces y en las pantallas se expone un simbolismo creativo relacionado con la serie y el sermón de la reunión.

Llamado a la adoración

La banda sigue la música del vídeo y empieza a tocar cuando alguien hace el llamado formal a la adoración a través de la oración y las Escrituras (Hebreos 10:10-12,14,19-23). Todo está diseñado para fluir en conjunto sin cortes. El objetivo es que se sienta la noche como si fuera un momento gigante (y no algo fragmentado con distintos elementos).

Primera canción

Una canción escrita recientemente, «Himno», enfocada en Hebreos 10. Todos los cánticos siguen una transición y van enlazados de forma natural mediante bucles musicales creados por una computadora (la canción número uno se encadena con la dos, así como esta lo hace con la tres sin interrupción).

Segunda canción

Otra canción escrita por la comunidad, «Oh precioso», se centra en Jesucristo y su obra completa en la cruz.

Tercera canción

Un himno, «Cristo la roca firme», el cual es de estilo bastante tradicional. Suele ser el punto de transición en la alabanza para que la gente pueda entrar en una fase más meditativa. Los bucles musicales comienzan a desvanecerse y la animación en vídeo de la pantalla central se va reduciendo.

Cuarta canción

Se canta un coro de Stewart Townsend, «Solo en Cristo».

Tiempo conjunto de oración

«Solo en Cristo» sigue sonando suavemente en el piano al fondo mientras la comunidad ora. Al final de este tiempo colectivo de oración, todos se ponen en pie (el piano sigue tocando) para la lectura de las Escrituras y una plegaria puritana antigua.

De vuelta a la cuarta canción

Tras la lectura, todos juntos y de pie se unen en una confesión unificada cantando el último verso y coro de «Solo en Cristo».

Sermón

Cada sermón comienza recordándoles a las personas por qué estudiamos la Palabra de Dios y que esto constituye un acto de adoración. Antes de abrir ninguna Biblia, se lee una declaración de fe al unísono: «Creemos que la Biblia es la Palabra de Dios, totalmente inspirada y sin error en los manuscritos originales, escritos bajo inspiración del Espíritu Santo, y con autoridad suprema en todos los asuntos de fe y conducta». Se proporcionan Biblias a los que no tienen; se reparten por toda la habitación para que la gente las conserve. También se entrega un bosquejo del mensaje para que lo puedan seguir. Se incluye una guía de estudio más profunda para uso de los individuos y los grupos. El sermón suele durar entre cuarenta y cincuenta minutos.

Quinta canción
Se canta un himno, «Oh la pasión».

Oración de declaración
El líder de alabanza dirige este tiempo. El objetivo consiste en edificar al cuerpo. La congregación se da la mano como señal de unidad y eleva la oración de declaración en voz alta.

Sexta canción
Se canta otra canción escrita por la comunidad, «Eleva alabanzas».

Notará que The Gathering no tiene un segmento de anuncios ni ofrenda. Las noticias se suelen compartir en el sermón si es adecuado. La gente puede dar sus diezmos en cualquier momento durante la adoración, o a la entrada o salida de la reunión. Las ofrendas se colocan en cajas de madera de aspecto muy rústico situadas en distintos puntos del auditorio.

CAPÍTULO 12

Creación de reuniones de adoración multi congregacionales

De todas las nuevas reuniones de adoración que he visto iniciarse en las iglesias ya existentes, las que se han convertido en multicongregacionales son las que han experimentado más libertad y fortalecimiento. Este enfoque tiene numerosas ventajas, incluido el éxito a largo plazo de sus estructuras y estrategias de liderazgo.

Varias congregaciones de adoración en una iglesia

Las reuniones multicongregacionales de adoración se consideran como una sola iglesia con distintas comunidades que adoran en el seno de la misma. El término «congregación» significa asamblea o reunión. Es posible que una sola iglesia esté formada por varias de ellas.

Estas congregaciones dentro de una iglesia se reúnen para una adoración distintiva en respuesta a diferentes estilos de adoración. Cada congregación tiene su propio pastor, personal y equipos de liderazgo, los cuales comprenden la cultura particular de las personas que pastorean.

Cada nueva congregación nace como si fuera una iglesia plantada y en cierto modo es autónoma. La diferencia radica en que no están diseñadas para segregarse de la iglesia existente, que en algunas ocasiones inaugura nuevas congregaciones que se reúnen en distintos predios, aunque se siguen considerando una sola iglesia. En otros casos, incorporan otra congregación, por lo general de cultura diferente (étnica o de las nuevas generaciones). Esta última aporta nueva vida a la iglesia original, que de otro modo acabaría muriéndose.

En la mayoría de los casos, las iglesias forman reuniones multicongregacionales de adoración porque sienten que el cambio es necesario para captar a las nuevas generaciones postcristianas de su comunidad. Con este fin, deciden comenzar una reunión y un ministerio inéditos. Quizás no se autodenominen específicamente «multicongregacionales», pero emplearemos este término para los propósitos de este libro.

Este capítulo se centra en las nuevas congregaciones con reuniones diseñadas para las nuevas generaciones que crecieron sin una cosmovisión judeocristiana. Ahora nos concentraremos en una iglesia que va por buen camino en cuanto a este concepto: la Iglesia Twin Lakes en Aptos, California.

1. Por qué era necesaria una nueva reunión de adoración en la Iglesia Twin Lakes

Si visita la Iglesia Twin Lakes descubrirá una gran iglesia con extraordinaria energía, vida y gozo. Se trata de una próspera iglesia bautista con un pastor titular que es un comunicador de gran talento y utiliza mucho el sentido del humor en su predicación. Su estilo de liderazgo es esencialmente comunitario, y esto da lugar a un personal saludable. Los cultos de adoración son muy concurridos, contemporáneos y animados, con un gran número de conversiones.

Sin embargo, el liderazgo de esta iglesia notó que a medida que los estudiantes de la escuela secundaria se graduaban, iban desapareciendo progresivamente de la iglesia. Intentaron construir un «ministerio universitario» más tradicional para resolver el problema, pero no resultó como esperaban. Después de todo, en este tipo de ministerio los jóvenes adultos siguen siendo parte de los cultos principales de adoración. El deseo de una forma distinta de reuniones fue aumentando.

La iglesia quería desarrollar un ministerio dirigido a aquellos postcristianos que crecían sin una mentalidad judeocristiana. En ese momento, Twin Lakes estaba principalmente constatando un crecimiento en las conversiones entre aquellos que tenían una mentalidad moderna dentro de la población nacida en los años sesenta. Deseaban ampliar el alcance de su impacto.

La importancia de planificar para las nuevas generaciones

Otra razón importante para que Twin Lakes quisiera iniciar una nueva reunión fue que miraban al futuro. Habían tenido el mismo pastor durante más de cincuenta años e iban envejeciendo con él. El formato había sido básicamente el mismo durante todos aquellos años. Poco a poco, el enfoque hacia la adoración iba aislando a las generaciones más jóvenes.

Un gran porcentaje de los hijos de la congregación original (nacidos en los años sesenta) abandonaron la iglesia cuando crecieron. Buscaban formas de adoración con las que sintonizaran mejor. Esto provocó un éxodo bastante grande de la gente más joven de la iglesia. Finalmente, se contrató al pastor titular que tienen en la actualidad. Él aportó mucha vida, energía y creatividad. Volvió a conectarse con los nacidos en los años sesenta y la iglesia resurgió en muchos sentidos.

El liderazgo de la iglesia anticipó el futuro y reconoció que, a medida que este sector de la congregación se fuera haciendo mayor, el escenario del gran éxodo podría volver a repetirse. No solo tenían que pensar en las nuevas generaciones, sino también vieron que se estaban produciendo cambios culturales.

2. Cómo funciona la reunión de adoración dentro del conjunto de la iglesia

La Iglesia Twin Lakes dedicó largo tiempo a reflexionar y orar sobre los próximos pasos a dar. Finalmente, nació «Genesis» [Génesis] como nueva reunión de adoración en la iglesia.

Ellos se reunían los domingos a las diez y treinta de la mañana, la misma hora en que se celebraba otro de los cultos principales de la iglesia (para poder compartir el ministerio de los niños).

Genesis no se define como reunión de adoración para «jóvenes adultos». No se utilizan clasificaciones de edades para describirla. Ellos se autodenominan «el cuarto culto de adoración» de la iglesia. Sin embargo, por su naturaleza y sus formas de adoración, la reunión de Genesis está formada principalmente por gente de veintitantos años.

Aunque esta reunión esté compuesta por una comunidad más joven, es tan importante como cualquier otro culto de adoración de la iglesia. No clasificarlo como un grupo de edad o para una etapa de la vida lo valida como reunión de adoración. Esto elimina el estigma de subministerio con el que muchos grupos de «jóvenes adultos» tienen que lidiar. Algunos adolescentes asisten a Genesis. También puede hacerlo gente mucho mayor sin sentir que no pertenecen allí.

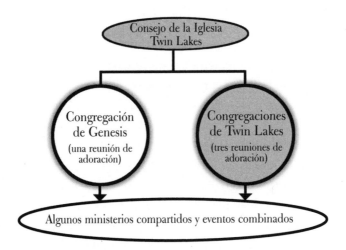

La estrategia de esta nueva reunión de adoración no consiste en canalizar a la gente hacia los demás cultos de la iglesia cuando alcanza una cierta edad. Quienes forman parte de Genesis envejecerán juntos. Pertenecerán al conjunto de la iglesia, pero seguirán siendo una congregación independiente.

Al componerse de personas de veintitantos años, el pastor de Genesis supervisa los ministerios de jóvenes adultos de la Iglesia Twin Lakes orientados a jóvenes casados, universitarios y postuniversitarios. Los individuos pertenecientes a Genesis sirven como líderes de estos ministerios de las diferentes etapas de la vida.

Estos ministerios están diseñados para toda la iglesia en su conjunto y no solo para Genesis. En realidad, por ser la adoración allí tan distinta al resto de los cultos de la Iglesia Twin Lake, los integrantes de los grupos para universitarios y estudiantes de carrera que no se identifican con Genesis suelen acudir a los demás cultos.

3. Cómo se estructura el liderazgo en el conjunto de la iglesia

El pastor de Genesis depende del pastor titular de la Iglesia Twin Lakes, que siente pasión por ver a las nuevas generaciones formar parte de una comunidad de adoración. No ejerce ningún tipo de control ni demuestra deseo alguno de ser conocido en el seno de la congregación. Hasta la fecha solo ha hablado en Genesis en una ocasión desde su inicio.

En lugar de ser el pastor titular (o cualquier otro) quien represente a Genesis ante el consejo/ancianos de la iglesia, hacen que sea su propio pastor quien asista a todas las juntas (en esa iglesia no tienen reuniones de ancianos, sino del consejo como equivalente). De esta forma, el pastor de Genesis está presente en nombre de su ministerio y su congregación ante el consejo. Esto supone una enorme diferencia, ya que limitarse a pasar información no es una forma eficaz de representación, sobre todo cuando se trata de una reunión inédita y diferente de adoración y una nueva congregación. Es fundamental que aquellos que se encuentran en los niveles superiores del liderazgo escuchen el sentir, las pasiones y los «porqués» subyacentes. Según estos términos, el pastor y el personal de Genesis también forman parte de las reuniones de plantilla de la iglesia, de manera que la comunicación y un sentido de unidad fluyen todo el tiempo en la relación entre las congregaciones.

4. Qué aspecto tiene la nueva reunión de adoración

Al entrar a una reunión de adoración de Genesis un domingo por la mañana, se percibe enseguida la diferencia de la tenue iluminación. La misma se celebra en una sala multiusos que se tiene que disponer y recoger cada fin de semana. Esto limita la extensión de lo que pueden hacer de forma permanente.

Lo primero que uno ve al entrar en el vestíbulo es una gran cruz de madera erigida en todo el centro, donde acaba el pasillo y se abre el salón principal. Lleva una tela sobre ella y velas en la base. La cruz es absolutamente central al propósito de su reunión. En la entrada también hay una mesa con información en cuanto a cómo relacionarse con los demás aspectos de la comunidad de Genesis y también con la totalidad de la iglesia.

> «¿Quién no te temerá, oh Señor? ¿Quién no glorificará tu nombre? Sólo tú eres santo. Todas las naciones vendrán y te adorarán, porque han salido a la luz las obras de tu justicia».
> —Apocalipsis 15:4

Cómo disponer la habitación como un tabernáculo

La sala en sí se dispone para dar la sensación de un «tabernáculo». Se colocan cortinas negras alrededor de la mayoría de los lados de la sala a fin de crear una impresión circular. Se utilizan numerosas mesas para que la gente se siente y varias filas de sillas en círculo alrededor de la zona del escenario.

En las esquinas traseras de la habitación se sitúan estaciones de oración y mesas. En cada uno de los rincones hay un gran tapiz. Uno de ellos muestra la mano traspasada de Jesús en una gran imagen. El otro representa un mosaico del rostro de Jesús creado con azulejos. La gente se puede arrodillar o sentar en cojines situados en las esquinas.

Sobre cada mesa hay urnas para que las personas puedan poner sus peticiones de oración y sus ofrendas. Estas mesas también están dispuestas para la comunión.

El escenario se halla en la parte delantera de la sala. También han construido una plataforma más baja y alargada desde donde se habla y se dirigen otros actos. No quieren iluminar a los que están al frente, sino que los sitúan entre la gente en la medida de lo posible.

A veces colocan al grupo de música y el líder de alabanza en un lateral de la habitación. La mayor parte del tiempo conducen la alabanza desde la parte delantera sentados en taburetes.

El escenario tiene unas cortinas negras detrás. La obra artística creada por miembros de la congregación cuelga a modo de telón de fondo. Unas telas colgadas resaltan los laterales del escenario, donde dos columnas con velas forman la figura de la cruz.

Una pregunta final en lugar de una ordenada recapitulación

En cuanto al flujo de la reunión de adoración, tienen un orden básico que consiste en empezar con un llamado formal a adorar mediante la lectura de las Escrituras en voz alta. Luego tienen un tiempo de música y cánticos por parte de la congregación. Se hacen los anuncios, a lo cual le denominan «tiempo de comunidad», con los que intentan expresar de la mejor forma posible cómo implicarse en comunidad en lugar de dar una mera información sobre actividades y eventos. El mensaje dura unos treinta minutos. Durante ese tiempo y el de la adoración musical se utilizan imágenes en una pantalla única que muestran trabajos artísticos y varios gráficos que concuerdan con el ambiente y el sentir de la congregación de Genesis.

Cada mensaje acaba con una pregunta. Dicha pregunta constituye una respuesta al mensaje en términos de cómo este afecta nuestra adoración diaria a Dios y la vida en comunidad. Puede ser: «¿De qué estoy dependiendo para transformar mi vida, de la gracia de Dios o mis esfuerzos?».

Esto va en contra de muchas formas modernas de predicación y enseñanza que suelen acabar con tres o cuatro puntos de aplicación bien definidos. Terminar con una pregunta lleva a la gente a lidiar con lo que se ha enseñado y a reflexionar sobre ello. Además, el mensaje no pone fin a la reunión, sino que entran en un tiempo más extenso de adoración, algo muy importante.

Adoración sensible

Después del mensaje comienza un tiempo de treinta minutos de adoración receptiva. Este tiempo incluye canciones, oraciones, silencio y otras respuestas. En una ocasión, el mensaje trataba de nuestra identidad en Cristo. El líder de alabanza detuvo literalmente la música, soltó su guitarra y llevó a la gente fuera de la sala. Todos salieron y dieron un paseo orando en comunidad alrededor de los predios de la iglesia. En los muros se habían colocado carteles con versículos de las Escrituras planeados con antelación para que la gente pudiera hacer un alto y leer sobre su identidad en Cristo. Fue un recorrido silencioso. Finalmente regresaron a la sala, donde se dividieron en grupos de oración para orar unos por otros.

> «La adoración es la respuesta del creyente con la totalidad de su ser —mente, emociones, voluntad y cuerpo— a todo lo que Dios es, dice y hace. Esta réplica tiene su lado místico en la experiencia subjetiva, y su lado práctico en la obediencia objetiva a la verdad revelada de Dios. Se trata de una respuesta equilibrada por el temor del Señor y es una contestación que se va profundizando a medida que el creyente va conociendo mejor a Dios».
> —Warren W. Wiersbe

En otra ocasión, en lugar de cantar u orar después del mensaje, dispusieron mesas donde la gente envolvió regalos y preparó cestas de ropa y alimentos para los pobres y ancianos de la comunidad. Otra vez montaron las estaciones de la cruz de forma simbólica, mediante trabajos artísticos elaborados por miembros de la congregación de Genesis. El tiempo de adoración consistió en ir caminando y leyendo las Escrituras en cada estación.

Genesis también utiliza micrófonos abiertos para permitirles a los miembros de la comunidad que compartan sus respuestas de adoración.

5. Resumen y pensamientos finales

Lo más importante que está haciendo la Iglesia Twin Lakes es evitar el enfoque de una reunión de adoración dirigida a una etapa de vida. Desde el principio se han centrado en enfocarse en la mentalidad. Reconocen que no todos los que tienen veintitantos años se identifican con su reunión. Al liderazgo no le molesta. Se entiende que esta es para quienes deseen adorar a Dios de una forma distinta a los demás cultos de la iglesia.

Otra cosa fundamental de Genesis es que su pastor forma parte de las reuniones del consejo/ancianos y se le considera con respeto, no como al pastor de un sector de la congregación en términos de su papel en la iglesia. Esto me parece esencial si de verdad están equiparando estas reuniones de adoración con las demás de la iglesia. Me pregunto si debería haber más ancianos o miembros del consejo que formen parte de la nueva congregación además del pastor. De esta forma habría pluralidad de liderazgo en la congregación y más de una voz en la reunión del consejo/ancianos.

Espero ver lo que depara el futuro para Genesis, sobre todo en cuanto a su forma de desarrollar el ministerio de los niños de la congregación. Actualmente no los incorporan a las reuniones de adoración. Se permite que los padres los traigan si lo desean, pero no hay nada diseñado para ellos de forma específica. Con algunos cambios de valores en la iglesia naciente, el ministerio infantil conllevará un debate fundamental en cuanto a cómo funciona la formación espiritual en la familia. Normalmente, los niños pueden incorporarse al menos a una parte de las reuniones. Habrá que considerar esta cuestión más ampliamente.

En general, el enfoque multicongregacional parece ser la forma más eficaz en que una iglesia puede comenzar una reunión y una comunidad de adoración para las nuevas generaciones. Al hacerlo, tendrán muchas menos preocupaciones, ya que comparten instalaciones para el máximo beneficio del reino. Pueden combinarse para los eventos de la totalidad de la iglesia y compartir ciertos ministerios. Tampoco tendrán que lidiar con intentar pasar a la gente de una reunión a otra a una cierta edad.

La clave de esto es el poder y la libertad que el pastor titular y el liderazgo de Twin Lakes le han dado al pastor de Genesis y otros líderes congregacionales. Oro que más líderes de la iglesia existente sigan su ejemplo de conferirle poder al liderazgo de las nuevas generaciones. A largo plazo, esto fortalecerá o terminará las reuniones multicongregacionales de adoración, y podremos aprender del maravilloso ejemplo de la Iglesia Twin Lakes y Genesis a no temerle a experimentar de este modo.

Ejemplo de reunión de adoración

Genesis en la Iglesia Twin Lakes

Llamado a la adoración

Las reuniones de Genesis comienzan con una lectura de las Escrituras para centrar la atención en la razón de congregarse.

Adoración musical

Se cantan los coros «Aquí estoy para adorar» y «Mejor es un día». Se utilizan gráficos sobre las pantallas a lo largo de la alabanza. El grupo de música no se destaca, sino que suele sentarse en taburetes para que la atención no se centre en ellos.

Vida comunitaria

Se presentan los anuncios como una forma de que la gente se integre en la comunidad. Como resultado, a esta parte de la reunión se le llama «Vida comunitaria» y no «Anuncios».

Mensaje

Se da un mensaje de treinta minutos, mientras se muestran imágenes en las pantallas. Algunas veces se incluyen preguntas interactivas como parte del mismo. El sermón siempre acaba con una pregunta.

Música/Comunión/Ofrenda

En la siguiente sección de la reunión la gente responde al mensaje y la pregunta formulada mientras continúa la alabanza. Se les permite caminar alrededor de la sala, tomar la comunión de las mesas, depositar sus ofrendas en unas urnas situadas en las esquinas de la sala, así como escribir peticiones de oración y dejarlas en unas cestas que hay junto a una cruz. La gente puede responder en adoración de la manera que quieran hacerlo, y cada semana las estaciones de oración o el diseño que montan son un poco diferentes. Puede haber lecturas de las Escrituras u oraciones en común durante este tiempo. Las canciones incluyen: «Suficiente», «Dios de maravillas», «Todo», «Jesús tú lo eres todo», «Junto a mí» y «Agnus Dei».

Oración y despedida

CAPÍTULO 13

Iniciación de un nuevo tipo de iglesia

Este capítulo habla un poco sobre mi historia personal. Cubre nuestro viaje con la reunión de adoración de Graceland en la Iglesia Bíblica de Santa Cruz, en Santa Cruz, California. Nosotros experimentamos con algunos de los enfoques analizados en los tres capítulos anteriores. En nuestro caso, acabamos evolucionando y transformándonos hasta el punto de comenzar un nuevo tipo de iglesia: la Iglesia Vintage Faith.

1. Por qué era necesaria una nueva reunión de adoración

Durante años, en la Iglesia Bíblica de Santa Cruz habíamos tenido un amplio ministerio de escuela secundaria. Utilizábamos una metodología moderna de alcance: mucho teatro, vídeos, música pop-rock, y la gran programación habitual de todo ministerio juvenil. Este enfoque ministerial continuó durante varios años con bastante éxito. Es decir, hasta que empezamos a sentir que estaba ocurriendo un cambio cultural entre la juventud. Nuestro enfoque contemporáneo hacia el ministerio juvenil estaba perdiendo su eficacia para los adolescentes que no iban a la iglesia. No fuimos los únicos en notar esta tendencia. Por todo el país los líderes juveniles estaban dándose cuenta de que los adolescentes de fuera de la iglesia desarrollaban una cosmovisión cada vez menos judeocristiana.

Este cambio cultural hizo que nos replanteáramos el enfoque del ministerio juvenil. Había diseñado nuestro ministerio para los adolescentes con una cosmovisión judeocristiana y aquellos que se habían visto firmemente influenciados por ella (aunque se autoproclamaran ateos). Nos percatamos de que ahora necesitábamos idear un nuevo ministerio para gente con una cosmovisión postmoderna, postcristiana.

Como misioneros, comenzamos a reconsiderar la evangelización, las reuniones de adoración, la formación espiritual, nuestra forma de enseñar las Escrituras. Esta reflexión nos llevó finalmente más allá del ministerio juvenil —ya que este está moldeado por la iglesia de la que forma parte— a replantearnos la iglesia.

El cristianismo clásico y la adoración para los jóvenes

De una forma lenta, pero segura, comenzamos a experimentar. Cambiamos muchos de nuestros valores. Empezamos a hablar de Jesús y a adorar sin reservas en presencia de los inconversos en nuestras reuniones de jóvenes. Recuperamos numerosas expresiones «espirituales» de adoración que habíamos eliminado. Seguíamos haciendo las cosas de una forma muy vívida. Nuestro ministerio juvenil no se convirtió en un monasterio silencioso, pero tomó un giro definitivo y se apartó de las reuniones tan energéticas que solíamos tener.

En lugar de utilizar numerosas imágenes, vídeos y música mientras intentábamos introducir a la fuerza un breve mensaje bíblico, cambiamos todo por completo. Creamos un espacio sagrado utilizando velas, cruces y otros símbolos. Seguíamos teniendo momentos animados de adoración musical, pero también pusimos en práctica tiempos de silencio y contemplación. Las conversaciones directas sobre la vida del reino y las enseñanzas de Jesús remplazaron la práctica de sepultar el mensaje detrás de vídeos, representaciones teatrales y otras cosas.

Este movimiento hacia un enfoque más natural y simplista en cuanto al ministerio constituye un cristianismo clásico. ¡La respuesta fue sorprendente! Los adolescentes no cristianos comentaron: «Me gusta esto, es espiritual».

Cómo crear un ministerio clásico para jóvenes adultos

Cuando vimos el cambio que se produjo al modificar nuestro enfoque en el ministerio juvenil, nos preguntamos si haber pasado a una perspectiva clásica tendría el mismo impacto en los «jóvenes adultos» de dieciocho años para arriba.

En aquel tiempo llevábamos a cabo un tremendo culto principal de adoración en la Iglesia Bíblica de Santa Cruz. Se componía de una predicación fantástica, con toneladas de energía y vitalidad. ¡Era extremadamente contemporáneo y atraía a un montón de personas! Sin embargo, aparte de los que habían crecido en la iglesia, no veíamos a mucha gente por debajo de los treinta.

Cuando comencé a dialogar con los jóvenes adultos criados fuera de la iglesia, descubrí que muchos de ellos buscaban algo diferente en una experiencia eclesiástica. Las grandes congregaciones como la nuestra abrazaban los valores de la excelencia, una programación apretada y muy instructiva, y una predicación bíblica sumamente orientada a la aplicación con el sermón sirviendo de punto central del culto de adoración. Esto estaba bien para las generaciones anteriores, pero no tenía eco con las nuevas que sentían como si se limitaran a sentarse en una sala donde se cantaban unas cuantas canciones (por muy contemporáneas que fueran) y fundamentalmente se escuchaba el mensaje (por extraordinario que resultara).

Así que decidimos experimentar. Suspendimos nuestro ministerio universitario tradicional —que era básicamente una versión en miniatura de los cultos principales— e iniciamos una reunión de adoración para una edad específica, los jóvenes adultos, la cual llamamos «Graceland» [Tierra de gracia] y se congregaba los domingos por la noche. No solo replanteamos la reunión de adoración, sino también nuestra forma de enfocar la formación espiritual. Comenzamos por construir una base firme para los grupos en los hogares que se reunían a mitad de semana. Era allí donde la gente experimentaba la comunidad y mantenía debates más profundos sobre la Biblia.

A lo largo de los dos años siguientes, Dios bendijo Graceland y la reunión creció con increíble rapidez. Gente que nunca había ido antes a la iglesia venía a la fe. Numerosos cristianos decepcionados que habían abandonado la iglesia regresaban ahora.

Fue un período de tiempo emocionante. A pesar de ello, surgieron algunos problemas que debíamos tratar. Recuerdo el momento extremadamente embarazoso en que tuve que decirle a alguien que superaba los treinta años que ya no podía quedarse. Me contestó: «Yo puedo adorar a Dios aquí. ¿Por qué no es posible quedarme?». En otra ocasión me acerqué a una pareja de adolescentes para comunicarles lo mismo, pero me detuve y no fui capaz de hacerlo. Observé cómo adoraban y no puede evitar preguntarme por qué no se podían quedar.

Las reuniones de adoración con límites de edad establecidos creaban un dilema extraño e innecesario. La razón de empezar Graceland fue alcanzar a todos aquellos que no se identificaban con el enfoque moderno a la adoración. La gente que venía a Graceland, en su mayor parte, no asistían a los cultos principales porque no se conectaban, independientemente de su edad.

El enfoque tradicional de organizar a la gente en reuniones basadas en la edad empezaba a confundirme. Nunca antes había reflexionado en los enfoques para una etapa de la vida en términos de la reunión de adoración.

Entiendo claramente la necesidad de una capacitación en cuanto a las aptitudes para la vida orientada a niños, jóvenes, estudiantes universitarios, solteros, parejas que se van a casar, familias de recién casados y otras personas en las situaciones cruciales de su etapa de vida. ¡No cabe duda!

Sin embargo, ¿qué hay de las reuniones de adoración? ¿Se supone que debemos seguir dividiendo a la gente según su etapa de vida?

¿Deberíamos dividir el cuerpo y la familia?

Mientras más pensábamos en todo esto, más incómodos nos sentíamos. ¿Cómo llegamos a tener tantas divisiones de edades en nuestras iglesias? ¿Acaso no se supone que se trata de un *cuerpo*? Entonces, ¿por qué diseccionamos con frecuencia el cuerpo de la iglesia en pequeñas partes, en lugar de verlo funcionar holísticamente en conjunto?

¿Acaso no es una *familia*? Entonces, ¿por qué separamos constantemente a las familias cuando vienen a los cultos? Resulta interesante pensar en ello. Se dice que las once de la mañana de los domingos es la hora más radicalmente segregada. Me pregunto si no será también la hora de mayor segregación por la edad.

Las dos metáforas principales para la iglesia como cuerpo y familia se eliminan cuando nos reunimos como congregación. ¡Eso no tiene sentido!

Cómo crear una reunión de adoración clásica para todas las edades

Tras varias conversaciones con el que era nuestro pastor titular en esa época, Chip Ingram, acabamos convirtiendo Graceland en una reunión y un ministerio de adoración para todas las edades. ¡Cuando eliminamos los límites de edad y la abrimos para todas las edades, creció más rápido aun! Ya no éramos un ministerio orientado a una etapa de la vida, sino una congregación independiente de la iglesia. El ochenta por ciento de la población global de la reunión seguía estando por debajo de los treinta años. Sin embargo, comenzamos a ver una creciente proporción de personas por encima de esa edad que también se identificaban con este enfoque en cuanto a la adoración.

Graceland se reunía los domingos a las seis de la tarde. Cuando fue creciendo, se añadió otro culto a las ocho.

Este lugar es distinto, con una «D» mayúscula

Dios siguió haciendo cosas asombrosas y vimos a gente de todo tipo atraída hacia la comunidad de Graceland. Personas que nunca antes habían ido a la iglesia asistían ahora y muchos empezaron a confiar en Jesús. Una furgoneta recogía a los adolescentes que se habían escapado de sus casas y a otros en el centro de Santa Cruz y los traía a Graceland, ya que querían estar allí. Muchos adolescentes que no iban a la iglesia y por lo general no formarían parte de un ministerio juvenil tradicional asistían a nuestras reuniones. Numerosos estudiantes universitarios se convirtieron en parte de Graceland; incluso enviábamos un autobús al campus para recogerlos. Recuerdo algunas conversaciones sumamente intensas y cariñosas que mantuve con aquellos que practicaban estilos de vidas sexuales diferentes cuando abrimos las Escrituras y hablamos sobre la sexualidad humana. También me acuerdo de muchas conversaciones con los que mantenían creencias religiosas extremas.

Chip vino por fin a ver lo que estaba sucediendo en Graceland. Nunca antes nos había visitado, y esto demostraba que tenía gran confianza en nosotros, pues nos había dejado seguir adelante sin acudir a ver lo que hacíamos.

Él y yo abandonamos juntos el edificio una vez acabada la reunión de adoración. Le pregunté qué pensaba. Jamás olvidaré los comentarios que me hizo. Me respondió: «Este lugar es distinto, con una "D" mayúscula». Y añadió que se sentía entusiasmado de estar allí, porque le recordaba al libro de los Hechos.

Empiezan a surgir las grandes preguntas

Fue un tiempo emocionante, pero todavía teníamos que lidiar con algunas cuestiones de estructura. Nos preguntamos: «¿Cómo encaja Graceland dentro del conjunto de la iglesia? ¿De qué forma puede tener una iglesia a otra comunidad de adoración dentro de ella? ¿Es esto acaso una iglesia dentro de otra? ¿Se trata de un culto de adoración alternativo? ¿Cómo encajan los ancianos en Graceland?

¡Era un lío! No sabíamos qué hacer. Históricamente, el ministerio de la iglesia había funcionado de una cierta forma y existía un enfoque específico para examinar la estructura del liderazgo de la iglesia. ¡No obstante, Graceland empezó a ir en contra de las normas de coherencia y la uniformidad de la iglesia! ¿Qué debíamos hacer?

Rodeos y caminos equivocados

Iniciamos numerosas conversaciones, ya que Graceland se había convertido en una parte importante de la iglesia. Había un deseo de aclarar las cosas y hacerlas más armónicas. Por fin decidimos integrar a Graceland a los valores y sistemas de la Iglesia Bíblica de Santa Cruz. Por ejemplo, alineamos la predicación pensando que eso haría que estuviera en conformidad con el resto de la enseñanza de la iglesia.

Dividimos al personal para que integraran los equipos de toda la iglesia según sus funciones en lugar de permitir que Graceland tuviera los suyos propios. Josh Fox, que lideraba la adoración, pasó a formar parte del equipo de adoración de la Iglesia Bíblica de Santa Cruz, y yo del de enseñanza.

¡Sobre el papel se veía muy bien y tenía sentido! Sin embargo, en la realidad aprendimos algunas importantes lecciones.

Con todo, mientras más alineábamos los valores, la infraestructura y el estilo de liderazgo entre Graceland y la Iglesia Bíblica de Santa Cruz, más nos distanciábamos de aquellas mismas cosas que hacían única a nuestra reunión. En lugar de que nuestras conversaciones fueran entusiastas en cuanto a la misión y la innovación, se convirtieron en discusiones sobre incluir a Graceland en la forma de funcionar del resto de la iglesia.

De repente, todo empezó a ir mal. Cada vez veíamos venir a menos de los que considerábamos postcristianos y más a los ya cristianos de mentalidad moderna. En muchos sentidos, ya no era Graceland. De forma lenta, pero segura, nos fuimos convirtiendo en una versión en miniatura de lo que ya sucedía en los demás cultos de adoración y el resto de la iglesia.

De modo que, una vez más, retomamos las conversaciones.

Reconocimos que alinear a Graceland con el resto de la iglesia no estaba funcionando como pensábamos. Había un choque de valores con respecto a los grupos pequeños y la membresía.

Lo que habíamos perdido más en Graceland era la comunidad del liderazgo independiente. Teníamos enfoques y valores de liderazgo distintos, y cuando esto cambió, fue en verdad todo un problema. Reconocimos que la formación espiritual para la cultura postcristiana debía verse, sentirse y ser diferente a la de la moderna.

Todos los misioneros que se involucran en otras culturas saben que lo primero que tienen que hacer es aprender los sistemas de valores y las filosofías de las mismas, en lugar de imponer los suyos propios. Esto fue lo que ocurrió cuando pensamos que Graceland solo cambiaría en cuanto a la música (y quizás unas cuantas velas). Sin embargo, no fue así, se trataba de un cambio filosófico y del sistema de valores que iba mucho más allá de la reunión de adoración.

Al reconocer dónde nos habíamos perdido, decidimos regresar a nuestra visión original, pero empezamos a hablar del nacimiento de una nueva iglesia en lugar de limitarnos a intentar «recomponer» lo que habíamos roto.

2. Cómo funciona la nueva reunión de adoración dentro del conjunto de la iglesia

Al seguir explorando las opciones de inaugurar una nueva iglesia, decidimos que mantener Graceland en marcha y empezar a la vez la Iglesia Vintage Faith no sería la mejor administración de las finanzas y las instalaciones. Graceland ya no era lo que solía ser y necesitaba resurgir.

De modo que hicimos un movimiento bastante drástico e interrumpimos las reuniones de adoración allí durante más de dos meses. Esto nos proporcionó un tiempo para instruir a aquellos que querían formar parte de la nueva iglesia. Era necesario que echáramos abajo y desprogramáramos el pensamiento y las expectativas de las personas con respecto a la iglesia y volverlas a capacitar según la filosofía de una iglesia misional.

Comenzamos la Iglesia Vintage Faith y más o menos transformamos Graceland en la Iglesia Bíblica de Santa Cruz y la Iglesia Vintage Faith a la vez. Nuestra primera reunión de adoración de fin de semana se celebró un domingo por la noche en los predios de la Iglesia Bíblica de Santa Cruz, a la misma hora y en el mismo lugar que Graceland. Escogimos ancianos de la comunidad de Graceland para que formaran parte del consejo de ancianos de la Iglesia Bíblica de Santa Cruz y que así fueran capacitados para servir como ancianos en la Iglesia Vintage Faith. En lugar de convertirnos en una iglesia plantada tradicional, fuimos dos iglesias hermanas híbridas.

Cómo compartir ciertos ministerios como dos iglesias para un mayor impacto

Entonces comenzamos a formular más preguntas. ¿Cuáles de los valores y las filosofías de nuestros dos ministerios coincidían? ¿Cuáles no? ¿Qué cosas debían separarse claramente como pertenecientes a dos iglesias y cuáles podían hacerse en conjunto como tales? ¡Siempre que podíamos llevar a cabo cosas juntos, así lo hacíamos! Cuando las opiniones no coincidían, permanecíamos como dos iglesias separadas.

Tal como nos hemos estructurado en la actualidad, ponemos en práctica lo mejor de ambos mundos y lo más adecuado para un impacto máximo del reino. Después de toda la reflexión y la evolución por las que pasamos, nunca imaginé que ocurriría de este modo. Sin embargo, esto tiene perfecto sentido a la hora de acelerar el impacto a favor del reino que una iglesia local puede tener, no por iniciar una iglesia totalmente nueva, sino por comenzar una iglesia hermana híbrida y seguir manteniendo una estrecha relación. En cierto modo, esto lleva el modelo multicongregacional al siguiente nivel.

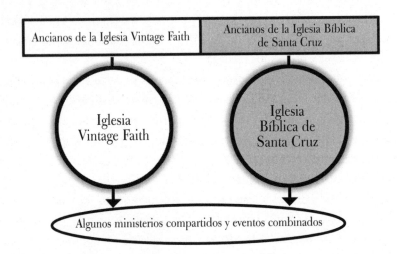

3. Cómo se estructura el liderazgo en el conjunto de la iglesia

Los ancianos de la Iglesia Vintage Faith se reúnen con los de la Iglesia Bíblica de Santa Cruz según sea necesario para mantener la imagen panorámica en mente. Los ancianos de Vintage Faith también se juntan por separado con regularidad para asuntos relacionados con el pastoreo y los negocios específicos de su iglesia.

«Pero si uno que no cree o uno que no entiende entra cuando todos están profetizando, se sentirá reprendido y juzgado por todos, y los secretos de su corazón quedarán al descubierto. Así que se postrará ante Dios y lo adorará, exclamando: "¡Realmente Dios está entre ustedes!"».
—I Corintios 14:24-25

Funcionamos como dos iglesias, pero nos mantenemos cerca para acelerar el impacto del reino en nuestra comunidad.

En la actualidad, me reúno semanalmente con el equipo principal de liderazgo de la Iglesia Bíblica de Santa Cruz, tanto para cuestiones de responsabilidad como para debatir el punto de vista más amplio con relación al condado de Santa Cruz. Nuestro personal incluso planea hacer algunos eventos conjuntos. Si las dos iglesias se consideran «familia», lo más natural es tener funciones familiares y hacer las cosas juntas.

Reuniones de adoración naciente diseñadas para ser parte de la iglesia holística

Cuando pasamos a formar una nueva iglesia hermana híbrida, tuvimos que empezar con nuevos valores filosóficos. Aprendimos una enorme lección sobre volvernos verdaderamente misionales en nuestra cultura. Esto implicaba replantear mucho más que aquello que ocurría en una reunión de adoración.

Tales valores filosóficos no solo muestran cómo sería la reunión de adoración, sino más importante aun, cómo encaja dentro del plan holístico para la formación espiritual.

¡Establecer holísticamente valores para una iglesia y una adoración nacientes es algo importante en lo que reflexionar! A continuación mencionamos algunos de los valores filosóficos en los que nos centramos dentro de nuestro contexto:

- **Deseamos hacer cosas que suceden y solo se pueden explicar mediante la implicación del Espíritu Santo, no por el uso que hacemos de una metodología innovadora en el ministerio.**

  -La oración es la base de todo lo que hacemos y no algo que forzamos (Juan 15).

  -La vida llena del Espíritu (Romanos 6—8) es la fuente de nuestra fuerza y transformación y algo que todos entienden.

- **Deseamos ser una iglesia con una misión en sí misma, no una que tenga un «departamento» misionero.**

  -Nuestra misión consiste en invitar a otros a que se unan a nosotros como discípulos de Jesús, mientras abandonamos nuestro egocentrismo y experimentamos la gracia salvadora de Jesús y el amor de Dios. Expresamos esto a través de actos de amor, amabilidad, servicio, justicia social y bendición hacia los demás.

-Las misiones no pueden compartimentarse ni considerarse como algo «por ahí, en algún lugar». Contemplamos a todos los miembros de la Iglesia Vintage Faith como misioneros locales. Luchamos por tener el mismo celo y entusiasmo en nuestra vida diaria que en el extranjero durante los viajes misioneros.

-Consideramos la justicia social como parte de nuestra misión tanto local como globalmente (Miqueas 6:8).

• **Seremos una iglesia capacitadora. El personal de la Iglesia Vintage Faith capacita a la gente de la iglesia para que cumplan los sueños y los ministerios que Dios les ha dado.**

-El papel principal del personal consiste en entrenar y capacitar a los creyentes para la misión (Efesios 4:12).

-El personal mantiene una cultura que les permite a las personas comenzar ministerios. Se les alienta a implicarse en ministerios que concuerdan con su identidad y sus sueños, sin limitarse a suplir una necesidad en los ministerios que tengan espacio.

• **Nos aseguraremos por todos los medios de que se sepa con toda claridad que «la iglesia es la gente» y que «no se puede ir a la iglesia».**

-Enseñamos y encarnamos la verdad de Romanos 12:1-2. Los discípulos de Jesús adoran a Dios con un estilo de vida diario sacrificial; la adoración no ocurre cuando cantamos o nos reunimos todos.

-Tenemos una red de comunidades más pequeñas que se reúnen en los hogares y otros lugares durante la semana. Cada fin de semana nos congregamos como un grupo mayor para una reunión comunitaria.

-Nos aseguramos de que no se piense en la gran asamblea del fin de semana como la «iglesia» para evitar una expectativa consumista.

• **Seremos extremadamente entusiastas en cuanto al desarrollo de una cultura de iglesia que fomente y proporcione una profunda formación teológica.**

-Deseamos enseñar todas las Escrituras de forma profunda a medida que aprendemos a adorar y amar a Dios con nuestro corazón, mente y fuerza (Mateo 22:37). No nos esforzamos por la información, sino por la transformación del corazón y la capacitación para la misión de hacer discípulos. -Dado que estamos en una misión, proporcionamos un intenso entrenamiento bíblico, así como clases apologéticas y teológicas que apoyen y alimenten nuestras aptitudes misioneras y nuestra pasión (Hebreos 5:22—6:3). Deseamos alentar y enseñar a las personas a pensar, preguntar y dialogar.

- **Edificaremos esta iglesia como una familia, desechando la separación departamental de las familias dentro de la estructura de la iglesia tanto como sea posible.**
-Las reuniones de adoración de la iglesia están diseñadas para incorporar a los niños en parte, además de los ministerios infantiles planeados para ellos.
-Deseamos que las familias adoren juntas tan a menudo como podamos.
-Somos estrictos en cuanto a la formación de los padres para que sean los principales líderes espirituales de sus hijos y que no dependan únicamente de la iglesia (Deuteronomio 6:4-8).
-Establecemos relaciones intergeneracionales de tutoría que les permitan a las generaciones mayores impartirles su sabiduría a las más jóvenes.

- **Utilizaremos las artes creativas al extremo en todo lo que hagamos, combinando lo antiguo con lo futuro en la adoración y la misión.**
-En nuestras reuniones de adoración del fin de semana combinamos la belleza y la riqueza de la antigua liturgia y nuestras raíces judías con las expresiones de adoración de nuestra cultura local actual.
-Nuestro objetivo es reflejar plenamente la creatividad de Dios en nuestras reuniones de adoración y en la esencia de todo lo que hacemos (Génesis 1; Éxodo 31:3-5).
-Utilizamos la creatividad y las artes para convertirnos en una parte activa de la comunidad general del condado de Santa Cruz y a fin de glorificar a Dios mediante expresiones creativas en todo lo que hacemos (1 Corintios 10:31).

Estos son algunos de los valores que le han dado forma a la Iglesia Vintage Faith, lo cual es importante, ya que a través de la perspectiva holística podemos ver cómo encaja la reunión de adoración (y no viceversa). La reunión de adoración constituye solo una parte de las cosas, y no la fundamental. No estamos edificando a partir de la gran reunión de adoración del fin de semana, sino de que la iglesia sea la iglesia a lo largo de la semana y se reúna comunitariamente en entornos más pequeños

«Adorar a Dios en verdad es reconocerlo por ser quien es, y reconocernos a nosotros mismos por lo que somos». —Hermano Lawrence

considerándolos su primera comunidad. Luego, todos nos congregamos en el fin de semana.

Asimismo, estamos desarrollando un centro de formación bíblica y teológica intensiva para enseñar en un ambiente distinto al del formato de una gran reunión y conferencia. Tenemos por meta utilizar los enfoques más eficaces para que las Escrituras y la teología se recuerden y luego se vivan en las relaciones.

Fuera de nuestra reunión de adoración ocurren muchas cosas, de modo que la Iglesia Vintage Faith no ha nacido debido a que nos centrarnos principalmente en ella.

Permanezcamos en el foco cultural con las personas

Mientras se escribe este libro, estamos buscando un lugar en el centro de Santa Cruz para abrir una cafetería, galería de arte, cibercafé, local de música y oficina. Aunque celebramos nuestras grandes reuniones del fin de semana en las edificaciones de la Iglesia Bíblica de Santa Cruz y varios otros lugares, deseamos que nuestra base de operaciones esté entre las personas. El centro de Santa Cruz es nuestro foco cultural. Es el lugar donde todos pasan el tiempo y un sitio muy activo. Por lo tanto, en vez de establecer las oficinas en los suburbios, queremos participar de la comunidad local en el centro, como sal y luz (Mateo 5:13-16).

Las oficinas de la Iglesia Vintage Faith y la cafetería se conocerán por lo que son. No dejaremos tratados sobre las mesas ni tendremos tazas con versículos bíblicos escritos en ellas. No intentaremos ser una «cafetería cristiana» donde todos los creyentes pasen el tiempo, sino que lucharemos por difundir la influencia del reino a través de las conversaciones, el arte, la música y la poesía que serán parte de este lugar de reunión.

4. Qué aspecto tiene una reunión de la Iglesia Vintage Faith

Cuando uno entra a la reunión de adoración de la Iglesia Vintage Faith, las luces están atenuadas. En una mesa, a la entrada, alguien está dispuesto a saludar y responder preguntas. Hay folletos informativos para que la gente sepa sobre la iglesia y cómo implicarse en nuestra comunidad de adoración.

Algunos sirven deambulando y dándoles la bienvenida a las personas como se saludaría a los miembros de la familia que han venido a cenar (o como a un amigo de un familiar si es alguien nuevo).

En las mesas, cruces y otros símbolos cristianos comunican de inmediato que es un espacio sagrado donde adoramos y seguimos a Jesús.

Alrededor de las esquinas de la sala, unas cortinas negras le dan un aspecto más circular a la habitación. También crean espacios naturales detrás de ellas para las estaciones de adoración, apartándolas de la vista directa de los demás. En un principio las pusimos por estética solamente, pero la gente acabó pasando detrás de ellas para orar. Una mezcla de mesas y sillas crean una sala comunitaria, en lugar de algo parecido a un auditorio o teatro sobre el fondo negro de las cortinas. Algunas veces, si estamos impartiendo una serie temática en la enseñanza, los artistas crean nuevas obras que se relacionan con la misma. Se colocan velas sobre las mesas y también en lugares dispersos por el perímetro de la sala para invocar una sensación de reverencia y de que allí está ocurriendo algo especial.

Las estaciones de oración, que pueden o no estar vinculadas a la enseñanza de la noche, se disponen a fin de que la gente escriba sus oraciones y pensamientos en diarios. La gente también tiene libertad para pintar en diversas estaciones de arte. En algunas hay cojines y una cruz para que la gente ore. Otras tal vez tengan un significado temático con versículos y accesorios que transmiten las verdades de las Escrituras, con los cuales las personas pueden interactuar de alguna manera.

Al entrar en la sala, se ven pantallas con proyecciones de arte, imágenes y a veces versículos. Las fotografías que se presentan en los laterales de la sala muestran arquitectura antigua y otras reproducciones que nos recuerdan la antigüedad del cristianismo (no es algo moderno).

En la parte delantera hay un escenario de poca altura desde donde se habla en ocasiones, pero cuenta también con una extensión que se adentra en la parte donde se sienta la gente y no constituye una pieza central. Otras plataformas bajas en un lateral y al fondo de la sala son para el uso del grupo de alabanza y el coro, que lideran la adoración fuera de la vista directa de la mayor parte de la audiencia a fin de evitar atraer la atención sobre ellos.

Mantengamos a Jesús como pieza central de la reunión

El decorado creativo es un intento por indicar que Jesús es el centro de nuestra reunión. En la parte delantera de la sala hay cruces junto a las pantallas. Cuando tiene lugar la adoración, la visión de la cruz representa al Jesús resucitado. Durante la comunión, las mesas con el pan y la copa reciben el foco de atención en la habitación, mostrando de nuevo que Jesús es el centro de todo lo que hacemos. Este espacio lo refleja constantemente como el núcleo de todo —no al grupo de música, los oradores, el trabajo artístico ni las velas— solo a Jesús.

Cómo mantener las reuniones de adoración tan orientadas a la familia como sea posible

Para comenzar formalmente la reunión, se hace una lectura de las Escrituras o se da una bienvenida, seguida quizás de unas cuantas canciones alegres de adoración. A continuación, alguien da algunas directrices acerca de la comunidad y explica cómo vincularse a ella, así como sobre otras formas de experimentar lo que significa ser un discípulo de Jesús. Se anima a los niños a quedarse en la reunión hasta la parte de la enseñanza, cuando se les deja salir para ir a las clases adecuadas para ellos. Estamos programando unas reuniones de adoración periódicas que incorporarán a los niños durante todo el culto a fin de que puedan estar con sus familias.

Asimismo, incluimos a los adolescentes en las reuniones para que entiendan que son para ellos y no solo un lugar donde deben estar los «adultos». Tras muchos años de ser pastor juvenil, creo que resulta fundamental centrarse más en la formación espiritual en el ministerio juvenil y no duplicar las grandes reuniones de adoración, sino incorporar a la juventud y las familias a ellas.

Enseñemos la vida del reino como discípulos de Jesús

Tras los anuncios sobre la comunidad ocurre toda una variedad de cosas. Puede haber una lectura reflexiva de las Escrituras, un segmento de vídeo que contenga imágenes relacionadas con la letra de una canción de adoración, y a continuación es posible que se lea una oración o un credo al unísono. En un momento dado, pasamos al tiempo de la enseñanza, el cual se lleva a cabo desde un escenario bajo que se extiende hasta el lugar donde la gente está sentada, no desde una plataforma más alta.

La enseñanza dura entre veinticinco y treinta y cinco minutos. Utilizamos grandes porciones de las Escrituras para contar la historia de Dios y hablar de la forma en que debemos vivir como discípulos de Jesús. Esta instrucción se centra en Dios (de manera contraria a la que se enfoca en el hombre) y exhorta a la iglesia a llevar la vida de un discípulo de Jesús que invita a otros a vivir el reino y servir a los demás. Alentamos encarecidamente a la gente a llevar sus Biblias a la reunión, y se reparten muchas por si las necesitan.

La enseñanza suele incluir una mirada al significado histórico y las raíces judías de las Escrituras. En numerosas ocasiones utilizamos accesorios para comunicarnos e invitar a la gente a que responda. Usamos muchas representaciones visuales —obras artísticas, fotografías y otras imágenes— y citas de las Escrituras y palabras clave que se proyectan sobre las pantallas durante ese tiempo.

Intentamos enseñar con profundidad, ya que creemos que las nuevas generaciones tienen hambre de aprender las verdades de las Escrituras y la historia de la Biblia. Así que incrementamos el uso de las Escrituras en estas reuniones. Del mismo modo, reconocemos que la predicación que se hace en una gran reunión por lo general es más motivacional e inspiradora a corto plazo por naturaleza, de modo que no consideramos ni enseñamos que sea el único alimento semanal que la gente deba recibir. En vez de esto, explicamos y ayudamos a que la gente aprenda que debe alimentarse por sí misma, para lo cual proporcionamos otras enseñanzas y oportunidades de formación fuera de estas grandes reuniones. En nuestra opinión, la mayor parte del aprendizaje y la transformación a largo plazo ocurre de forma relacional en otros contextos; por lo tanto, es ahí donde concentramos mucha de nuestra energía. La Biblia se enseña con gran firmeza en nuestras reuniones, aunque quizás no de la forma en que la iglesia moderna considera la enseñanza y la predicación.

Un ejemplo de mensaje a partir de Efesios 2—3

Durante un mensaje de enseñanza leímos Efesios 2—3. Luego mostramos a partir de Efesios 2:8-9 cómo somos salvos por gracia y que somos hechura de Dios (su *poiema*) creada con un propósito. Explicamos cómo una forma del término «hechura» (*poiema*) nos lleva hasta la palabra «poema». Utilizamos la metáfora de que cada uno de nosotros somos un hermoso poema, una pieza de manufactura artística creada por Dios para un propósito. Leímos Efesios 3:10 y expusimos cómo Dios ha escogido a la iglesia para exhibir su variada sabiduría (de múltiples capas y multicolor). Proyectamos fotografías de vitrales de una iglesia que captaban varias escenas bíblicas. Mostramos una serie de imágenes de otros vitrales de esa misma iglesia que representaban a hombres y mujeres a lo largo de la historia de la iglesia. Hablamos sobre todas ellas mientras aparecían en la pantalla.

Expusimos una ilustración de San Agustín (353-430 d. C.) escribiendo un libro, y junto a él un corazón en llamas. El libro representaba cómo Dios utilizó su aptitud y talento para la escritura a fin de captar hermosas palabras en obras como *La ciudad de*

Dios. El corazón representaba el ardor de su propio corazón por Jesús. El mismo estaba atravesado por flechas que simbolizaban su remordimiento por los pecados pasados.

A continuación mostramos el retrato de San Bonifacio (673-754 d. C.) en un vitral. Llevaba un gran libro con una espada en una mano y en la otra un hacha. Esta hablaba de su obra como pastor en Alemania, donde se levantó contra la gente que adoraba a los espíritus de los árboles. Taló uno y usó su madera para edificar una capilla, demostrando que solo hay un Dios verdadero. El libro con la espada simbolizaba que Bonifacio había sido martirizado. Mientras lo ejecutaban, sostuvo en alto un comentario de la Biblia para impedir que lo estropearan las espadas que se abatían contra él.

Exhibimos otro vitral con la imagen de Bach (1685-1750 d. C.) tocando el órgano para gloria de Dios, con las letras «SDG» junto a él. Estas consonantes, que Bach solía estampar en los manuscritos musicales que escribía, son las siglas de *Soli Deo Gratia* («La gloria es solo para Dios», en latín).

También mostramos otras imágenes de vitrales y explicamos cómo cada uno de estos hombres y mujeres de la historia de la iglesia se recordaban de una cierta forma por lo que habían hecho con sus vidas. Cada uno de ellos era un pecador imperfecto salvo por gracia, pero Dios los utilizó para su gloria. Explicamos cómo todos estamos manchados (por el pecado), pero la luz de Jesucristo que brilla a través de nosotros le da fulgor al vitral. Hicimos la analogía de que, sin juntar las piezas mismas de la vidriera para formar una imagen, no serían más que deslucidos trozos de cristal. Estos solo son hermosos cuando se reúnen y el sol brilla a través de ellos.

A continuación planteamos la pregunta: ¿Cuál sería nuestra imagen en un vitral? ¿Por qué se nos recordará? ¿Cómo puede Dios usarnos, siendo salvos por la gracia, a fin de permitir que la luz de Jesucristo brille a través de nosotros? Dibujamos un ejemplo de cómo sería una imagen personal en un vitral y preguntamos cómo les gustaría que se viera su propia imagen. ¿Con qué símbolos querrían ser recordados?

Adoración musical contemplativa, oración y meditación

Tras ese mensaje de Efesios 2—3, empezamos otro tiempo de adoración musical más contemplativa, durante el cual la gente abandonó sus asientos, tomaron papel, crayones y lápices, y caminaron por el salón para dibujar retratos de su vitral o de cómo querían que se viera. Pudieron orar, volver a leer el pasaje de Efesios, pensar y dibujar.

La música de adoración fue deliberadamente más contemplativa durante este tiempo posterior a la enseñanza. Por lo general, después de ella también usamos algunas canciones al estilo de Taizé (Escrituras entonadas en un canto armónico) y otros cánticos de adoración pop más lentos. El coro cantaba desde el lateral o el fondo del salón, respaldando al grupo o entonando antiguas canciones corales para que la gente pudiera hacer una pausa, escuchar y orar.

Durante este tiempo musical la gente encontró espacios por toda la sala a fin de dibujar símbolos, escribir palabras, y orar que Dios los usara según su propósito como parte de la iglesia. Una vez acabados, colocaron sus dibujos en una pared donde todos pudieran verlos «en exposición» (Efesios 3:10).

La velada continuó con más cánticos y la recogida de la colecta, mientras se pasaban las bolsas de uno a otro para que la gente pusiera sus peticiones de oración y sus ofrendas financieras. Luego finalizamos con una bendición y un resumen, bendiciendo a las personas y desafiándolas a salir a cumplir la misión para la que Dios los había creado.

> Le ruego que vea mi primer libro, *La iglesia emergente*, para más reuniones de adoración multisensorial, incluyendo muchos ejemplos de lo que nosotros u otras iglesias hemos hecho en este campo.

Cómo usar elementos multisensoriales en la adoración

Algunas veces la ofrenda se recoge de las mesas con incienso encendido para simbolizar el ascenso de la misma delante del trono como olor fragante. En otras ocasiones la gente escribe plegarias en tarjetas y las colocan en un muro de oración, o las intercambian y se llevan a casa la de otra persona para poder orar los unos por los otros.

A veces pedimos que oren juntos, o que se sienten y clamen a solas si lo desean. Siempre nos aseguramos de no forzar a nadie a que participe en algo. Les damos permiso para que permanezcan sentados y observen si quieren, sin sentirse incómodos.

Podemos incluir pausas para hacer oraciones en común o leer credos. Dirigir tiempos de silencio. Permitir un espacio para compartir abiertamente y que puedan expresar oraciones de una frase o palabras en alta voz. Leer porciones de las Escrituras antes de entonar canciones específicas. Pedir que alguien cuente la historia que hay detrás de un himno antes de cantarlo. Alguien puede tener un poema para leer o una pieza de arte que explicar. Todo depende de la reunión. La planificamos con antelación, pero permitimos que el Espíritu Santo se mueva y cambie cualquier cosa que hayamos programado.

En la actualidad, tenemos tardes para celebrar la comunión una vez al mes, con un tiempo de enseñanza más breve para que toda la velada gire en torno a la comunión. La disponemos de varias formas, a veces en la parte delantera, otras en el centro de la sala, y algunas veces alrededor de ella. Sobre las mesas ponemos porciones de las Escrituras para que la gente las lea cuando pasan a tomar la comunión después que hayamos explicado su significado.

Empleamos mucha más energía y tiempo diseñando las noches de comunión. La adoración de las demás semanas sigue siendo muy multisensorial, pero con la comunión hemos alargado el tiempo de oración en las estaciones, de las plegarias colectivas, o de cualquier otra cosa que se lleve a cabo esa noche. Lo importante es no agotarse, no dejarse atrapar demasiado por la programación, ni intentar rematar cada semana con algo mejor. ¡Es malo entrar en ese ciclo! De modo que reducimos las cosas en las semanas que no se celebra la comunión en lo que se refiere al esfuerzo que dedicamos a la creatividad.

No queremos enseñarle a la gente que la adoración solo consiste en ser multisensorial, sino que la transformación tiene lugar en sus vidas como discípulos. Lo que le damos a Dios en adoración es lo importante, y no que empleemos arte y velas. Si no los estamos ayudando a ser más como Cristo, solo estamos presentando un espectáculo de entretenimiento y no adorando. La adoración debería cambiarnos, no hacernos sentir mejor ni permitirnos pasar el tiempo. Una vez más, no se trata de nosotros, sino de Jesús.

5. Resumen y pensamientos finales

Cuando Graceland empezó por primera vez como reunión de adoración dentro de la Iglesia Bíblica de Santa Cruz, imaginé que seguiría funcionando así durante los veinte años siguientes. No teníamos planes de pasar por tantos cambios hasta convertirnos en una iglesia. ¡Si embargo, se sabe que Dios está activo cuando las cosas salen completamente distintas a como uno las planeó!

El Nuevo Testamento está lleno de cambios y la iglesia primitiva no se quedó nunca estancada

Cuando leo el Nuevo Testamento, veo que las cosas cambiaban continuamente. ¿Quién habría imaginado que la gente se trasladaría del templo a las casas para adorar? ¿Quién habría pensado que un perseguidor de cristianos llamado Saulo se convertiría en el apóstol Pablo? ¿Quién habría esperado todos los giros y vueltas fascinantes de los acontecimientos que ocurrieron en la iglesia durante el libro de Hechos?

¿Por qué no deberíamos esperar un recorrido emocionante en la iglesia de hoy, con todo tipo de cambios fascinantes? ¡Deberíamos hacerlo!

No siempre pensé de este modo, claro está. Solía opinar que debíamos intentar resolver las cosas con un sistema ordenado de liderazgo y una estrategia, ciñéndonos a ellos pasara lo que pasara. Sin embargo, en la iglesia naciente en especial y en nuestra nueva cultura siempre cambiante he aprendido que más nos valdría no solo acostumbrarnos a los cambios, sino disfrutarlos y aceptarlos.

¡También creo ahora que si una iglesia sigue siendo igual durante demasiado tiempo, quizás el Espíritu Santo no esté obrando en ella! Cuando él está implicado en la iglesia, se mueve como quiere y dirige las cosas como a Jesús, la cabeza de la iglesia, le parezca adecuado. Por ello, es necesario que nos acerquemos a él mostrando dependencia y en oración para saber qué quiere que hagamos.

La creación de un puente entre los dos mundos de los dos tipos de iglesia

Con la Iglesia Vintage Faith estamos intentando crear un puente entre una iglesia moderna contemporánea (la Iglesia Bíblica de Santa Cruz) y una iglesia naciente (la Iglesia Vintage Faith). Oro que otras muchas iglesias intenten encontrar formas creativas de establecer un puente entre iglesias durante esta transición cultural. Existe un gran potencial beneficioso si las iglesias moderna y tradicional están dispuestas a tender puentes y crear iglesias y reuniones de adoración nacientes. Mi oración es que el ego y las cuestiones de control no obstaculicen lo que Dios puede hacer al tender un puente entre congregaciones y extender la diversidad de la misión de la iglesia.

Hace poco escuché que una iglesia muy antigua, a punto de morir, decidió permitir que un pastor más joven junto con la nueva iglesia que había plantado vinieran a aportarle nueva vida a la suya. Ellos siguen teniendo un culto de adoración por la mañana donde la gente mayor adora y este joven pastor los enseña. No obstante, la iglesia que plantó se reúne ahora allí los domingos por la noche. ¡Qué hermosa demostración de los valores del reino!

La Iglesia Vintage Faith está diseñada para tener sus propios ancianos y ser económicamente independiente de la Iglesia Bíblica de Santa Cruz. No se considera una especie de subministerio glorificado, sino una iglesia viable por su propio derecho. Esto cambia nuestra forma de vernos y nuestra capacidad para tomar decisiones según nuestros valores filosóficos específicos.

En mi opinión, en estos momentos esto parece ser lo mejor para ambos mundos. Durante esta transición, es la forma en que dos tipos de iglesias pueden permanecer relacionadas para que las generaciones estén conectadas, pero sobre todo a fin de que las iglesias sigan siendo quienes necesitan ser, independientemente de sus misiones específicas. Tenemos planes para que la Iglesia Bíblica de Santa Cruz inaugure más iglesias y desarrolle un centro ministerial de formación que las una a todas. ¡Queda mucha aventura por delante y veremos hacia dónde nos guía Jesús a continuación!

Ejemplo de reunión de adoración

Iglesia Vintage Faith

Tema de la reunión
Entender cuánto nos ama Dios: una mirada a lo que significa ser la esposa de Cristo.

Música de entrada
Hacemos sonar un CD con un mix de tecno.

Las Escrituras en las pantallas
Conforme entra la gente, las pantallas muestran los versículos que se enseñarán durante la reunión. Conllevan un segundo plano de arte y se repiten hasta que comience formalmente la reunión.

Música de adoración
El grupo toca desde un escenario lateral, fuera de la vista directa. Las letras se proyectan en las pantallas con segundos planos de arte y vitrales. Las canciones incluyen: «Abre los ojos de mi corazón», «Señor, haz descender tu gloria» y «Revelación».

Lectura de las Escrituras
Alguien lee Colosenses 1:15-20.

Música de adoración
Cantamos «La coraza de la oración de San Patricio» (una canción que nuestro líder de alabanza, Josh Fox, escribió utilizando la oración de San Patricio).

Anuncios de la comunidad
Bienvenida y explicación de varias formas de conectarse a la comunidad de Vintage Faith. Se hacen salir a los niños en este momento para que vayan a sus clases.

Tiempo variado
Le damos unos minutos a la gente para que se salude.

Canción
Josh Fox utiliza la canción «Solo puedo imaginar», una canción de Mercy Me, para presentar el tema de la noche. Mientras cantamos, en las pantallas aparecen versículos y segmentos de la letra seleccionados.

Mensaje
«Lo que significa ser la esposa de Cristo». Se han dispuesto siete mesas entre la gente, cada una de ellas muy decoradas con varios accesorios de enseñanza. Sirven de estaciones de oración interactivas que las personas pueden visitar. El sermón de treinta minutos explica el formato de las bodas judías en el tiempo del Nuevo Testamento. Se predica de pie, junto a cada una de las mesas, señalando los distintos accesorios y mostrando cómo se relacionan las metáforas de las bodas judías con la iglesia. Las imágenes visuales de las pantallas muestran fotografías de las cosas a las que se aluden y los versículos que se están utilizando.

Mesa 1: La selección de la esposa — Juan 15:16 y 1 Pedro 1:8-9
En esta mesa hay un espejo y las palabras «Él te ama y te escoge» están escritas en los bordes de la misma. Se cuenta cómo en los tiempos del Nuevo Testamento el padre del novio elegía esposa para él, así como Dios Padre nos ha escogido a nosotros y el increíble honor que esto supone. El espejo es para que la gente se vea reflejada al acercarse a la mesa y leer la verdad de que Dios Padre nos ha seleccionado. A pesar de quienes crean ser y lo inadecuados que se sientan, al verse en el

espejo se les recuerda que han sido escogidos especialmente por el Padre para ser parte de la iglesia, la esposa de Cristo.

Mesa 2: El precio de la esposa (*mohar*) — 1 Corintios 6:19-20

Esta mesa tiene una cruz en el centro como enfoque principal. Alrededor de los bordes están escritas las palabras: «Él pago el precio por ti». Aquí enseñamos que, después de seleccionar a la esposa, el paso siguiente era determinar el precio (*mohar*). Mientras más pagaba el padre del novio, mayor valor se le daba a la esposa. La metáfora consiste en que el precio máximo se pagó por la esposa de Cristo, y este fue la muerte del novio. Se lee el pasaje que explica cómo fuimos comprados por precio, reforzando la verdad de que el Padre debe considerarnos de gran valor para haber pagado un precio tan elevado. En las pantallas se muestra una pintura de la crucifixión durante esta enseñanza.

Mesa 3: El contrato de compromiso (*ketubah*) con la relación de regalos para la esposa — 1 Corintios 12:8-9; Romanos 12; Efesios 4

Esta mesa está dispuesta con varios accesorios, incluidas las copas y el pan de la comunión, una Biblia y un contrato con una lista de varios regalos prometidos: «vida eterna, el Espíritu Santo, perdón, fe, misericordia, servicio, enseñanza», etc. Se explica cómo en una boda judía, tras determinar el precio que el padre pagaría por la esposa, se hacía un contrato (*ketubah*) en el que se enumeraban los regalos prometidos que la esposa recibiría. En ese momento ella daba su consentimiento y bebían un vaso de vino para sellar el compromiso y apartar a la novia. El trato quedaba formalizado cuando se habían bebido el vino y se le entregaba el documento a la novia para que pudiera obligar al novio a cumplir las promesas hechas. Como esposa de Cristo, se nos han prometido muchos regalos al confiar en Jesús. Dichas promesas se encuentran en la Biblia (nuestro contrato). Cuando celebramos la comunión, recordamos el trato sellado cuando pusimos nuestra confianza en Jesucristo. Asimismo, rememoramos que hemos sido «apartados» como esposa suya, tal y como se hacía en los tiempos del Nuevo Testamento. Los novios no se unían todavía en matrimonio, pero su compromiso se consideraba tan formal como si ya estuvieran casados.

Mesa 4: Agua purificadora (*mikvah*)

En esta mesa se colocan recipientes de agua y toallas. Cuando la gente visita esta estación, se lava las manos como recordatorio. En los bordes está escrito:

«Recuerda tu bautismo o bautízate si no lo has hecho». También hay un cesto con tarjetas y lápices para que las personas anoten su nombre y número de teléfono y vuelvan a depositar la tarjeta allí si quieren ser bautizadas. Esta mesa enseña que luego de su compromiso, una novia judía tenía que tomar un baño ritual denominado *mikvah*. Vinculamos esto a la esposa de Cristo al bautizarnos en agua como signo externo de nuestro compromiso con Jesús. En las pantallas se proyectan ruinas arqueológicas de *mikvahs* de los tiempos de Jesús y también de los contemporáneos, los cuales se parecen mucho a nuestros bautisterios.

Mesa 5: El novio prepara la cámara nupcial y esperamos su regreso — Juan 14:1-3; 1 Tesalonicenses 4:16; Mateo 25:13

En el centro de esta mesa hay un cuerno de carnero llamado *shofar* y el resto de la mesa está inundado de velas. En los tiempos del Nuevo Testamento, el novio iba a la casa de su padre después de haberse comprometido para construir una habitación adicional. Le correspondía al padre decir cuándo tenía que ir a buscar a su esposa. Entonces el novio entraba en la ciudad y hacía sonar un *shofar* para que todos supieran que iba a buscarla a su domicilio a fin de llevarla a la habitación que había edificado en la casa de su padre. Esto está vinculado a la enseñanza de Jesús acerca de que iba a la casa de su Padre a preparar una morada para nosotros, su esposa, y que volvería un día a buscarnos, pero que solo su Padre conocía la hora y el día. Jesús también nos advirtió que veláramos aguardando el retorno del esposo. Alrededor de la mesa se hallan las palabras: «¿Estás preparado para encontrarte con el Esposo?».

Mesa 6: Finaliza la boda del esposo y la esposa — 1 Tesalonicenses 4:17 y 1 Pedro 5:4

Sobre esta mesa hay pequeñas copas de zumo que todos pueden tomar y beber. Representa cómo, cuando el novio va por fin a buscar a la novia, regresan a la casa de su padre. Algunas veces se le colocaba una corona a la novia para la ceremonia final. Con frecuencia bebían otra copa de vino. Esto ocurría debajo de un baldaquín que el novio construía para la ocasión (*chupah*). Acababan la ceremonia debajo de este dosel. Algunas veces, según las costumbres judías antiguas, la esposa y él rompían el vaso que habían compartido pisándolo. Esto simbolizaba cómo sus vidas se unían en una sola. En esa mesa mostramos que Jesús vendrá un día a buscar a su esposa, la iglesia, y juntos regresarán a la casa del Padre. Cuando la gente llega a esta estación, leen en el borde alrededor de la mesa: «Él te ama y se comprometerá contigo». Hay un baldaquín junto a esta estación y la gente bebe debajo de él de una copa de plástico que luego aplastan bajo sus pies (sobre una lona).

Mesa 7: La cena de bodas — Apocalipsis 19:6-9 y Apocalipsis 3:20
Esta mesa está montada con sillas, elaborados cubiertos, platos, fruta, etc. Representa un gran banquete. Alrededor de la misma se lee: «Jesús te invita a cenar y estar con él para siempre».

Interacción en las estaciones de adoración y oración
Tras el mensaje, se invita a las personas a ponerse de pie y caminar por las siete mesas una detrás de otra. Esto toma unos treinta minutos. La gente se detiene en cada una de las estaciones y lee las Escrituras, ora, mira las palabras alrededor de la mesa e interactúa de otras formas que se han dispuesto para esto. También pueden dirigirse a los espacios privados de oración, escritura de un diario o arte. El grupo de alabanza dirige a la comunidad en adoración desde un escenario al fondo de la habitación durante este tiempo. En las pantallas mostramos imágenes y letras de las canciones «Maravilloso Rey», «El amor constante del Señor», «Sublime amor» (Himno), «Eres tan bueno conmigo» y «Danzaremos». La música comienza de forma muy contemplativa y va aumentando hacia el final.

Colecta
Alguien de la comunidad ora por la ofrenda y se pasan las bolsas mientras la música toca de fondo.

Oración final de la comunidad y bendición
Se apartan unos minutos para compartir libremente, en los cuales la gente puede elevar breves oraciones de agradecimiento de una sola frase en voz alta, sobre todo en cuanto a ser la esposa de Cristo. Se hace una oración de bendición tras unos tres minutos. La misma le encomienda a la gente su misión de ser la esposa de Cristo durante la semana.

Música de salida
Hacemos sonar un CD de ambiente sin letra.

CAPÍTULO 14

Cómo comenzar reuniones de adoración en los hogares

Si hablamos de reuniones de adoración naciente, algo que está aflorando cada vez más en las conversaciones de la nueva iglesia y no podemos ignorar son las reuniones en las casas iglesias.

Cuando decimos «casa iglesia», a nuestra mente acuden diferentes imágenes. Han existido tantas formas distintas de iglesias en las casas a lo largo de la historia que no podemos catalogarlas y etiquetarlas en un pequeño montón ordenado. Ellas son únicas dependiendo de su entorno particular y el contexto del liderazgo.

Al leer el Nuevo Testamento, descubrimos que durante largo tiempo la iglesia se reunió en los hogares para adorar. Las casas iglesias constituyen las raíces de la adoración cristiana en comunidad.

En las Escrituras leemos:

• «De casa en casa partían el pan y compartían la comida con alegría y generosidad, alabando a Dios» (Hechos 2:46-47).

• «…como también la iglesia que se reúne en la casa de ellos» (1 Corintios 16:19).

• «Saluden a los hermanos que están en Laodicea, como también a Ninfas y a la iglesia que se reúne en su casa» (Colosenses 4:15).

• «…y a la iglesia que se reúne en tu casa» (Filemón 2).

Al empezar a preguntarnos por qué hacemos ciertas cosas, es necesario que prestemos atención a los orígenes de nuestras prácticas cristianas de adoración. Con frecuencia descubriremos similitudes sorprendentes y contrastes entre lo que suponía la «iglesia» para los primeros cristianos y lo que nosotros pensamos que es —o deseamos que sea— hoy.

No fue hasta unos pocos siglos después de la ascensión de Jesucristo que, por ejemplo, los cristianos se trasladaron de las casas a los edificios de iglesia. Durante el tiempo de Constantino, las iglesias crecieron y adoptaron un orden más formal para lo que ocurría en las reuniones.

Las nuevas generaciones ansían algo que trascienda los «grupos pequeños»

Una y otra vez oigo la creciente insatisfacción con lo que solemos llamar «grupos pequeños», en particular como vehículo para adorar juntos. Existe un deseo en aumento entre las nuevas generaciones de ser parte de comunidades más pequeñas que no estén tan controladas como extensiones del conjunto de la iglesia.

Las nuevas generaciones anhelan experimentar una comunidad auténtica. Ellos ansían pertenecer a un grupo de adoración más pequeño, donde puedan ser dueños de sí mismos, compartir sus vidas de un modo profundo (lo bueno y lo malo), hacer preguntas difíciles y lidiar con respuestas menos categóricas.

Algunas iglesias tienen grupos pequeños donde esto ocurre. Donde no los hay, las nuevas generaciones están expresando un creciente deseo de ir más allá de la forma tradicional de los grupos pequeños para adoptar el formato de las casas iglesias del Nuevo Testamento como parte de su experiencia de adoración.

Las casas iglesias son diferentes a los grupos pequeños

Las iglesias pueden tener grupos pequeños y grupos de hogar, pero las casas iglesias funcionan de forma más independiente y no cuentan con una «iglesia madre» que las dirija. Operan con su propio liderazgo y toman sus propias decisiones. Todo no está vinculado a una iglesia central, sino más bien descubrirá que la mayoría de las casas iglesias nacientes forman una red con otras como ellas. Esto permite que se sientan parte de la comunidad más amplia de la iglesia y también les proporciona una sensación de apoyo y responsabilidad por lo que ocurre en ellas.

Para cumplir el propósito de este libro examinaremos cómo adoran las casas iglesias, aunque este capítulo no ofrece en modo alguno una mirada exhaustiva a la forma en que todas ellas lo hacen. Centraré la mayor parte de mi debate en dos ejemplos de redes de casas iglesias.

1. Por qué era necesaria una nueva reunión de adoración

Jason Evans era pastor a tiempo completo de una iglesia contemporánea al sur de California. Era un buen trabajo y se sintió ilusionado cuando le asignaron la tarea de empezar una nueva reunión de adoración para las nuevas generaciones.

Sin embargo, las cosas no salieron como esperaba. Tan pronto como comenzó esta reunión en su iglesia, empezó a sentirse muy inquieto. Aunque ofrecían mucha buena música y predicación, e incorporaron elementos multisensoriales en el nuevo culto, se preguntaba si este enfoque en una iglesia transformaba de verdad la vida de la gente.

> «Adoren al SEÑOR con regocijo. Preséntense ante él con cánticos de júbilo».
> —Salmo 100:2

Jason también se cuestionaba cuánto de lo que estaban haciendo no significaría sencillamente trasladar a las personas de una iglesia a otra mediante mayores y mejores programas y las reuniones de adoración que ofrecían.

Además, cada vez que llevaba en su auto a los trabajadores inmigrantes o los sin hogar que vivían en chozas de cartón, se preguntaba por qué gastaban tanto dinero en edificios, personal y presupuestos.

Finalmente, este replanteamiento de lo que es la iglesia provocó una crisis de conciencia con la que Jason ya no podía vivir. Abandonó su trabajo y se fue a trabajar para una compañía de publicidad. Comenzó a pasar más tiempo reconsiderando lo que supuestamente debía ser la «iglesia». Sin un plan deliberado, empezó a encontrarse casualmente con otros pastores que tenían experiencias similares e incluso habían dejado sus iglesias. También conoció a otra gente, por lo general de veintitantos años, que se habían marchado de algunas megaiglesias y buscaban algo diferente.

Jason no había oído hablar jamás de una «casa iglesia». Las únicas impresiones que tenía eran de militantes y grupos aislados. Sin embargo, sin saber que estaban formando una, él, el grupo de antiguos pastores y otra gente que había dejado sus iglesias anteriores empezaron a reunirse semanalmente en una casa. Nunca comenzaron ni planearon inaugurar su casa iglesia. Sencillamente ocurrió.

Este grupo empezó a reunirse una vez por semana para orar unos con otros y examinar cómo definían las Escrituras a la iglesia. Deliberadamente, no se centraron en lo que la iglesia no es. Su reunión no era un lugar al que la gente venía a murmurar o criticar a la iglesia, sino que querían enfocarse en lo que la misma debía ser.

Esta pequeña comunidad de la casa iglesia procuró volver a descubrir e imaginar la iglesia desde una nueva perspectiva. Se reunían cada semana y adoraban juntos. Desde que comenzó esa casa iglesia inicial, han creado otras también. Ahora le llaman a esta red de casas iglesias en desarrollo Matthew's House [La casa de Mateo].

Una reunión de adoración para jóvenes adultos se convierte en otra red de casas iglesias

Axxess Fellowship comenzó de un modo totalmente distinto a Matthew's House. Empezó en la Iglesia Bíblica de Pantego, en Arlington, Texas, que es una congregación próspera con una predicación extraordinaria y unas maravillosas reuniones contemporáneas.

Brad Cecil era parte de esta iglesia, pero sentía la inquietud de que se necesitaba un nuevo tipo de reunión para nuestra cultura cambiante. De modo que la congregación le pidió a Brad que empezara «Axxess» los domingos por la tarde como reunión adicional diseñada para jóvenes adultos. El plan exigía que Axxess fuera indefinidamente una asamblea de la Iglesia Bíblica de Pantego con esta orientación.

Sin embargo, a medida que el tiempo pasaba, Brad y otros vieron lo que estaba sucediendo en la vida de los jóvenes adultos y en nuestra cultura naciente. Como reunión para este sector de creyentes, Axxess se enfrentaba a las mismas preguntas que la mayoría de las reuniones de este tipo se hacen: ¿Es correcto tener reuniones de adoración con límite de edad? ¿Se trata de una cuestión generacional o es algo mucho mayor que esto? ¿Tiene que ver más bien con un cambio en la forma de adorar y de pensar sobre la iglesia que con una modificación del estilo de música y el uso de velas?

Conforme transcurrió el tiempo y lidiaron con estas preguntas, Brad y otros decidieron finalmente convertirse en una reunión para todas las edades en la Iglesia Bíblica de Pantego, diseñada para aquellos que tenían una mentalidad más postmoderna, postcristiana. Con el tiempo pasaron por otras transiciones. En última instancia, por razones filosóficas, se desconectaron de esta iglesia para convertirse en una iglesia independiente (con la bendición del liderazgo de la Iglesia Bíblica de Pantego). Sin embargo, su transformación no quedó ahí.

Axxess comenzó a reflexionar todavía más sobre lo que es la iglesia. Querían vivir el «ser la iglesia» en lugar de «ir a la iglesia». Deseaban compartir la vida juntos como discípulos de Jesús y no limitarse a asistir a una reunión de adoración. De modo que pensaron que lo mejor era pasar por un renacimiento y convertir a Axxess en una red de pequeñas comunidades de fe diversas que se reunían principalmente en casas, apartamentos y cafeterías durante la semana.

Axxess pasó de centrarse en una reunión semanal con grupos pequeños a ser una red de casas iglesias que se reunían para adorar juntos en los hogares durante la semana.

Para ellos, una gran razón para hacer este enorme cambio fue una pregunta. Empezaron a cuestionarse de forma filosófica: «¿Cómo se transforma la gente?», y no: «¿Qué hacemos creativamente en una nueva reunión de adoración?».

Brad explica: «Creemos que la modernidad fomenta la idea de que un individuo se transforma a través del intercambio de información. Las iglesias se lo han creído y han construido edificios a fin de tener mayores salones de clases para la enseñanza didáctica, dando por sentado que esto produce transformación. ¿Qué ocurre si ya no es así? Sentimos que la transformación tiene lugar a medida que compartimos la vida. Este es el antiguo modelo de transformación y un patrón muy bíblico. De modo que tenemos una razón muy estratégica para pasar a las casas iglesias: las mismas proveen la situación óptima para el intercambio de vida, y por lo tanto para la transformación».

El enfoque de la casa iglesia no solo conlleva un cambio de metodología, sino también una modificación de lo que es la iglesia y cómo uno se centra en la formación espiritual.

2. Cómo funciona la reunión de adoración dentro del conjunto de la iglesia

Es interesante ver cómo funciona la reunión de adoración dentro de la totalidad de la iglesia en el caso de Matthew's House y también en el de Axxess Fellowship. Las casas iglesias no se sienten atadas a una congregación central única, ya que cada una de ellas lo es en sí misma. Funcionan más bien como una red de iglesias que retienen un sentido de una comunidad de adoración más amplia.

Las casas iglesias de estas redes se reúnen de forma independiente todas las semanas; sin embargo, al estar interconectadas, también se juntan para adorar en un contexto más amplio. Las iglesias de Matthew's House se congregan una vez al mes en un centro comunitario alquilado.

En un principio, las de Axxess solo se reunían una vez al mes como grupo general, pero sentían el deseo de adorar en comunidad con mayor frecuencia. De

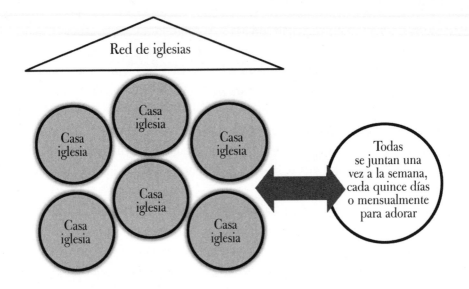

modo que volvieron a juntarse todos los domingos por la noche. En la actualidad tienen un edificio arrendado para sus asambleas dominicales semanales.

3. Cómo se estructura el liderazgo en el conjunto de la iglesia

Matthew's House está liderada por ancianos que pastorean cada una de las casas iglesias y se reúnen entre ellos con regularidad. Conversan sobre cómo van las iglesias y dedican un tiempo a alentarse y apoyarse los unos a los otros. Las casas iglesias mismas se autolideran en gran medida. No hay personal retribuido, ya que todos los que pertenecen al liderazgo tienen otros trabajos. Cada una de las casas tiene un nombre que suele corresponder a su ubicación geográfica como «Iglesia de Laguna», «Iglesia de Mar Vista», etc. Se recoge la ofrenda en la reunión y la casa iglesia individual decide cómo emplearla. Esto contribuye a cubrir las comidas que hacen juntos y también se usa para ayudar a los pobres.

En Axxess Fellowship un consejo de ancianos supervisa el conjunto de la iglesia. Ellos tampoco tienen personal asalariado. Los ancianos forman parte de varias casas iglesias. Sin embargo, Axxess forma pastores y los asigna a cada una de ellas. Los denominan «pastores» porque son quienes pastorean la casa iglesia. Para acceder a esta función se requiere mucha preparación y entrenamiento. De esta manera, cada una de las casas tiene un líder espiritual específico que vigila y cuida al rebaño junto con los ancianos.

4. Qué aspecto tiene la reunión de adoración en una casa iglesia

Las casas iglesias tienen dos reuniones de adoración. La primera es la que celebra cada una de ellas una vez por semana. Las cosas se hacen de forma diferente según la casa. Algo que Jason Evans declaró sobre las reuniones de adoración en las casas iglesias es que todo lo que hacen es adorar. No existe compartimentación alguna de la adoración en ningún momento. Todo es adoración.

La reunión de adoración más pequeña y semanal en los hogares

En la Iglesia de Mar Vista de Matthew's House, una casa iglesia comienza con una comida en común. Pueden celebrar la comunión antes o después de comer. Esta comida representa el partimiento del pan juntos (Hechos 2:42). La comida es un tiempo en el que la gente conversa y representa a la iglesia unida. La hermosura de esta reunión es que no hay nada escondido. El ambiente de amor, aceptación y adoración permite que todos se conozcan de verdad entre sí y compartan la vida juntos.

Tras la comida pasan a la sala de estar y lo que allí sucede es de lo más diverso. Cuando una reunión de este tipo no sigue un guión ni una planificación, el Espíritu en verdad se puede mover mucho más y cambiar la dirección de lo que ocurre. Sin embargo, sigue habiendo un orden. Se utiliza *El libro de oración común* para las plegarias dirigidas y las lecturas de las Escrituras. Se imparte alguna enseñanza, pero solo durante diez o quince minutos. El resto del tiempo se dedica al debate abierto y la interacción. Por lo general van rotando la enseñanza y la comparten entre los que integran la casa de semana en semana. Cantan un poco, pero no se centran en ello, por lo que solo serían una o dos canciones. Disponen de un tiempo de meditación y quizás reciten al unísono un cántico de las Escrituras o una oración.

En estas reuniones los niños siempre se quedan con los demás durante las comidas. Dependiendo de la casa iglesia, pueden estar presentes también todo el tiempo de la reunión de adoración o marcharse a otra habitación. Una de las casas de Matthew's House tiene una reunión aparte para los niños después de la comida. Una persona de la iglesia, que va rotando cada semana, los enseña y dirige en otra habitación mientras los padres están reunidos. Al finalizar el culto, continúan pasando un rato juntos.

La reunión de adoración en las casas iglesias de Axxess Fellowship es similar. Se reúnen el domingo por la mañana y desayunan juntos. La gente lleva comida y sirven un bufé. Conversan mientras toman un café, oran, comen, estudian las Escrituras y elevan más plegarias. Los niños son bienvenidos y se sientan con sus padres a menos que sean demasiado molestos. En este caso, los padres pueden llevarlos a una habitación donde hay vídeos, libros y juguetes. En una de las casas de Axxess tienen bebés, niños pequeños de uno a tres años, chicos en edad escolar, adolescentes, universitarios, jóvenes adultos, solteros, casados y adultos mayores. Les gusta estar mezclados de este modo y no ser un grupo de una sola edad. Esta casa iglesia funciona más bien como una reunión familiar semanal.

Las reuniones más generales de las casas iglesias

En Matthew's House todas las casas iglesias se reúnen una vez al mes. Antes de cada una de estas asambleas, un grupo de ancianos y algunos integrantes de las casas planifican cómo será la reunión. Se juntan en un edificio alquilado por la comunidad y empiezan con una comida en la que todos aportan alimentos. Cantan con un grupo de música y hacen muchas de las cosas que suelen hacer en los hogares, pero en un entorno más amplio. Presentan un informe de cómo va cada una de las casas iglesias. Uno de los ancianos imparte una breve enseñanza. Pueden tener tiempos de silencio, meditación y celebrar la comunión cada vez (la gente acude al frente para participar en lugar de pasar una bandeja por los pasillos). Se pueden incluir algunas piezas de arte o crear algunas cosas juntos. Los niños forman parte de la reunión, de modo que pueden colaborar en el trabajo artístico.

En la reunión semanal de Axxess Fellowship en la que todas las casas iglesias se reúnen, alquilan un edificio de iglesia para congregarse cada semana los domingos por la noche. El orden aproximado del culto consiste en un saludo y una invocación, seguido por un tiempo de música mientras adoran. También participan de la comunión cada semana y esta puede tener lugar en cualquier momento del culto en que se encuentren preparados para ello. Comparten unas palabras con algo de enseñanza, adoran por medio de la música, y se finaliza la reunión con una bendición.

La comunidad de ancianos es la que planifica las reuniones más amplias de Axxess y estas pueden variar según lo que deseen llevar a cabo. Uno de los meses, el tema de la reunión fue expresar la adoración a Dios por medio de las artes. A lo largo del mes invitaron a varios conjuntos musicales para que dirigieran toda una reunión de adoración. Los cineastas proyectaron películas como expresión de adoración. También adoraron mediante palabras habladas (poetas, narradores de historias, etc.). Incluso decidieron cambiar el lugar de reunión, utilizando una cafetería para los poetas, un teatro para los cineastas, etc.

Para la reunión de adoración normal de cada semana en Axxess, en la que se juntan todas las casas iglesias, el entorno básico es una habitación oscurecida y alumbrada con velas, esteras de oración situadas por todas partes, y la comunión/eucaristía en el centro mismo de la habitación, como un símbolo de que Jesús es el enfoque principal. La gente puede participar allí de los elementos en cualquier momento durante el culto; se dirigen al centro de la sala (a veces se arrodillan), comparten, oran y vuelven a su lugar. Los niños pueden quedarse con sus padres durante la reunión, pero también tienen una clase especial si son demasiado pequeños para participar.

4. Resumen y pensamientos finales

Me sentí sumamente tranquilo al escuchar lo que ocurría en las reuniones de adoración de estas casas iglesias. Sin lugar a dudas, existe una sensación absoluta de que estas iglesias consideran la adoración como algo que no solo ocurre cuando se juntan, sino a lo largo de toda la semana. Indudablemente, la iglesia es la iglesia y no el culto al que la gente asiste. Con toda sinceridad, es lo más parecido a lo que la iglesia del Nuevo Testamento debió ser. No hay ejemplo de orden a seguir en la reunión de estas casas iglesias al final del capítulo. Desde luego lo tienen, y también un plan, pero son unos cultos tan orgánicos que no necesitan una hoja con un bosquejo de los mismos. Creo que con lo que ya se ha descrito puede hacerse una idea.

Bañarse desnudo espiritualmente en la adoración de la casa iglesia

La sensación de experimentar la comunidad verdadera y no limitarse a «la comunidad forzada de los grupos pequeños» es algo que solo puedo imaginar en un lugar donde las vidas son realmente transformadas. Sin embargo, existe un precio para este tipo de comunidad. Jason Evans describió la experiencia de estar en una reunión de una casa iglesia como «bañarse desnudos espiritualmente» todos juntos. Lo que quería decir con esto es que en las casas iglesias no hay mucho margen para esconderse. En las reuniones más numerosas la gente no tiene que permanecer en un grupo pequeño. Basta con asistir a la reunión más amplia y de algún modo esconderse. En una casa iglesia uno participa en intensas reuniones de amor, y esto significa exponer lo que somos en verdad y compartir la vida juntos. Es algo hermoso, pero puede resultar vulnerable y aterrador sobre todo para quienes no hayan experimentado antes relaciones saludables. ¡No todos se sienten cómodos con una intimidad de este tipo, a pesar de que la comunidad se trate realmente de esto! Todos deberíamos experimentar la comunidad de esta manera, ya que es en este tipo de colectividad de adoración donde tiene lugar la formación espiritual.

En estas reuniones de las casas iglesias, ya sea en entornos más pequeños o más grandes, vemos la importancia y el valor de tener a toda la familia adorando junta. Esto ocurre de varias formas, mientras el ministerio de los niños tiene lugar en reuniones separadas o estando todos juntos. También conozco una casa iglesia que empezó otras casas para adolescentes como complemento de los cultos a los que asisten los padres. Los adolescentes necesitaban algo especialmente para ellos, de modo que comenzaron lo que puede parecer un minigrupo juvenil además de la reunión de la casa iglesia.

Convirtiéndonos en casas iglesias adoradoras positivas y saludables

Pienso también que estos tipos de reuniones en las casas iglesias son tan positivas que romperán los estereotipos de aquellas que son más parecidas a campos de refugio para cristianos amargados que se quejan de la iglesia organizada. El hecho de que pertenezcan a una red y no estén aisladas también puede impedir —eso espero— las locuras que se pueden desarrollar si no tuvieran que rendir cuentas a alguien fuera de la casa individual. Además, existe un sentido de liderazgo que faculta todo lo que ocurre allí, e imagino la sensación de propiedad y responsabilidad que aporta el que cada casa tenga un «pastor». Esto desarrolla líderes de un modo extraordinario, en lugar de que los habituales «pastores» asalariados y formados en los seminarios resulten los únicos que sean considerados como tales. ¡Por supuesto, tal cosa significa más entrenamiento y madurez para los líderes de las casas iglesias, pero en la iglesia primitiva tampoco existían los grados y los títulos!

¿Se puede transformar el enfoque de la casa iglesia para aplicarlo a una iglesia más grande?

Al pensar en todo esto, me pregunté si sería posible transformar los valores y la filosofía de lo que están haciendo las casas iglesias en cuanto a la adoración y seguir manteniendo una iglesia centralizada. ¿Existe una manera de mantener los valores y la capacitación de una casa iglesia y contar también con la ventaja de una iglesia centralizada?

Parte del enfoque a la adoración de la casa iglesia es similar hasta cierto punto a lo que algunas de las iglesias nacientes están haciendo, aunque no se definan directamente como una red de casas iglesias. Como hemos descrito en el último capítulo, la Iglesia Vintage Faith se está desarrollando a partir de una comunidad de grupos en los hogares/casas iglesias, aunque tenemos una reunión más amplia de adoración. Sé que tanto nosotros como otras muchas iglesias también estamos enseñando e intentando que la gente *sea* la iglesia en lugar de *ir* a la iglesia. Asimismo, se está adoctrinando a las personas en cuanto a que la adoración no se limita a la celebración de la reunión, sino es un estilo de vida. Supongo que el tiempo dirá la última palabra a medida que todos experimentemos juntos sobre esto.

La adoración naciente en las casas iglesias está brotando por doquier a nuestro alrededor

Ya sea que usted concuerde o no con la filosofía de la casa iglesia, las mismas están surgiendo por todas partes. Las nuevas generaciones se han visto cada vez más atraídas a una combinación de reuniones en las casas iglesias con reuniones de adoración más grandes durante el fin de semana.

En la Inglaterra postcristiana, la Iglesia de Santo Tomás (www.stthomaschurch.or.uk) cuenta en la actualidad con unas dos mil personas, de las cuales el setenta por ciento no llega a la edad de treinta y cinco. Este es un número enorme para una iglesia en Inglaterra, así que deberíamos prestar atención. ¡Lo que atrae a los postcristianos en ese país no debe ser ignorado!

Aquí, en los Estados Unidos, la Iglesia del Apóstol en Seattle (www.apostleschurch.org) es una nueva congregación cuyos miembros también se sienten entusiasmados en cuanto a no limitarse a «ir a la iglesia», sino también desean «ser la iglesia» en sus vidas cotidianas y las interacciones de todos los días con los demás. Tienen una reunión de adoración más amplia, muy creativa y multisensorial, pero denominan «microiglesias» a sus reuniones en las casas iglesias.

La Iglesia Apex en Las Vegas (www.apexchurch.org) también se reúne como red de casas iglesias.

Cada vez son más los grupos que experimentan para ver de qué forma podría servir la adoración de la casa iglesia como una estructura para las iglesias nacientes. Esto sería extremadamente importante para nuestro futuro. Desde luego, me siento optimista en cuanto a que aprendamos del movimiento de las casas iglesias. Creo que es posible si los líderes consideran relevante trasmitirles estos valores a las iglesias más grandes. Muchas ya están adoptando un enfoque de «postgrupos pequeños» (como los llamamos) para edificar una comunidad verdadera.

CAPÍTULO 15

Reuniones de adoración alternativa en Inglaterra

Nos dieron a los Rolling Stones, Sting y The Police, Led Zeppelin, Radiohead, Coldplay... y la adoración alternativa multisensorial, la cual está influenciando ahora las reuniones de adoración naciente en los Estados Unidos. En lo personal, intento seguir de cerca lo que el Espíritu Santo está haciendo en las iglesias de Inglaterra, pues creo que los que están creciendo allí fuera de los círculos de la iglesia (los postcristianos y ahora la mayoría) son muy similares a las generaciones postcristianas de aquí. Escuchan la misma música, ven las mismas películas, y su cosmovisión los está moldeando de una forma muy parecida a los que se crían aquí fuera de los hogares cristianos. Por lo tanto, cuando las generaciones postcristianas de Inglaterra y Europa que crecieron fuera de la iglesia se están identificando allí con la adoración, nosotros en los Estados Unidos deberíamos prestar atención.

No se puede comparar del todo a Inglaterra con los Estados Unidos

Sin embargo, existen diferencias entre la iglesia de Inglaterra y la de los Estados Unidos. En la primera, por ejemplo, jamás hubo un movimiento de iglesia buscadora. Por lo general, los nacidos después de la Segunda Guerra Mundial, durante la explosión de la natalidad, son la generación que abandonó la iglesia en los sesenta, del mismo modo en que los nacidos después de 1965 aproximadamente lo están haciendo ahora en los Estados Unidos. La mayoría de las iglesias de aquí han vencido las barreras de utilizar tambores, guitarras e introducir diapositivas en PowerPoint® en las reuniones de adoración. Aunque esto también se presentó en las iglesias británicas durante las décadas de 1980 y 1990, en la mayoría de los lugares se consideraban algo bastante polémico y negativo hasta que hace muy poco Steve Collins, que vive en Inglaterra y supervisa una extensa página web sobre adoración alternativa (www.alternativeworship.org.), lo explicara de esta manera: «Jamás hemos tenido en Gran Bretaña una iglesia buscadora para los nacidos en los sesenta. Nuestras congregaciones se están desvaneciendo y la cultura imperante en las iglesias sigue siendo una especie de forma tradicional de iglesia débilmente modernizada. Las mismas están cansadas y obsoletas. Nuestros edificios pertenecen en su mayor parte a los siglos diecinueve o quince. Olvídese de las butacas de cine que ustedes tienen en la actualidad [en los Estados Unidos], nosotros en general tenemos duros bancos».

Por lo tanto, en cuando a metodología de la iglesia y subcultura cristiana, existe una inmensa diferencia entre las iglesias estadounidenses y las británicas. Y aunque las iglesias de Inglaterra rara vez han adoptado la metodología buscadora y contemporánea, aquellos que nunca han experimentado la iglesia allí son similares a los que aún no la han conocido aquí tampoco.

En este capítulo consideraremos una reunión de adoración alternativa de Inglaterra llamada «Grace» [Gracia], la cual forma parte de la Iglesia de Santa María en Londres, Inglaterra. Al analizar lo que ellos están haciendo (y el porqué) en lo tocante a la adoración, quizás podamos descubrir lo que funciona con las generaciones postcristianas de allí.

1. Por qué era necesaria una nueva reunión de adoración en la Iglesia de Santa María

La iglesia de Inglaterra ha experimentado un grave declive en la asistencia desde la década de 1980. En realidad, la encuesta de asistencia a la iglesia inglesa del año 2000 muestra que el número de jóvenes se ha reducido a la mitad a lo largo de dos décadas. De modo que unas cuantas iglesias anglicanas comenzaron a experimentar con nuevos cultos de «adoración alternativa» en las congregaciones existentes. No se trató de una nueva imagen de lo que hacía la iglesia establecida para atraer a la gente más joven, sino que fue todo un paradigma inédito de adoración para la iglesia de Inglaterra. Muchos líderes juveniles empezaron a considerar su ministerio en un contexto misional y adoptaron un enfoque encarnacional con respecto a la cultura popular de su entorno, comenzando a usarla en estas reuniones de adoración, pero transformándola al mismo tiempo mediante las prácticas históricas y litúrgicas de la iglesia.

Estas nuevas reuniones de adoración se celebraron por la noche, el domingo o durante el fin de semana, en el edificio de la iglesia madre. A medida que fueron atrayendo a muchos jóvenes nuevos, se dieron a conocer como «iglesias juveniles» o «congregaciones juveniles», pero no con el sentido que le damos al término «juvenil» en los Estados Unidos. El mismo implicaba una mezcla de todas las edades, pero principalmente de gente joven.

La historia de la Iglesia de Santa María y la reunión de adoración alternativa Grace consiste en que un pequeño grupo de hombres y mujeres decidieron iniciar una reunión que sería muy distinta a las que se celebraban en su iglesia. Así que comenzaron «Grace», reuniéndose una vez al mes los sábados por la noche y compartiendo una cena comunitaria una noche de domingo al mes.

En la página en la Internet de Grace cuentan la historia de por qué comenzaron la nueva reunión de adoración: «Nuestra principal motivación en aquel momento era la insatisfacción y una creciente frustración por la cultura de la iglesia, que utilizaba una música que jamás escuchábamos en casa, un lenguaje que no se emplearía en ningún lugar, y servía una dieta que se había vuelto exageradamente familiar y con frecuencia irrelevante. La iglesia se había convertido en algo "hecho para nosotros", con una cultura de dependencia en la que no encajábamos. Sin embargo, no todo era negativo. Pensamos que debía haber otra gente por ahí afuera que se sentía igual, viviendo en la cultura del «escoge y mezcla» en la que estábamos inmersos. No queríamos tener solo una habitación llena de asistentes a la iglesia insatisfechos, sino una reunión de adoración a la que pudiéramos invitar a nuestros amigos».

2. Cómo funciona la reunión de adoración en el conjunto de la iglesia

La Iglesia de Santa María es anglicana y pertenece a la estructura del liderazgo anglicano. A su vez, Grace también se considera una congregación distinta dentro de esta iglesia. Ellos usan un enfoque distinto para adorar en términos del estilo, la teología, el espacio de adoración, la utilización de la cultura y la tecnología, el método de liderazgo y la creatividad. Algunos asistentes también forman parte de los demás cultos en Santa María, otros solo acuden a las reuniones de Grace. En ambos casos, el deseo de esta nueva reunión es construir una comunidad de adoración propia.

Jonny Baker es un líder de Grace y explica cómo la misma funciona en conjunto con la Iglesia de Santa María: «La estrategia no consiste en que la gente de Grace se traslade a las reuniones principales. Tenemos nuestro propio sabor cultural. ¿Por qué debería la gente ir a los demás cultos? Se trata de otro mundo. Sería algo al estilo de la vieja misión imperial, que esperaba que la gente se volviera occidental para poder ser cristiana. Por lo tanto, hacer que la gente se mueva a la parte principal de la iglesia y [adopte] una forma distinta de hacer las cosas no tendría demasiado sentido. Sin embargo, intentamos tener relación con la iglesia más amplia de otras maneras, y lo conseguimos. Por ejemplo, de vez en cuando celebramos una reunión dedicada a ellos o nos juntamos todos para un evento social.

»Mantenemos una relación muy flexible con la Iglesia de Santa María. Nosotros mismos planificamos todas nuestras reuniones, y ni siquiera les pasamos nuestros temas o títulos al vicario o el liderazgo de la iglesia general. En ocasiones nos reunimos para conversar sobre cómo van las cosas, pero es algo relacional más que jerárquico. Algunas veces el vicario viene a las reuniones para adorar y observa; otras veces preside en la comunión. No obstante, aun así somos muy independientes. En cuanto a la misionología, tenemos lo que se conoce como el "principio tres-auto": autogobierno, autofinanciación y autopropagación. No tenemos personal asalariado, todos somos voluntarios y sostenemos económicamente a Grace a través de nuestras propias ofrendas».

La Iglesia de Santa María le permitió a un joven grupo de personas que creara una nueva comunidad de adoración. Vemos que es independiente, pero sigue formando parte del conjunto de la iglesia. Al haber facultado a los líderes más jóvenes para que diseñaran y dirigieran esta reunión, Grace refleja directamente cómo ellos querían expresarle su adoración a Dios. No se les impuso una forma particular de hacerlo. Como veremos, en lugar de establecer una reunión que fuera como las demás (solo que con diferente música), desarrollaron una experiencia de adoración distinta por completo.

3. Cómo se estructura el liderazgo en el conjunto de la iglesia

Grace tiene su propio equipo de liderazgo de voluntarios que se reúnen con regularidad para planificar sus reuniones y otros acontecimientos durante la semana. Su relación con Santa María no es demasiado formal. No existe una estructura para informar ni reuniones formales preestablecidas. Tampoco tienen consejo de ancianos. Jonny Baker explica: «Las iglesias anglicanas no tienen ancianos. En la actualidad tenemos a un miembro que pertenece al equipo del personal. Ella será ordenada este verano. Se implicó en la iglesia cuando quiso involucrarse en Grace. Sin embargo, su participación allí es la misma que la de cualquier otro; solo nos proporciona un mejor canal de comunicación con el conjunto de la iglesia».

4. Qué aspecto tiene la reunión de adoración de Grace

Al describir en verdad la adoración alternativa como se lleva a cabo en Grace y otras reuniones en Inglaterra, las palabras no le harían justicia. Las mismas son tan visuales, participativas y multisensoriales, que uno necesita imágenes y no solo palabras para poder definirlas. En la página de Internet de Vintage Faith (www.vintage-faith.com) añadiremos enlaces a numerosos sitios de adoración alternativa en la red, y proporcionaremos fotografías para ver algunas de las cosas que comentamos en este capítulo y también sobre la adoración multisensorial en general. Del mismo modo puede ir a la página de Grace (www.freshworwhip.org) para comprobar visualmente lo que se ha escrito sobre ella, así como a www.alternativeworship.org.

Procuremos adorar a Dios utilizando su lengua nativa

Para empezar a describir cómo es una reunión de adoración en Grace, deberíamos analizar primero algunas de las razones detrás de lo que hacen. En su página web explican: «Procuramos adorar a Dios de maneras y formas con las que podamos relacionarnos, utilizando los recursos culturales de hoy que son nuestra lengua nativa. Esto no es un ardid para intentar alcanzar a los jóvenes. Surge de quiénes somos y es una aspiración a ser auténticos en cuanto a ello. Esto no excluye en modo alguno las cosas antiguas o incluso la tradición, pero lo antiguo que incorporamos (como la liturgia celta) es lo que le dice algo a nuestra situación actual, no los restos del pasado que permanecen debido a la indiferencia o el temor al cambio. Al estar buscando nuestro camino a través de nuestros sentimientos con algo que no es nuevo, a veces las cosas no salen bien, pero lo aceptamos como parte de lo que estamos iniciando».

Utilicemos los sentidos y redescubramos la espiritualidad contemplativa

«Un aspecto de la tradición cristiana que hemos redescubierto es la contemplación. La sensación global de la mayoría de los cultos es bastante contemplativa, y solemos incorporar algún tipo de meditación. Intentamos e introducimos rituales, debates y liturgias que impliquen a la gente, en lugar de aquello que se recibe de forma pasiva. Utilizar el cuerpo y los sentidos es importante; procuramos apartarnos de la naturaleza exageradamente cerebral de los cultos de la mayoría de las iglesias. A veces es necesario ser y no solo pensar».

Se observa de inmediato que Grace considera sus reuniones apartadas de la predicación como forma de comunicación y de los grupos de alabanza que cantan canciones. Las reuniones de adoración alternativa como Grace son realmente distintas a la mayoría de las asambleas de adoración naciente en los Estados Unidos, incluso las más progresistas. Existen patrones similares, como la inclusión de estaciones de oración a las que las personas pueden ir, así como aquellas que les permiten participar por medio de la contemplación y el silencio. No obstante, en los Estados Unidos la mayoría de las reuniones de adoración naciente siguen teniendo algún tipo de enseñanza y alabanza corporativa. En las reuniones alternativas de Inglaterra, la adoración se convierte más en una experiencia o entorno a través del cual uno se abre camino, guiado suavemente por las instrucciones del equipo y el diseño del espacio de adoración. La enseñanza no es directa y verbal, ya que se incluye en todo lo que ocurre para que la gente pueda descubrir las cosas por sí misma. Los principios y los finales son informales; en realidad son «anuncios» de que el evento comienza o se ha acabado.

Puede haber alguna lectura en común de una oración, pero lo típico es decir al principio que nadie tiene por qué tomar parte en algo que no desee. También es habitual anunciar al final que todo el mundo es bienvenido a quedarse por más tiempo. El evento se convierte en una experiencia de adoración a la que uno entra y en la que permanece tanto como desea. No es secuencial ni rígido. Es fluido y no lineal. Las reuniones comienzan cuando uno entra a la sala. Hay ambiente, relajación, música meditativa que suena en segundo plano. Se saluda a las personas y luego se les dirige a lo que está ocurriendo esa noche.

Diferentes temas a lo largo del calendario anual de la iglesia

El espacio de oración se dispone de distintas maneras según el tema de la noche. Grace escoge contenidos específicos alrededor de los cuales montan el diseño de su reunión de adoración creativa. Dependiendo de los mismos, se establecen varios espacios y estaciones por las que uno va pasando y deteniéndose.

En algunas de estas se participa escribiendo o creando algo, en otras uno solo se detiene y ora.

Jonny Baker lo explica así: «No existe un formato típico en las reuniones de Grace. Cada una es distinta, y en cuanto al tema, tendemos a vincularlo con uno del calendario de la iglesia. El último culto fue sobre las estaciones de la cruz. Tomamos las tradicionales —catorce paradas en el trayecto de Jesús hacia el madero— y nuestros líderes se encargaron de ellas para que hubiera una responsabilidad compartida. A continuación dispusimos los puntos donde detenerse como estaciones/instalaciones alrededor de la sala de reunión de la iglesia. Montamos también una especie de cafetería, de modo que al entrar la gente pudiera hacer el trayecto de las catorce estaciones como gustara. Aquello duró cuatro horas, y las personas podían ir y venir como mejor les pareciera. Estaba abierto a todas las edades, así que los alentamos a que trajeran a sus hijos para que también las recorrieran».

Una de las estaciones era una pantalla de computadora sobre una base, cubierta con una tela negra. Mostraba textos de las Escrituras e imágenes para que los participantes pudieran detenerse, leer, y también responder elevando una oración o escribiéndola en un diario colocado allí a tal efecto. De ahí se podía pasar a otra estación que consistía en una gran cruz, donde se podía elaborar otra con materiales y clavarla en la primera. En otra había una losa de piedra en el suelo con la inscripción: «YO SOY la piedra que los hace tropezar», la cual representaba donde Jesús cayó por primera vez. Otra ofrecía la oportunidad de detenerse y pintar. Una más permitía dejar la huella de la mano en arena. Cada una de ellas proporcionaba indicaciones por escrito con respecto a la metáfora espiritual o el significado simbólico en relación a las estaciones de la cruz. Asimismo, había versículos para que la gente leyera, se detuviera y meditara sobre ellos. En una de las estaciones la gente podía salir a la calle para colocar una piedra sobre una tumba antigua que simbolizaba el sepulcro de Cristo.

Esto no es más que una breve descripción de una de sus reuniones, pero se puede decir que están llenas de porciones de las Escrituras, experiencias sensoriales y oración. Estos cultos de adoración alternativa son vivencias en comunidad que atraen a muchos a honrar a Dios y escuchar su voz. Pueden parecer muy extraños en comparación con la reunión tradicional, pero se debe a que estas iglesias están volviendo a darle vida a lo que es una reunión de adoración según su contexto, para que puedan corresponderse con la forma en que las personas de su entorno desean expresar la adoración y la oración.

Steve Collins señala algo interesante, y es que en Inglaterra no utilizan demasiados símbolos antiguos en estas reuniones de adoración. «En la adoración alternativa de Gran Bretaña hay cierto hambre por lo antiguo —es decir, prerreforma/católico/ortodoxo— que estaba fuera de la circulación o era un fruto prohibido para la mayoría de nosotros. Sin embargo, también teníamos unas ansias enormes por lo verdadera y brutalmente nuevo. Se trata de una «novedad» postmoderna: caótica, irrazonable, quizás controvertida, no de la tranquila racionalidad del «todos estamos de acuerdo» de la modernidad que tiene lugar en la adoración. Significa interaccionar con el mundo de ahora mismo —con su lenguaje, sus medios de comunicación— en vez de escapar al cómodo pasado como suelen hacer las iglesias con frecuencia. Esto se puede ver en cosas como la tipografía y el simbolismo utilizado en la adoración. Como diseñador, me parece en verdad impresionante que las iglesias nacientes de los Estados Unidos tengan un estilo tan «beato», gótico y medievalista. ¡Y esto es precisamente de lo que las iglesias nacientes inglesas están intentando escapar! Compare las páginas en la Internet de ambas. Esto se debe a que la mayoría de las nuestras carecen de tecnología más allá de los proyectores y los micrófonos, así que crear un entorno tecnológico con equipos portátiles, televisores y música electrónica resulta una acción poderosa en nuestro contexto. Esto proclama: "El cristianismo se puede expresar a través de la vida del siglo veintiuno y no está anclado en el pasado". Tal cosa es muy importante aquí, ya que la gente considera que el cristianismo está "acabado" y no queda nada que decir».

5. Resumen y algunos pensamientos

No puedo contar las horas que he pasado en las distintas páginas en la Internet de la adoración alternativa en Inglaterra. Me han inspirado a pensar en la adoración de un modo distinto y replantearme lo que hacemos en nuestras reuniones. Cuando descubrí por primera vez lo que estaba ocurriendo allí, pensé que habían puesto en marcha algunas de las cosas que yo estaba sintiendo con respecto a la adoración, pero sin lograr saber qué hacer con lo que percibía. Enterarme de lo que ocurría en Inglaterra fue sumamente refrescante y estimulante, permitiéndome ver cómo estaban dándole cuerpo a muchas de las cosas que la gente discierne por instinto aquí en los Estados Unidos con respecto a las reuniones de adoración.

¿Por qué se conecta la adoración alternativa con las nuevas generaciones?

Como ya hemos dicho antes en este capítulo, no podemos limitarnos a copiar lo que ocurre allí e implantarlo del mismo modo. Viví en Londres durante un año, por lo que entiendo algo de la cultura del lugar en comparación con la estadounidense. No obstante, sí podemos prestar atención y preguntar por qué estas expresiones alternativas de adoración tienen tanto eco entre las generaciones postcristianas de Inglaterra. Creo firmemente que las de aquí también se identificarán con formas similares de adoración. (Con el término postcristiano me refiero a aquellos que crecieron fuera de la iglesia y por lo tanto no están demasiado contaminados por una experiencia en ella). Tanto los postcristianos británicos como los estadounidenses tienen en común una cosmovisión culturalmente implantada que difiere de la judeocristiana tradicional.

En cuanto a las reuniones de adoración alternativa, deberíamos preguntarnos por qué las generaciones postcristianas se identifican con este tipo de culto. Sé que el Espíritu es quien nos atrae a Jesús y que la adoración no es algo que uno organiza en forma de actividad en la cual participar. Sin embargo, ¿qué podemos aprender de estas reuniones en Inglaterra? Observamos su deseo de desacelerar y ser contemplativos, además de los alegres ritmos y canciones típicas. En sus reuniones hay música de ambiente y meditativa, y se entiende que la gente pueda tomarse su tiempo y orar, leer las Escrituras, etc. Es posible que se entonen algunas canciones, pero ellas no son el centro de la adoración.

En nuestras reuniones de adoración naciente quizás necesitaríamos diseñar momentos de silencio para desacelerar y extenderse en la oración. Experimentar el gozo y la alabanza, pero también permitir que la gente acalle su corazón y sea contemplativa.

Vemos asimismo cómo las reuniones de adoración alternativa de Inglaterra utilizan estaciones de oración diseñadas con creatividad, donde la gente puede interactuar y responder en adoración. Eso es algo que podemos ir añadiendo a nuestras asambleas. Tal vez nos gustaría tomar nota de que la enseñanza puede tener lugar por otros medios aparte del sermón. En la adoración alternativa, la experiencia misma «enseña», las estaciones de oración y las Escrituras instruyen. Aunque seguimos predicando y enseñando en nuestras reuniones, podemos incluir otras formas de instruir y reconocer su validez y efectividad.

La adoración expresada en la forma en que las nuevas generaciones desean hacerlo

Lo más emocionante que podemos aprender es probablemente que en Grace ellos mismos moldean su adoración a Dios. Tienen la libertad de diseñar sus expresiones de adoración como mejor les parezca según su identidad. Espero que capacitemos a las nuevas generaciones para organizar también las reuniones de adoración, en lugar de dejárselo exclusivamente al personal asalariado.

Confío en que podamos preguntarle a Dios si algo de los cultos de adoración alternativa de Inglaterra se puede incorporar a nuestros contextos locales. La mayoría de estas asambleas inglesas no son demasiado grandes, por lo que se puede utilizar el pensamiento creativo para llevar elementos de adoración a las reuniones más numerosas. Sin embargo, lo importante es que reflejan la expresión de adoración de una comunidad específica de una manera que manifiesta que no se trata de lo que ocurre en la reunión, sino de lo que la gente hace todo el tiempo en su vida. La página en la Internet de Grace explica: «Para la mayoría de nosotros, este proceso implica hacer iglesia a partir de los elementos de nuestra vida diaria: los problemas, la cultura, el lenguaje, los medios, la música. La iglesia se vuelve más como nuestro hogar, un lugar al que pertenecemos y es nuestro. Esto nos puede ayudar a considerar que el hogar, y el resto de nuestro mundo, puede ser la iglesia: una vida vivida en la presencia de Dios».

Ejemplo de reunión de adoración

Grace en la Iglesia Anglicana de Santa María, Ealing, Londres

Tema: El camino a Emaús

Sábado, 8:00 p.m.

Ambiente de adoración

El programa tiene lugar en dos grandes salones que están abiertos por completo el uno con respecto al otro. Uno está montado como una cafetería desde la que la gente llega y se va. El otro contiene las estaciones de oración.
En la cafetería, los niveles de iluminación son tenues y en cada mesa hay tres velas.

Las bebidas incluyen vino, refrescos y un refrigerio como galletas saladas, nachos, pasteles y cualquier otra cosa que traiga el equipo. Es gratis, pero hay un platillo para los donativos.

Nada obstaculiza la vista del espacio de adoración a la gente de la cafetería. La sala se ve cálida e íntima, suavemente iluminada desde las estaciones y los televisores. Por todas partes hay velas pequeñas. Las estaciones se encuentran por todo el perímetro de la sala. En el centro hay una alfombra y cojines alrededor de una gran vela central. Se proyectan vídeos para la ambientación en viejos televisores situados en los rincones e incorporados a las estaciones, que unas veces están de lado y otras invertidos. El contenido es adecuado al tema del culto; se utiliza para generar una cierta atmósfera y reforzar los mensajes, sin que se le preste toda la atención. En ambas habitaciones suena una música de fondo desde un mezclador de CDs o un iPod conectado al sistema de sonido. La música es relajante, muy instrumental, electrónica con un tono de jazz y funk, a diferencia del rock. Crea un ambiente cálido, sociable, aunque ligeramente misterioso, y el volumen no inhibe las conversaciones. Sonará continuamente durante toda la velada, envolviendo todo lo que ocurra. Se escuchará más bajo o se emplearán pistas más sosegadas cuando la gente esté hablando. El sistema de sonido se encuentra dentro del espacio de adoración, pero a un lado para que el DJ sea parte de lo que se haga y no el centro. Durante gran parte del tiempo el DJ dejará que el equipo suene solo mientras él toma parte en la adoración.

Apertura

Los miembros del equipo saludan a la gente a su llegada y la invitan a esperar en la cafetería hasta el comienzo formal del culto. Cuando ya hay bastantes personas, se les da la bienvenida a Grace y se hace una breve introducción al tema de la noche. Otra persona del equipo lee a continuación la historia del encuentro en el camino a Emaús, Lucas 24:13-35.

Se insta a los adoradores a visitar las estaciones con tranquilidad, pero no todos a la vez para evitar aglomeraciones. Se les dice que contarán con una hora aproximadamente para pasar por todas ellas, lo cual evita las presiones de los «plazos» para quienes desean pensar y orar en la sala de oración o socializar en la cafetería. La sensación de la reunión es agradable e informal de principio a fin, pero más silenciosa y propicia a la oración en el espacio de adoración. El equipo se mezcla con el resto de los adoradores en todo momento, excepto cuando hablan o atienden a las personas.

Las estaciones

Cada una de ellas tiene versículos relevantes de la Biblia, así como otras cosas descritas. Muchas cuentan con material adicional que no se recoge en el bosquejo del culto. Los miembros del equipo son responsables de sus propias estaciones y pueden hacer cambios según deseen, pero siempre dentro del tema. Gran parte del aspecto final y el contenido es tan nuevo para los demás miembros del equipo de planificación como para los participantes habituales.

En esta ocasión, la secuencia de las estaciones es la siguiente:

Estación 1: La reconditez de Dios [Lc 24:13-16]

Esta estación es sobre la «noche oscura del alma» y cómo experimentar la ausencia de Dios puede ser legítimo y no el resultado del pecado. Hay libros del tipo «ojo mágico/stereograma» que transmiten la idea de que Dios puede estar presente, pero no lo vemos. También se halla allí la historia de los enanos que no pueden ver el reino de Aslan (tomada de *The Last Battle* [La última batalla], de C. S. Lewis).

Estación 2: Abatido [Lc 24:17-18]

Esta estación contiene las «hierbas amargas» de la comida de Pascua. Se invita a los adoradores a que las prueben y lean el Salmo 22.

Estación 3: Narración [Lc 24:19-27] parte 1

Los discípulos en el camino a Emaús se estaban consolando el uno al otro narrando historias y recordando a Cristo. Se invita a los adoradores a que escriban sobre el momento de su vida en que se encontraron con Dios, dejando las historias en el lugar para que los que vengan detrás las lean. La estación consiste en una cabina de votación que se hallaba de forma fortuita en la iglesia esa semana, así que la gente puede escribir en tarjetas y fijarlas con tachuelas a la caseta.

Estación 4: Narración [Lc 24:19-27] parte 2

Se relaciona con el poder de escuchar la historia de Dios y cómo esto nos fortalece en tiempos oscuros. En una segunda cabina hay un reproductor de CD con auriculares. La música es: «La sangre de Jesús nunca me ha fallado hasta hoy», de Gavin Briers.

Estación 5: Démosle la bienvenida al extranjero [Lc 24:28-29]

¿Quién es el extranjero para usted hoy? ¿Ha encontrado alguna vez a Cristo en un desconocido o por medio de él? Se invita al adorador a contemplar diez fotografías de distintos tipos de personas.

Estación 6: El partimiento del pan [Lc 24:30-31]

En una mesa hay un pan flanqueado por velas y un libro de arte abierto mostrando una pintura de Caravaggio que representa el momento en el que Cristo parte el pan y los dos discípulos lo reconocen. Esta imagen se proyecta también en la pared, detrás de la estación. Asimismo, se ha colocado una meditación sobre reconocer a Cristo, de la que hay muchas copias para llevar. Los adoradores parten y comen trozos del pan.

Estación 7: Corazones ardientes y contarles a los demás [Lc 24:32-35]

¿Cómo les va a hablar a los demás sobre Cristo? ¿Cómo les expresará su fe a los demás? Hay un breve escrito sobre el que reflexionar y se invita a los adoradores a encender velas y orar por otros.

Aparte de recorrer el «camino», la gente se sienta o se echa en el centro de la habitación para orar, escribir o pensar. Otros permanecen en la cafetería o han regresado de nuevo allí.

Final

Tras una hora aproximadamente, cuando todo el que quiere ha recorrido el «camino», nos reunimos de nuevo en la cafetería. Un miembro del equipo nos dirige en una breve liturgia que ha escrito para esa noche. Esta recopila las ideas y los mensajes de la noche delante de Dios con oración y las respuestas de la congregación.

Luego de este final formal, la gente puede quedarse a comer, beber y conversar durante media hora más antes de que el equipo empiece a desmontar todo. Otros permanecen incluso un poco más en el lugar para ayudar. Quienes así lo desean van a un restaurante indio cercano para cenar juntos.

CAPÍTULO 16

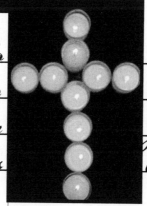

¿Está creando la adoración naciente simplemente una nueva generación de consumidores cristianos?

«*Si alguien construye sobre este fundamento, ya sea con oro, plata y piedras preciosas, o con madera, heno y paja, su obra se mostrará tal cual es, pues el día del juicio la dejará al descubierto*».
—1 Corintios 3:12

En una ocasión de una conferencia sobre adoración multisensorial. Un grupo de ávidos pastores y líderes de iglesia vieron mis diapositivas en PowerPoint® sobre las estaciones de oración construidas para que la gente pinte y se exprese creativamente en adoración. Hablé del uso de los vídeos en circuito cerrado y compartí formas creativas de disponer una habitación para que fuera más interactiva. Mientras explicaba estas cosas con entusiasmo, entró alguien a quien no había visto durante algún tiempo. Era un misionero que acababa de regresar del norte de Iraq y Nepal (sí, todos somos misioneros allí donde estamos, pero él es un misionero de ultramar).

Esta persona viaja mucho. Sus boletines informativos misioneros hablan sobre las escenas increíblemente horrendas de hambre, inanición y SIDA en los distintos países que visita. Ha estado en los países más difíciles y peligrosos por su hostilidad a la fe cristiana. En aquellos lugares, ser creyente en Jesús puede costar la vida.

Probablemente este misionero no tiene mucho dinero. Es el tipo de persona que gastaría hasta sus últimos veinte dólares para alimentar y ayudar a los pobres, sobre todo teniendo en cuenta que esa cantidad puede durar mucho en otros países y a veces salvar la vida de alguien que se está muriendo de hambre.

Como todas las sillas estaban ocupadas, se dejó caer en el suelo y se sentó contra la pared, con las piernas cruzadas. Nuestra mirada se cruzó; sonrió y me saludó con la mano. Entonces empecé a sentirme fatal e incómodo.

La adoración multisensorial a la luz de la inanición, el sida y la persecución

Este misionero se sentó en el suelo, habiendo visto la hambruna, el SIDA, gente sin hogar y cristianos perseguidos a los que ejecutarían si descubrieran sus Biblias de contrabando. Allí estaba, sentado, conociendo a cristianos en ciertos países que buscaban con desesperación un lugar secreto donde reunirse y adorar juntos sin ser atrapados y arrestados.

Y allí estaba yo, hablando de maneras ingeniosas de hacer flotar velas en estanques hechos por el hombre, de cómo utilizar proyectores de vídeo que cuestan varios miles de dólares. Me sentí enfermo por dentro y luché hasta acabar el resto de mi taller.

¡Era tan horriblemente consciente de todas mis palabras! Me sentí increíblemente consumista, superficial e incluso ridículo en comparación con la desesperación a la que se enfrentan otros en el mundo. Cuando terminé de hablar, recogí torpemente mis cosas para marcharme. Entonces mi amigo misionero vino hacia mí. Nos saludamos y pronunciamos unas rápidas palabras para volver a conectarnos.

Antes de proseguir, solté: «¡Me siento tan estúpido hablando de todo esto estando tú aquí!». Como disculpándome, expliqué lo insignificante que me sentía hablando sobre las reuniones de adoración y de cosas como el diseño de una habitación, el arte o las estaciones de oración.

Cómo ser misionales en diferentes contextos culturales

Sonrió mientras escuchaba. Luego puso suavemente su mano en mi hombro y me dijo: «Oye, estás haciendo lo que es necesario aquí, de la misma manera que yo tengo que hacer las cosas de un modo distinto allá donde voy. Ambos estamos siendo misionales en diferentes contextos culturales». Siguió contándome que está al corriente de que en los Estados Unidos las formas de adoración multisensorial tienen buena acogida entre los que han crecido en esta cultura. Compartió cómo criarse en una cierta cultura afecta la manera en que la gente expresa la adoración.

A continuación me dijo algo que me alivió enormemente. Me comentó que siempre espera volver a casa, porque su iglesia en los Estados Unidos practica mucho la adoración multisensorial. Confesó que le encanta adorar a Dios en su iglesia utilizando los mismos enfoques sobre los que yo había hablado.

Dimos un paseo juntos. Mientras caminábamos, me reconfortó y señaló que no debía sentirme mal, porque él estaba de acuerdo con todo lo que había explicado. Conversamos sobre la adoración, de cómo es algo más que lo que ocurre en una reunión. Esto también era un asunto que le preocupaba.

Al tener formas de adoración que usan las artes y las expresiones creativas, ¿le enseñamos a la gente que la adoración consiste solamente en eso? ¿Se limita tan solo a la experiencia, o se trata del sacrificio de alabanza y de ofrecerle todo lo que somos a Dios? Debatimos sobre este gran peligro en la iglesia. Ya sea tradicional o contemporánea, moderna o naciente, nuestra responsabilidad como líderes es enseñar lo que es en verdad la adoración.

Una iglesia puede usar una adoración multisensorial y caros proyectores de vídeo para conectarse con la cultura y comunicar sobre Jesús y la vida del reino. Sin embargo, si todo acaba aquí, se convierte en pecado y narcisismo, formando otra generación de consumidores cristianos que adquieren las experiencias de adoración que su iglesia les proporciona.

¡En esto es en lo que la iglesia naciente debe ser diferente! Nos sentiremos totalmente avergonzados ante el trono del juicio de Cristo si montamos extraordinarias reuniones de adoración multisensorial y les enseñamos a la gente que esa adoración consumista es cristianismo.

«Los veinticuatro ancianos se postraban ante él y adoraban al que vive por los siglos de los siglos. Y rendían sus coronas delante del trono exclamando: "Digno eres, Señor y Dios nuestro, de recibir la gloria, la honra y el poder, porque tú creaste todas las cosas; por tu voluntad existen y fueron creadas"».
—Apocalipsis 4:10-11

Adoradores abnegados frente a adoradores consumidores

Es necesario que en medio del entusiasmo de las reuniones de adoración naciente tengamos cuidado de no formar sutilmente a la gente para que se conviertan en consumidores de la adoración. En vez de ello, deben ser adoradores que vivan vidas sin egoísmo y sacrificadas, pensando en los demás antes que en sí mismos. La adoración no se trata de nosotros, sino de sacrificar nuestra vida por Dios y servir a los demás. Tiene que ver con reconocer quién es Dios y cantar nuestras alabanzas y adoración a él de pie o rodillas. Esto significa que, como resultado de la obra del Espíritu Santo en nuestras reuniones, deberíamos ver que la gente que las compone ama más a Dios y a las personas. Amar a los demás quiere decir poner sus necesidades por encima de las propias. Y esto suscita algunas preguntas.

Además del dinero que gastamos para organizar nuestras reuniones, ¿cuánto dinero dedicamos a los pobres y necesitados? ¿Cuánto destinamos a las misiones de ultramar, donde un dólar estadounidense da para tanto? Por el precio de un nuevo proyector de vídeo podríamos salvar la vida de docenas de niños que se mueren de hambre.

¿Cuánto tiempo y energía va a parar a disponer el trabajo artístico, las estaciones de oración y las velas en una habitación en comparación con el que dedicamos a enviar a la gente a las zonas marginadas para ayudar a las iglesias urbanas? ¿Cuánto tiempo dedicamos a servir a los ancianos de nuestras comunidades? ¿Cuánto destinamos a mandar personas al extranjero a las zonas necesitadas para que edifiquen casas y ayuden en los orfanatos?

¡Ay de nosotros si usamos cosas ingeniosas a fin de crear experiencias de adoración para las nuevas generaciones, pero ignoramos y olvidamos a aquellos que Jesús nos advirtió no descuidar! Su respuesta a la pregunta en Mateo 25:44-45 debería recordarse con gran seriedad al dirigir nuestras iglesias nacientes: «Ellos también le contestarán: "Señor, ¿cuándo te vimos hambriento o sediento, o como forastero, o necesitado de ropa, o enfermo, o en la cárcel, y no te ayudamos?". Él les responderá: "Les aseguro que todo lo que no hicieron por el más pequeño de mis hermanos, tampoco lo hicieron por mí"».

La adoración naciente debería producir adoradores abnegados

Como verá, la meta final de crear y diseñar nuevas reuniones de adoración es glorificar a Dios y hacer discípulos; no se trata de las cosas fantásticas que hacemos en ellas. Sí, deberíamos pensar con más profundidad en la tarea de diseñar y crear reuniones de adoración multisensoriales. Sin embargo, ese no es el objetivo, sino ver que los que pertenecen a nuestra comunidad de iglesia se convierten en discípulos de Jesús y adoradores abnegados.

Jesús define lo que es un discípulo diciendo: «Si alguien quiere ser mi discípulo, que se niegue a sí mismo, lleve su cruz cada día y me siga. Porque el que quiera salvar su vida, la perderá; pero el que pierda su vida por mi causa, la salvará» (Lc 9:23-24).

Jesús no dijo: «Si alguien quiere ser mi discípulo, debe practicar la adoración multisensorial a través de vídeos, velas y estaciones de arte».

Un día tendremos que rendir cuentas

Tenemos una tremenda responsabilidad en todo esto. Los que estamos en el liderazgo tenemos un papel fundamental a la hora de moldear el concepto que la gente de nuestras iglesias tiene de lo que es seguir a Cristo. Se nos ha dado una responsabilidad santa al decidir cuánto gastamos como acto de adoración. Más nos valdría no gastar jamás el dinero con frivolidad en materiales de arte, vídeos o velas sin buscar a Dios. Es fundamental que nos aseguremos de que lo que hacemos con los recursos que Dios ha provisto sea lo que él quiere y que haya un equilibrio. Creo que diseñar expresiones de adoración muy creativas y todas las cosas de las que se ha hablado en este libro es saludable y beneficioso. Sin embargo, no debemos perder jamás la perspectiva.

Es necesario que nos arrodillemos y le pidamos a Dios que nos muestre cuánto tiempo y energía debemos emplear en la reunión de adoración y cuánto en otros aspectos de la formación espiritual de los que están en nuestras iglesias. Debemos preguntarle a Dios de rodillas cuánto tiempo y energía debemos animar a invertir a los que forman parte de nuestras iglesias en coordinar las reuniones de adoración en vez de ayudar a los pobres.

Es mejor que no olvidemos que un día aquellos que enseñan serán juzgados con más severidad que los demás (Santiago 3:1). Instruimos a las personas no solo desde el púlpito, sino según el uso que le demos a los valores en nuestras iglesias. Les enseñamos cómo utilizar su tiempo. Les enseñamos qué es importante según la forma en que gastamos el dinero que procede de nuestras ofrendas. ¡Esto es muy serio!

Las Escrituras también afirman en cuanto a los que pastorean una congregación, que ellos «cuidan de ustedes [el cuerpo de la iglesia] como quienes tienen que rendir cuentas» (Hebreos 13:17). Un día rendiremos cuentas por la forma en que hemos dirigido al pueblo que Dios nos encomendó.

La pregunta final que debemos responder

Mantener una supervisión formal y orar con relación al equilibrio de su ministerio es algo muy serio para los que lideran la iglesia. Mediante mucha oración, debemos administrar nuestro tiempo y recursos de una manera que agrade a aquel que servimos. Es necesario que nos hagamos la pregunta final: «¿Producen las reuniones de adoración naciente que organizamos discípulos o consumidores?».

Tendremos que dar cuentas de esta pregunta final y no de si utilizamos los cinco sentidos para adorar u oramos empleando antiguos credos. Si no nos formulamos la pregunta más importante en cuanto a hacer discípulos mediante la adoración naciente, corremos el riesgo de edificar con madera, heno y paja (1 Corintios 3:12).

Estar involucrado en el liderazgo de la iglesia de Jesucristo es un privilegio santo. Oro que muchos más de nosotros estemos a la altura del desafío de replantear la iglesia y la adoración para nuestra cultura, y que enseñemos a quienes componen nuestras reuniones de adoración naciente a no amar la adoración, sino a aquel a quien adoramos.

Oro que trabajemos duro para crear y expresar una adoración innovadora, pero no a expensas de perder nuestro primer amor por Jesús (Apocalipsis 2:4). Oro que después de una reunión de adoración, no nos acostemos por la noche pensando en el arte creativo y las estaciones de oración que montamos, sino en la gente que vimos arrodillarse en ellas, en adoración y oración.

Oro que no celebremos el número de asistentes a las reuniones, sino el de las personas que sirven y llevan el reino a los demás como resultado de estar en nuestros cultos de adoración.

Oro que en nuestras comunidades no se nos conozca simplemente como iglesias llenas de creatividad e innovación, sino que la iglesia naciente se dé a conocer como una congregación que adora y sirve sin egoísmo, una iglesia santa, llena de amor y gracia.

Que Dios lo bendiga en la jornada de guiar a las nuevas generaciones en la adoración naciente.

«Todo en la historia se va dirigiendo hacia una meta grandiosa, la adoración ardiente de Dios y su Hijo entre todas las personas de la tierra».
—John Piper

Descripciones de las imágenes de portada

Superior derecha: La estrella de los magos

Una de las estaciones de oración en un laberinto exterior llamado «El viaje de la Navidad» que se creó en el estacionamiento de la Iglesia Bautista de Opawa en Nueva Zelanda. Era una representación artística de la estrella que siguieron los magos para encontrar a Jesús; formaba parte de una serie de estaciones que contaba la historia de la Navidad. (Fotografía de Cobra).

Centro superior: Ángeles anunciando el nacimiento de Jesús

Fotografía de la estación de oración centrada en el anuncio angelical del nacimiento de Cristo a los pastores. (Fotografía de Cobra).

Centro medio: Estación de oración «Aislamiento»

Estación de oración donde la gente puede hacer una cruz con ramas y cinta mientras ora por los que sufren de aislamiento. (De *Resonance*, en el Festival de Greenbelt, Inglaterra; fotografía de Steve Collins).

Centro inferior: Laberinto de oración

Se marca un sendero de oración en el suelo y la gente camina lentamente por él, se les da porciones de las Escrituras para leer y participan en varias experiencias interactivas de oración. Se sirve la comunión en el centro. (Fotografía de Steve Collins).

Créditos de las fotografías interiores

Joyce Majendie (pp. 1, 59, 131, 189)
Steve Collins (pp. ix, 23, 35, 45, 91, 107, 117, 153, 177, 203)
Cobra (pp. 13, 67, 143)

Anotaciones

Anotaciones

Anotaciones

Anotaciones

Anotaciones

Anotaciones

Anotaciones

Anotaciones

Anotaciones

Anotaciones

Anotaciones

Nos agradaría recibir noticias suyas.
Por favor, envíe sus comentarios sobre este libro
a la dirección que aparece a continuación.
Muchas gracias.

Vida@zondervan.com
www.editorialvida.com